校企“双元”产教融合电子商务系列教材

电子商务网店运营实务

吴莎莎　主编

张高芬　刘安琪　副主编

電子工業出版社

Publishing House of Electronics Industry

北京 · BEIJING

内 容 简 介

本书着重阐述了网店运营的实践操作，还介绍了网店运营所涉及的基本概念和前期准备，最后介了网店数据分析等近年来网店运营的热点领域。本书共 9 章：第 1 章为网店运营基础知识，主要介绍店运营模式与流程、市场调研与分析及网店运营团队建设；第 2 章为网上店铺的开设，介绍可以开设店的国内电子商务与跨境电子商务主流平台，并详细展示其中部分平台的开店操作方法；第 3～7 章以宝网为例，详细介绍网上店铺的定位、选品与定价，网上店铺的装修，网上店铺的推广，网上店铺客服务与沟通，网店商品的包装与物流；第 8 章为网店运营数据分析，介绍数据分析的重要指标、重要具及网店数据分析方法；第 9 章为移动网店运营，介绍移动网店的主要形式，并以口袋微店为例，图并茂地展示微店的开通与设置、装修与管理、营销推广与分销。

本书是一部利用互联网开展电子商务网店运营的实践指南，内容翔实、操作性强，适合准备或者在从事电子商务网店运营，但是对相关理论、具体操作流程还不太熟悉的读者——只需要按照书中的程一步步操作，结合书中分享的经验，就可以开展网店运营实践。本书配套教辅资源丰富，内容编排合课堂教学模式，每章开头有思政案例与解析，结尾有复习思考题并附有技能训练，非常适合高校电子务专业师生选取作为网店运营等专业课程的教材或电子商务运营类实践课程的学习材料。

图书在版编目（CIP）数据

电子商务网店运营实务 / 吴莎莎主编. —北京：电子工业出版社，2024.5
ISBN 978-7-121-47783-6

Ⅰ. ①电… Ⅱ. ①吴… Ⅲ. ①电子商务－商业经营－高等学校－教材 Ⅳ. ①F713.365.2

中国国家版本馆 CIP 数据核字（2024）第 088736 号

责任编辑：刘淑敏　　文字编辑：韩玉宏
印　　刷：中煤（北京）印务有限公司
装　　订：中煤（北京）印务有限公司
出版发行：电子工业出版社
　　　　　北京市海淀区万寿路 173 信箱　邮编：100036
开　　本：787×1 092　1/16　印张：11.75　字数：301 千字
版　　次：2024 年 5 月第 1 版
印　　次：2024 年 5 月第 1 次印刷
定　　价：49.00 元

凡所购买电子工业出版社图书有缺损问题，请向购买书店调换。若书店售缺，请与本社发行部联系，联系及邮购电话：（010）88254888，88258888。

质量投诉请发邮件至 zlts@phei.com.cn，盗版侵权举报请发邮件至 dbqq@phei.com.cn。

本书咨询联系方式：（010）88254199，sjb@phei.com.cn。

前言

国内越来越多的高校开设了电子商务相关课程，但这些课程侧重于电子商务理论知识的习，涉及应用技能的部分较为欠缺。网店运营实务类技能是需要通过实训积累获得的。

本书旨在向读者介绍电子商务背景下的网店运营实务，让有志于从事网店运营的人能快速又较全面地了解网店运营。本书共 9 章：第 1 章主要介绍网店运营模式与流程、市调研与分析及网店运营团队建设，让读者对网店运营及其前期工作有基本的认知；第 2为网上店铺的开设，并展示在不同平台开店的操作方法；第 3～7 章以淘宝网为例，详细绍网上店铺的定位、选品与定价，网上店铺的装修，网上店铺的推广，网上店铺客户服与沟通，网店商品的包装与物流；第 8 章为网店运营数据分析，介绍数据分析的重要指、重要工具及网店数据分析方法；第 9 章为移动网店运营，介绍移动网店的主要形式，以口袋微店为例，图文并茂地展示微店的开通与设置、装修与管理、营销推广与分销。

本书具有如下特色：①可操作性强，向读者介绍网店运营的方法，并对相关步骤进行细直观的图文说明；②应用性强，不仅介绍网店运营的流程和具体操作方法，还介绍网的开设、装修、推广，商品的包装与物流，网店运营数据分析等知识与方法；③拓展强，每章开头有思政案例与解析，章内有知识链接、知识拓展，结尾有复习思考题并附技能训练，均围绕网店运营相关实践经验与技巧展开；④内容与时俱进，所有内容都是于当前互联网最新环境编写的，方便读者把握网店运营的新动态和新趋势。

本书可作为高等职业院校电子商务专业核心课程的教学用书，也可作为应用型本科院大学生创业课程的教材，同时还可作为面向有志于从事网店运营人群的培训用书。本书吴莎莎担任主编，由张高芬、刘安琪担任副主编。具体分工如下：第 1 章的 1.1 节、第章、第 5 章、第 7 章、第 8 章、第 9 章由吴莎莎编写，第 1 章的 1.2 节和 1.3 节、第 3 章张高芬编写，第 4 章、第 6 章由刘安琪编写。本书的前言、参考文献和全书统稿工作由静老师完成，隋东旭老师对书稿进行了细致的审读，本书得以顺利完成离不开两位老师常有价值的建议和帮助。

本书的编写离不开众多互联网企业的一手材料，在此感谢从事电子商务运营十余年的潮先生不吝分享运营推广实战素材；还要特别感谢电子工业出版社的编辑姜淑晶老师，封面设计、文字校对、文稿润色、出版安排等方面，姜淑晶老师细致专业的工作给编者来了巨大的帮助与启发。

由于编者学术水平有限，书中难免存在疏漏之处，由衷地希望广大读者朋友和专家学提出宝贵的修改建议。

编　者

目录

第 1 章　网店运营基础知识……1

1.1　网店运营模式与流程……3

1.1.1　网店运营模式……3

1.1.2　网店运营流程……5

1.2　市场调研与分析……6

1.2.1　发现商机……7

1.2.2　市场调研方法……9

1.2.3　调研方案设计……12

1.2.4　调研结果分析……15

1.3　网店运营团队建设……17

1.3.1　团队组建……17

1.3.2　团队分工……18

1.3.3　团队激励……20

第 2 章　网上店铺的开设……24

2.1　网上开店平台的选择……26

2.1.1　国内主流电子商务平台……26

2.1.2　跨境主流电子商务平台……26

2.2　国内电子商务平台店铺开设——以淘宝为例……26

2.2.1　淘宝开店的要求……26

2.2.2　淘宝开店的流程……27

2.2.3　淘宝开店的注意事项……31

2.3　跨境电子商务平台店铺开设——以亚马逊为例……31

2.3.1　亚马逊开店的要求……31

2.3.2　亚马逊开店的流程……32

2.3.3　亚马逊开店的注意事项……36

第 3 章 网上店铺的定位、选品与定价 ······ 40

3.1 网上店铺定位 ······ 42

3.1.1 店铺商品定位 ······ 42

3.1.2 店铺目标人群定位 ······ 46

3.2 网上店铺选品 ······ 48

3.2.1 类目细分选品 ······ 48

3.2.2 跟款选品 ······ 50

3.2.3 老顾客选品 ······ 50

3.2.4 实体市场选品 ······ 51

3.3 网上店铺商品定价方法 ······ 51

3.3.1 组合定价法 ······ 51

3.3.2 撇脂定价法 ······ 53

3.3.3 消费者定价法 ······ 55

3.3.4 错觉定价法 ······ 56

第 4 章 网上店铺的装修 ······ 60

4.1 网上店铺图片的拍摄与处理 ······ 62

4.1.1 网上店铺图片的拍摄 ······ 62

4.1.2 网上店铺图片的抠取 ······ 63

4.1.3 网上店铺图片的批量处理 ······ 64

4.1.4 网上店铺图片的文字处理 ······ 65

4.2 网上店铺页面设计 ······ 66

4.2.1 网上店铺首页的设计 ······ 66

4.2.2 海报的设计 ······ 69

4.2.3 店招与导航栏的设计 ······ 70

4.2.4 商品展示图的设计 ······ 70

4.2.5 商品详情页的设计 ······ 71

4.2.6 首页上线操作 ······ 72

4.3 网上店铺后台设置 ······ 74

4.3.1 网上店铺的基本设置 ······ 74

4.3.2 网上店铺公告的设置 ······ 74

4.3.3 分类导航的设置 ······ 75

4.3.4 网上店铺背景音乐的添加 ······ 76

第 5 章 网上店铺的推广 ······ 79

5.1 卖家信用的影响与维护 ······ 81

5.1.1 卖家信用等级的影响 ······ 81

5.1.2 淘宝网评价规则 ······ 82

5.1.3 中、差评的解决办法……83
5.2 站内推广……84
5.2.1 设置店铺宝活动……84
5.2.2 开通淘宝直通车……87
5.2.3 设置优惠券……90
5.2.4 设置美折促销……91
5.2.5 淘宝论坛推广……93
5.3 站外推广……94
5.3.1 微博推广……94
5.3.2 小红书推广……95
5.3.3 网络代理商推广……95
5.3.4 社群营销推广……96
5.3.5 百家号推广……96
第 6 章 网上店铺客户服务与沟通……100
6.1 售前客户服务与沟通……102
6.1.1 售前客户服务的工作内容……102
6.1.2 售前客户服务的工作流程……102
6.1.3 售前客户服务的沟通模板……104
6.2 售中客户服务与沟通……106
6.2.1 售中客户服务的工作内容……106
6.2.2 售中客户服务的工作流程……106
6.2.3 售中客户服务的沟通模板……108
6.3 售后客户服务与沟通……109
6.3.1 售后客户服务的工作内容……109
6.3.2 售后客户服务的工作流程……111
6.3.3 售后客户服务的沟通模板……111
第 7 章 网店商品的包装与物流……115
7.1 商品的包装……117
7.1.1 包装的分类……117
7.1.2 包装的选择……120
7.1.3 包装的注意事项……120
7.2 物流的选择……121
7.2.1 中国邮政 EMS……122
7.2.2 快递公司……123
7.2.3 物流托运……125
7.3 物流的设置……126
7.3.1 物流服务商设置……126

7.3.2 运费模板设置 …… 128
7.3.3 物流运费核算 …… 129

第 8 章 网店运营数据分析 …… 134

8.1 数据分析的重要指标和重要工具 …… 136
8.1.1 数据分析的重要指标 …… 136
8.1.2 数据分析的重要工具 …… 137
8.2 网店数据分析 …… 143
8.2.1 网店数据构成 …… 143
8.2.2 网店数据分析方法 …… 145

第 9 章 移动网店运营 …… 150

9.1 移动网店的主要形式 …… 151
9.1.1 企业自建移动商城 App …… 152
9.1.2 零售电子商务平台 App …… 153
9.1.3 第三方移动网店平台 App …… 153
9.2 微店运营 …… 157
9.2.1 微店的开通与设置 …… 157
9.2.2 微店的装修与管理 …… 164
9.2.3 微店的营销推广与分销 …… 168

参考文献 …… 179

第 1 章

网店运营基础知识

思政案例导入

王伟成：敢为天下先

王伟成，2008 年 7 月毕业于福州大学管理学院信息管理与信息系统专业，现为福州赛才信息科技有限公司总经理，公司主要运营赛才网和海峡汽车城两大网站。

赛才网的创业构思从 2007 年年初开始酝酿，并在“大学生创业计划竞赛”的驱动下逐步完善，该项目在2008年第五届“挑战杯”福建省大学生创业计划竞赛中获得金奖。2008 年夏天，由于看好赛才网的发展前景，王伟成大学毕业后决定自主创业。迄今已有 6 位志同道合的伙伴加盟运营团队，他们分别来自三明、泉州、福州、厦门、武汉等不同地区。王伟成解释说：“这主要是考虑到，一支优秀团队的成员来自不同高校不同专业，这种差异化组合可以创造出更有价值的社会资源。”紧接着，整个团队开始紧锣密鼓地进行“内外兼修”，在内注重网站的模块优化、资讯补充、流量提升；在外则同各大赛主办方、行业协会、高等院校频繁接触，就这样逐步积累合作关系。2009 年 2 月 18 日对运营团队具有里程碑的意义，因为这一天赛才网正式上线了。

目前，赛才网已成为很多大赛的指定推广网络媒体，如阿里巴巴集团主办的“明日网商”挑战赛的合作媒体、中国机械工程学会工业设计分会的合作媒体等。2009 年 4 月，全国大学生英语竞赛前夕，共有 100 万名大学生报名参赛，英语竞赛论坛的流量超过了 10 万人次，接近参赛选手的 10%，注册会员也有 1 万多人，接近 1%，而此时距赛才网正式上线不过 50 天。另外，数学建模比赛也开始骤然升温，大学的教授、比赛的培训老师联系赛才网，要求推广合作，并在选手圈内推荐，作为教辅沟通的首选网站。就这样，赛才网的知名度在大学生竞赛群体中逐渐确立起来。与此同时，不少企业也选中了赛才网这匹黑马，因为它有着丰富的学生资源，不少企业在做入校推广宣传计划时都把赛才网作为重要合作媒体，将企业赛事业务外包给赛才网，赛才网的业务开始成长。目前，网站每天的访问量在 5000 次左右，并呈现持续增长趋势。

赛才网作为专业的大学生竞赛网站，是大学生参赛交流的乐园。网站信息量大，几乎涵盖了所有全国性的、有影响力的赛事，所有想参赛的大学生都可以在上面找到适合自己的赛事。网站主要设置了赛才门户、赛才家园、赛才论坛、赛才百科等栏目，提供工艺设计、学科竞赛、创业大赛、数学建模等各种比赛资料和研讨论坛，并且提供免费下载服务。“这些历届真题、心得教辅多是有比赛经验的老师和同学自愿无偿上传的，这就为选手获取共享资料、交流探讨提供了良好的平台。”王伟成称。

王伟成说：“目前赛才网还在起步阶段，它是一只绩优股，是公司的重点发展对象。虽然赛才网已经开始有了业务回报，但还是需要‘海峡汽车城’的支持。”在赛才网上线的同时，海峡汽车城也同期投入运营，两大网站并线发展。海峡汽车城主要为即将在福州青口建成的海峡汽车城做线上配套服务，并计划开辟模拟在线网店和 4S 实体店对接，这让很多 4S 店经销商很感兴趣，他们收入较为稳定且业务增长很快，可以提供对赛才网的长线资金支持。

【思考】

敢为天下先的王伟成成立自己的网站和组建运营创业团队的案例，为大家带来什么样的启示？

【案例解析】

每个创业者都不是轻而易举就能够获得成功的，在创业前需要做好充分的准备工作。王伟成作为成功的创业者，实现了自己的创业梦想，可以给大家带来如下启示。

（1）创业前要选择一个好的创业项目。

（2）给自己的创业项目一个合适的定位。

（3）组建一支优秀的运营团队。

（4）巧用平台促进运营事业发展。

（5）脚踏实地做好业务，保证项目发展。

本章学习目标

（1）了解网店运营模式和流程。

（2）掌握基础的市场调研方法。

（3）了解如何组建网店运营团队。

本章思政目标

（1）通过网店运营的学习与实践，培养学生爱岗敬业的职业精神。

（2）在市场调研过程和结果分析中，培养学生信守承诺、诚实守信的品质，并使学生养成关心他人、尊重他人、友善待人等美德。

1.1　网店运营模式与流程

网店（也称网上店铺）运营主要指基于网络店铺的运营工作，如市场调研、网店开设、店铺营销、商品营销、物流及分销体系的建设与维护、客户服务、数据分析等。网店运营工作分为基础性的工作和推广性的工作两大类。基础性的工作包括给网店起名、撰写商品标题、编写宝贝详情、装修店铺、店铺日常的维护和更新等；推广性的工作包括促销活动的设计、网店的推广等。

1.1.1　网店运营模式

网店运营对网店经营能否获得成功是非常重要的，是网店经营过程中不可或缺的一部分。在网店开设前，运营者就应选择适合店铺的运营模式。网店运营模式根据运营者投入的时间和精力不同，可分为全职运营模式和兼职运营模式；按照选择的运营平台差异，可分为自助式开店运营模式和独立站开店运营模式；按照店铺货源渠道的区别，可分为自寻货源运营模式和网络代销运营模式。

1. 全职运营模式和兼职运营模式

全职运营模式是指运营者将全部精力都放在网店的经营上，将网店运营作为自己的全部工作，将网店运营获得的收入作为个人收入的主要来源。在这种运营模式下，运营者投入的时间精力成本较高，要承担的风险也相对较高。

兼职运营模式是指将网店生意作为自己的一项副业，主要从事的人群为业余时间比较充裕的人及可以利用职场之便的人。这样的人群运营网店是为了增加一定的收入来源，但并不以此为生活的全部来源。兼职运营模式具备全职运营模式的大部分特点，运营者投入的成本较低，要承担的风险也相对较低，运营者在时间的安排上也较为自由。

2. 自助式开店运营模式和独立站开店运营模式

自助式开店运营模式是指在淘宝网（可简称淘宝）、天猫商城（可简称天猫）、京东商城（可简称京东）等电子商务平台上申请注册店铺并进行店铺运营的模式。这种开店运营模式类似于在商场租赁柜台销售商品，在经营过程中可以借助这些平台自带的人气和成熟的运营工具、较为完善的客户服务体系，在一定程度上降低了店铺运营的难度。自助式开店运营模式是目前主流的网店运营模式。

独立站开店运营模式一般包括服务器的选择与维护、域名和空间的选择、页面设计、程序开发、站点推广、站点管理与维护等。与自助式开店运营模式相比，独立站开店运营模式对运营者的要求更高，最好由一个专业水平较高的运营团队维护网站的正常运行。

知识链接

独立站

独立站，顾名思义就是具有独立域名的网站，一般指自己设计或委托专业人士设计制作，用来销售商品的独立网站。可以理解为自己创建一个属于自己的电子商务平台，用于出售商品和服务，需要自己去做网站的营销和推广。

3. 自寻货源运营模式和网络代销运营模式

自寻货源运营模式就是网店运营者自己寻找货源并进货、在店铺进行运营销售的一种模式。这种模式的优点如下：首先，运营者可以实现较好的成本控制，即在保证商品质量的前提下，可以进到性价比较高的商品，进而提升店铺的盈利；其次，运营者可以较为准确地掌握库存，在商品的选择、进货时间与数量上享有较大的选择权；最后，运营者可以自主选择物流商并掌握发货时间，更有助于提升买家的购物体验。

网络代销运营模式指运营者在网上按照供货商提供的图片、商品介绍等出售对应的商品，买家下单付款后再联系供货商发货的运营模式。在这种模式下，运营者有了订单再向供货商下单，可以做到零库存，占用资金少，没有囤货滞销风险。由于不少供货商可以代发货，甚至可以做到一件代发，这样就省去了运营者发货的麻烦。此外，供货商提供的商品详情资料，如图片、视频、文案等可以直接选取用作商品刊登时的素材，这在一定程度上减少了运营者的工作量。

知识链接

一件代发

一件代发，需要网店或者网站的运营者和供应商达成合作关系，将商品推广至消费者。货源供应商提供商品的相关材料，如图片、视频、商品简介等，并代网店或者网站发货给买家，即使成交一件也可以代为发货。

1.1.2　网店运营流程

在网店的实际运营过程中，许多运营新手往往十分困惑，不知道如何下手。网店运营有较为规范的流程，如图 1-1 所示，运营者只需要按照流程操作即可实现店铺的基础运营。

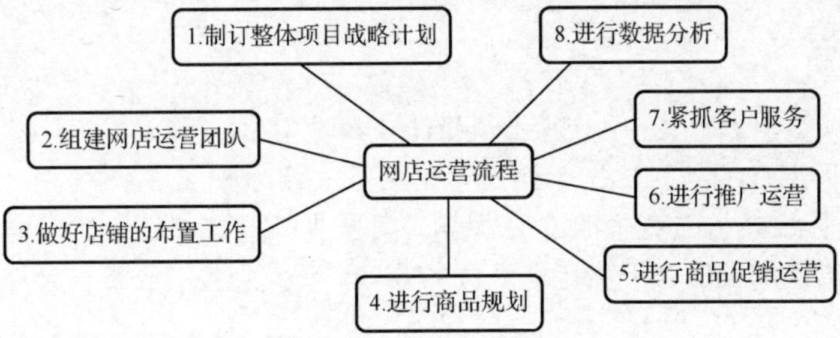

图 1-1　网店运营流程

网店运营基本流程如下。

第一步，制订整体项目战略计划。凡事预则立，不预则废。想要运营好网店，必须先做好规划，分析市场，分析竞争者和目标消费者，洞察自己的优劣势。通过市场调研、数据收集等，对采集的信息资料进行分析，结合自己的产品优势，可以找出方向，厘清思路，明确定位。同时，还需要制订销售目标，制订网上店铺发展阶段及发展步骤，确定阶段团队的组成，并在此基础上形成具体的作业计划。在具体操作过程中可能需要根据实际情况不断优化和调整最初的计划和目标。只有事先做好充分准备，制订战略和具体执行计划，才能在运营过程中分工合作，防患于未然，实现资源价值的最大化。

第二步，组建网店运营团队。在对整个项目进行战略规划后，接下来要做的是组织人力、财力、物力等各种资源。在这个过程中，最关键的是团队的作用。人才是网店运营的核心，所有的工作计划都要由人来完成。一个完整的网店团队至少包括如下岗位：运营主管、文案策划、商品运营、淘宝推广、美工、客服等。在此基础上，这些岗位还可以进一步细分，如文案策划也可以分解为产品文案和推广文案。组建团队时首先要确定岗位，明确职责分工，然后通过各种形式招募人员，人员到位后要进行培训，并进行管理和考核。

第三步，做好店铺的布置工作。做好平台开店申请的前期准备工作，店铺注册成功后即可开始规划店铺的装修。实际上一家店铺的装修规划并不像想象的那么简单，需要在前期分析大量竞争者的店铺及自身品牌的优势，然后结合目标受众和后期运营思路进行栏目规划。例如，有的网店注重互动交流，会增加一些帮派、社区栏目；对品牌的历史、个性非常注重的店铺，一般会设有品牌溯源栏目。产品分类也是一个很重要的部分。如何进行分类才可以让买家有更好的购物体验，需要反复思考和论证。策划完成后，美工设计开始执行，从店招、店标、首页、产品展示页面模板，到栏目品牌页面的个性设计等，都必须在策划好的店铺风格下进行视觉表现。

第四步，进行商品规划。这个流程是网店运营的关键步骤。商店转化率的高低受许多因素的影响，其中，所售商品是最重要的因素之一。商品规划包含的内容非常广泛，一是产品线与产品组合规划，与营销教材中波士顿矩阵的 4 种类型组合同理，运营网店要确定引流产品、阻击产品、盈利产品、跟进产品，且还需要与产品定价相结合，形成一个完整的产品范围和产品组合，达到热销与利润平衡统一。二是商品策划，即对商品页面进行策划。怎样表现出最具销售能力的产品？怎样拍出最能打动消费者的产品图片？怎样写出高质量的销售文案？是以理性阐述为主还是以感性感动为主？店铺商品相对于对手的优势在哪里？怎样突出呢？这一切都需要通过运营者的分析策划来进行规划。

知识链接

波士顿矩阵 4 种类型

波士顿矩阵对应的 4 种类型分别是明星业务、问题业务、金牛业务、瘦狗业务。明星业务指高增长且处于强竞争地位的业务；问题业务指高增长但处于弱竞争地位的业务；金牛业务指低增长但处于强竞争地位的业务；瘦狗业务指低增长且处于弱竞争地位的业务。

第五步，进行商品促销运营。商品促销运营主要有 3 种：一是参与平台的各种促销活动；二是策划有创意的各类主题活动；三是运用关联销售、交叉销售等手段，实现商品的生动化，增强用户黏性，提高客源价格。三者之间是相互联系的，结合不同的推广形式，就能创造出爆款产品，实现销售的飞跃。

第六步，进行推广运营。网店运营推广分为站内推广和站外推广。电子商务平台聚集了大量的精准流量，网店运营人员只需要通过站内推广运营，即有机会将这些流量转化成店铺顾客。通常平台会提供很多促销工具和方法。例如，淘宝的店铺搜索排名就能带来大量精准客户，这需要运营者仔细研究平台搜索排名的规则，然后有针对性地进行相关优化。此外，还可以使用站外的一些推广渠道，如一些网络分销推广、社群推广等站外推广途径。

第七步，紧抓客户服务。客户服务是实现店铺业绩的关键环节，处于非常重要的地位。客户服务人员需要从岗位技能、业务知识、网络文化、日常管理培训等各个方面进行标准化、系统化的工作，实现客户服务的流程化、可复制化。

第八步，进行数据分析。数据的挖掘和分析是电子商务与传统商务最显著的区别。任何战略规划和经营计划都需要具体的数据做支撑，数据分析仅仅是一种手段，目的在于通过数据分析发现问题，发现机会，制订策略，提高促销效果，提高店铺转化率，从而提高整个店铺的 ROI（Return on Investment，投资回报率），实现企业利润最大化。

知识链接

数据挖掘

数据挖掘是指从大量的数据中通过算法搜索隐藏于其中的信息的过程。

1.2 市场调研与分析

作为网店运营的重要环节，市场调研给消费者提供了一个表达自己意见的机会，使其能够把对产品或服务的意见、想法及时反馈给网店店主或供应商。通过市场调研，能够让销售该产品的网店店主了解消费者对产品或服务质量的评价、期望和想法。通过市场调研可以获取关于消费者、竞争对手和市场的充分信息，以便运营者能做出有根据的判断，如售价合理、产品或服务具有竞争力，从而证明其商业主张是可行的，从而降低店铺运营风险。

1.2.1　发现商机

成功学大师拿破仑·希尔说："一切的成就，一切的财富，都始于一个意念。"如果一个运营者没有发现更好的机会，只会怨天尤人，是不可能取得成功的，即便有一天有了一点小成就，也会因为这种不健康的心态而最终招致失败。其实，不管身处什么时代，商机都是无处不在、无时不在的。

1. 商机的五大来源

1）买家的需求

网店的成功源于对网上买家需求的捕获与满足。满足买家的需求，即解决买家需要解决的问题。网店运营者的工作就是发现部分买家的需求，通过运营店铺，让店铺提供的商品或者服务能满足这些需求，进而使网店获得合理的盈利。

2）市场环境的变化

市场环境瞬息万变，随着市场环境的变化，市场需求、市场结构也随之发生改变。管理学大师彼得·德鲁克把捕捉并利用这些变化的人称为"寻找变化，并积极反应，把它当作机会充分利用起来的人"。市场环境的变化主要来自产业结构的调整、消费者消费习惯的升级、城市化进程的加速、居民思想结构的转变及政府经济政策的干预等。网店运营者要提高网店成功的概率，一定要敏锐地捕捉市场环境的变化，进而抓住商机。

知识拓展

现代管理学之父

彼得·德鲁克（1909—2005），美国人，被誉为现代管理学之父。其著作影响了数代追求创新及在管理实践中有出色表现的学者和企业家，各类商业管理课程也都深受彼得·德鲁克思想的影响。1954 年，彼得·德鲁克提出了一个具有划时代意义的概念——目标管理（Management By Objectives，MBO）。MBO 是彼得·德鲁克所给出的最重要、最有影响的概念，并已成为当代管理学的重要组成部分。

3）发明创造的产生

发明创造为市场提供了新商品、新服务和新的商业模式。新的发明能够解决以往不能满足的买家需求，也带给许多网店新的商机。例如，在计算机刚刚发明时，人们没有想到这是一项可以改变人类社会的发明，但是现在，计算机维修、软件开发、计算机操作的培训、图文制作、信息服务、电子商务等机会也随着计算机的发明而来。即使没有发明计算机的那种能力，也可以成为销售或者推广新商品的网上店铺，尤其在当今这样一个开放、多元、创新、包容的互联网时代，网上店铺自然可以从发明创造方面挖掘商机。

4）竞争的关系

竞争适用于已经被人发现的商机，利用这种商机的网店，自然会面临一些挑战。这种网店不是十全十美的，总会存在一些短板。网店运营者可以尝试捕捉这样的机会，针对对方的薄弱环节找到发力点，获得竞争中的优势。网店运营者可以观察现在市场上的某些实体企业，思考可以依托互联网为客户提供更快、更可靠、更实惠的产品或服务吗？可以做得比现有的实体企业更好吗？如果答案是肯定的，也许就找到了属于自己的商机。

5）新知识的普及

因为雾霾的出现，许多媒体向市民普及了空气污染的相关知识。这种对消费者来说的新知识的普及，造就了空气净化器、防霾口罩等产业的快速发展。类似于这样的新知识的普及为网店带来了商机，并且还有很多与此相关的商机等待运营者去发现。网店运营者要抓住新知识的普及、市场及买家三者之间潜在的联系，进而挖掘商机，抢占先机。

2. 合理商机的4个特征

部分网上运营者倚仗一时兴起的想法或点子就开始了运营之路，仅凭自己一点想法就开始盲目运营，最后很容易以失败收场。想法新颖、点子独特固然非常重要，如果盲目自信，则不可取。并不是每个新颖的点子都可以转化成网店运营的项目，仅凭看似商机的想法对网店运营者而言是远远不够的。想要获得网店运营的成功，需要运营者找到并识别合理的商机。

作为一个运营者，应该怎样评判一个新的商机是不是适合呢？《21世纪创业》的作者杰夫里·A. 第莫斯教授认为适合的商机主要有以下4个特征。

1）可以吸引到目标客户群

合适的商机能够满足目标客户的需要，从而吸引买家为网店提供的商品或者服务付费，这样的商机才有可能使网店运营获得成功。

2）适合网店生存的外部商业环境

网店运营是否成功，网店自身条件固然重要，外部商业环境也同样重要，每个成功的网店运营案例都是多个因素共同作用而促成的，因此，合适的商机要和当时的外部商业环境相契合。

3）发现的机会在实施的过程中不会过期

合适的商机并不是昙花一现的，而是具有较强的发展前景，不会因为时间的流逝而失去商业市场，良好的商机甚至随着时间而不断强化，十分有助于提升运营网店的成功率。

4）必须有足够的资源和技能

即便网店运营者发现的商机能够吸引到目标客户群、具有适合网店生存的外部环境且该商机是有前景的，但是如果运营者没有足够的资源和技能，不能在运营过程中保证商机的实施和发展，那么网店也很难在竞争激烈的商业战场上生存下来。

3. 商机可行性分析

能发现商机不等于能抓住这个机会，而且所谓的机会通常也是挑战的开始。一旦运营者发现了具有潜力的商机，就会对其进行评估和筛选，从而评判是否值得投入精力、物力和财力。评估商机最重要的标准就是运营者不但要确定商机存在一定的需求群体，自己还要有能力满足这一目标群体的需求，而且还能从中持续获利，并以此来评估商机的实际可行性。因此，通常先将看到或发现的所有商机列出来，然后根据为用户增加价值、用户规模、质量保证、增长预期、风险回报率、适用率这 6 个方面对商机进行可行性分析，进而决定做还是不做。

商机是否适合网店，重点在于此机会是否有强劲的市场需求、能否满足顾客的某些需求、能否根植于为顾客或用户提供或增加价值的产品或服务之中、是否具有市场价值和值得去把握的机会。通过可行性分析使人们相信其期望获利足以弥补其机会成本，包括休闲、时间与金钱的付出相对未来不确定性的投入。

通常，网店运营者对商机进行可行性分析一般可围绕以下 4 个方面展开。

（1）产品/服务可行性：主要分析运营者提供的产品/服务的优势、市场需求量、商业模式等。

（2）行业/市场可行性：主要分析目标市场、渠道、竞争态势。

（3）组织可行性：主要分析运营者的管理才能、资源、运营团队。

（4）财务可行性：主要分析运营成本、资本需求、财务收益率、融资等。

1.2.2　市场调研方法

市场调研方法可分为第一手资料调查和第二手资料调查。

1. 第一手资料调查

第一手资料调查是指研究人员针对当前的调查问题而直接从目标顾客那里收集的信息。搜集第一手资料也称现场调查。第一手资料调查方法主要有以下 4 种：询问法、观察法、实验法、问卷调查法。

知识链接

市场调研

市场调研是市场调查与市场研究的统称。市场调研是一种把消费者及公共部门和市场联系起来的特定活动——这些信息用以识别和界定市场营销机会和问题，产生、改进和评价营销活动，监控营销绩效，增进对营销过程的理解。

1）询问法

询问法也称直接调查法，是调查人员以询问为手段，从调查对象的回答中获得信息资料的一种方法。询问可以通过调查者直接与被调查者问答交流取得所需资料，主要包括以下 4 种方式。

（1）自由式：被调查者可充分发表意见，双方可以讨论。

（2）问答式：调查者按事先拟好的调查项目提问，被调查者回答。

（3）个别访问：一次访问一个被调查者，这种方式灵活、较深入、收集信息多，但代价较高。

（4）集体座谈：召集被调查者开座谈，这种方式效率高且有利于调查者之间相互补充和启发。

2）观察法

观察法可分为直接观察法、间接观察法、网上观察法 3 类。

（1）直接观察法是指调查者亲临现场对被调查对象进行实地观测、考察而获得资料。图 1-2 所示为直接观察法案例，对某超级市场的调查者通过亲临超级市场进行观察并收集相关材料，即运用了直接观察法。

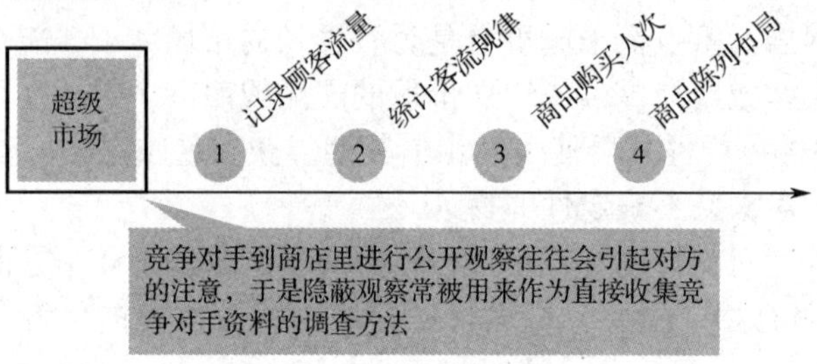

图 1-2　直接观察法案例

（2）间接观察法是指通过对实物的观察，来追溯和了解过去发生的事情。图 1-3 所示为间接观察法案例，调查者没有直接进入住户家庭或直接接触住户收集相应的材料，而是通过对实物——家庭垃圾的观察与记录来获取所需信息。

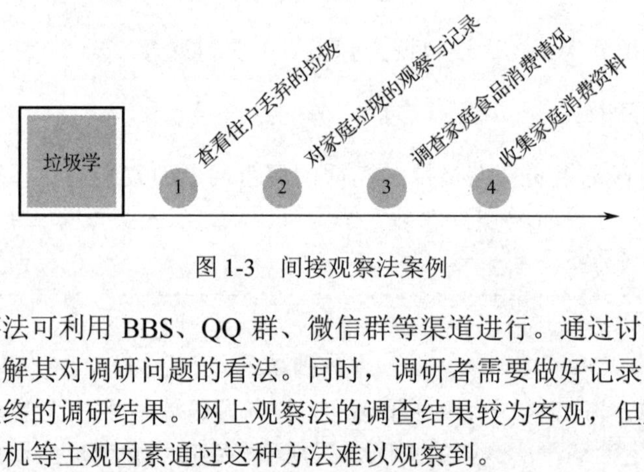

图 1-3　间接观察法案例

（3）网上观察法可利用 BBS、QQ 群、微信群等渠道进行。通过讨论和观察受调研对象的言论和行为了解其对调研问题的看法。同时，调研者需要做好记录，并通过定性与定量分析研究获得最终的调研结果。网上观察法的调查结果较为客观，但观察时间较长，且消费心理、购买动机等主观因素通过这种方法难以观察到。

3）实验法

实验法是指有意识地改变和控制一个或几个影响市场的因素，观察市场现象因受影响而发生的变化，以了解诸因素之间的关系。实验法的调查结果较为客观，可主动引发某些现象，可控性较强，但理想的实验环境较难找到，且所需时间较长，费用也较高。实验法主要有以下两种常见的类型。

（1）单一实验组前后对照实验。单一实验组前后对照实验对比控制变量改变前后实验组的测量结果，其差异为控制变量的影响结果。

（2）实验组与控制组对照实验。除实验组外再选择一些与实验组中对象类似的作为控制组对象，在实验组中改变控制变量，而在控制组中控制变量恒定，对比实验组和控制组在同一时期内的测量结果，其差异为控制变量的影响结果。

4）问卷调查法

问卷调查法也称问卷法，是调查者运用统一设计的问卷向被选取的调查对象了解情况或征询意见的调查方法。问卷调查法是以书面提出问题的方式搜集资料的一种研究方法。问卷调查法主要分为设计编制问卷、选择被调查者、结果分析 3 个阶段。

图 1-4 所示为调查问卷样本，研究者将所要研究的问题编制成问题表格，再以邮寄问卷或当面作答等方式完成被调查人填答，从而通过反馈信息加以分析，了解被调查者对某一现象或问题的看法和意见。

顾客调查问卷

尊敬的顾客：

您好！

感谢您长期以来对本店的支持和关爱。为了便于及时给您提供更具时尚性的优质商品和更贴心的服务，营造健康、幽雅、舒适、和谐的购物环境，请您配合完成以下调查问题。

为确保调查的数据真实有效，请您尽可能回答每一个问题。整个调查大约花费您大约15分钟，真诚感谢您的参与！我们保证对本问卷内容严格保密。

1、个人信息

1. 1 您的会员卡号：____________

1. 2 性别　□男　□女

1. 3 您的年龄：

□20 岁以下　□20—29 岁　□30—39 岁　□40 岁以上

1. 4 您的学历：

□高中及以下　□大专或本科　□研究生及以上

1. 5 您的职业：

□政府公务员　□企业中高层管理人员　□公司职员　□私营业主

□教育工作者　□医护人员　□律师、会计师等专业人士　□自由职业者

□学生　□其他

1. 6 您住在：

□ ** □ *** □ **** □ *** □ **** □ ***

1.7 您的家庭年收入：

□3 万以下　□3—5 万　□5—10 万　□10—15 万　□15 万以上

1. 8 您的家庭状况：

□单身　□二人世界　□三口之家　□其他

1. 9 您到本店购物的目的是：

□自用　□家人　□馈赠

1.10 您到本店的交通方式是：

□私家车　□出租车　□ 公交车　□自行车　□步行　□ 其他

1. 11 您获取我店信息的主要途径：

□手机短信　□本店网站　□报纸广告　□公交或地铁广告　□朋友告诉　□邮寄海报

□其他途径

1. 12 您平均每月逛几次街？

□1 次以下　□1 次　□2 次　□2 次及以上

1. 13 您平均每月逛几次本商场？

□1 次以下　□1 次　□2 次　□2 次及以上

图 1-4　调查问卷样本

信息化时代使得电子问卷调查法的运用更为便捷。开展电子问卷调查，调研者可以使用电子文档（问卷放置于文档中）并通过邮箱进行发送和回收；调研者还可以通过问卷网站设置调查问卷，由被调研者获取链接后自愿填写并提交。例如，问卷星网站就是专门提供网络调查问卷服务的网站。

知识链接

问卷星网站

问卷星是一个专业的在线问卷调查、考试、测评、投票平台，专注于为用户提供功能强大、人性化的在线设计问卷、采集数据、自定义报表、调查结果分析等系列服务。与传统调查方式和其他调查网站或调查系统相比，问卷星具有快捷、易用、低成本的明显优势，已经被大量企业和个人广泛使用。

一般来说，问卷比访谈表要更详细、完整和易于控制。问卷的主要优点是标准化和成本低。因为问卷法是以设计好的问卷工具进行调查，问卷的设计要求规范化并可计量。问卷一般由卷首语、问题与回答方式、编码和其他资料组成。问卷的局限性在于缺乏弹性、回收率和有效性较低。

2. 第二手资料调查

第二手资料是指他人出于其他目的早先收集的资料，其来源包括企业内部资料和外部资料。第二手资料可以通过很多渠道获得，如检索、直接查阅、索取、交换、购买、咨询该领域的专家，以及通过情报网收集和复制等。第二手资料调查可以通过以下 3 种方式开展。

1）搜索法

搜索法主要是指利用百度、谷歌、雅虎等搜索引擎来查找资料。有效利用搜索引擎，不仅拓展了信息来源的渠道，而且信息量能大幅增加。搜索法能结合所要搜索的文件格式，如“.doc”“.ppt”“.pdf”等，直接进行搜索和下载。

2）文献数据库法

利用文献数据库来查找资料，例如，德国 Springer Link、荷兰 Science Direct、中国知网和维普等。从文献数据库获取资料，通常需要支付一定的版权费用。

知识链接

文献数据库

文献数据库是指计算机可读的、有组织的相关文献信息的集合。在文献数据库中，文献信息不是以传统的文字表示的，而是将文字用二进制编码的方式表示，按一定的数据结构，有组织地存储在计算机中，从而使计算机能够识别和处理。文献数据库是当前通过遍布于全世界的通信网络进行联机情报检索的最早的和主要的处理和检索对象。

3）网站浏览法

通过相关网站获取关于所需信息的报道、政府相关部门发布的政策法规、供应商资料等十分便捷。运营者可以利用网站浏览法快速获取需要的信息。

1.2.3 调研方案设计

市场调研是有关部门、机构、团体、企业、个人等制定正确方针政策、规章制度，改善管理及正确决策的基础。

市场调研的总体方案设计是在进行实际调研之前，对调研工作总任务的各个方面和各个阶段进行通盘考虑和安排，以提出相应的调研实施方案，制订合理的工作程序，包括整个调研工作的全部内容。调研工作需要经历多个阶段和环节，包括调查资料的收集、整理和分析等。只有在调研工作开始前进行统一的安排和考虑，才能避免在调研内容上出现重复和遗漏，保证调研工作有秩序、有步骤地进行，减少调查误差，提高调查质量，为运营者初期提供市场信息，方便运营者了解市场状况，认识市场现状。一个完善的市场调研方案一般包括以下 6 个方面。

1. 明确调研目的

调研目的是调查所要达到的具体目的，即通过调查要解决什么问题、解决到什么程度（一般性的了解情况，还是验证假设，抑或探究因果关系）；调查的结果是用于学术研究，还是为某个市场行动提供信息或建议。调研目的决定调研内容和调研方式，在调研方案设计中，调研目的是需要首先明确的。

2. 确定调研对象和调研单位

市场调研对象是根据调研目的确定的调研总体。调研单位是调研项目和指标的承担者或载体。调研对象所解决的是向谁调研的问题，调研单位所解决的是由谁来提供所需数据的问题。在以消费者为调研对象时，要注意到有时候某一产品的购买者和使用者不一致，如对婴儿食品的调研，其调研对象应为孩子的家长。此外，还应注意一些产品的消费对象主要针对某一特定消费群体或侧重于某一消费群体，这时调研单位应注意选择产品的主要消费群体，如对于酒类产品，其调研单位主要为男性。

3. 确定调研内容和调查表

调研内容是收集资料的依据，是为实现调研目的服务的，可根据市场调研的目的确定具体的调研内容。例如，调研消费者行为时，可按消费者购买、使用及使用后评价 3 个方面列出调研的具体内容或项目。调研内容的确定要全面、具体，条理清晰、简练，避免面面俱到、内容过多、过于烦琐，避免把与调研目的无关的内容列入其中。

调查表是市场调研的基本工具，调查表的设计质量直接影响市场调研的质量。设计调查表要注意以下 4 点。

（1）调查表的设计要与调研主题密切相关，重点突出，避免可有可无的问题。

（2）调查表中的问题要容易让被调研者接受，避免出现被调研者不愿回答或令被调研者难堪的问题。

（3）调查表中的问题次序要条理清楚，符合逻辑顺序，一般将容易回答的问题放在前面，较难回答的问题放在中间，敏感性问题放在最后；将封闭式问题放在前面，开放式问题放在后面。

（4）调查表的内容要简明，尽量使用简单、直接、无偏见的词汇，保证被调研者能在较短的时间内完成调研表。

4. 确定调研地区范围

调研地区范围应与调研对象范围相一致。当在某一城市进行市场调研时，调研范围应为整个城市；由于调研样本容量有限，调研范围不可能遍及城市的每个地方，一般可根据城市的人口分布情况确定，主要考虑人口特征中收入、文化程度等因素，在城市中划定若干个小范围调查区域，划分原则是使各区域内的综合情况与城市的总体情况分布一致，将样本总体按比例分配到各个区域，在各个区域内实施访问调研，这样可相对缩小调研范围，减少实地访问工作量，提高调研工作效率，减少费用。

5. 确定调查方法

调查方法有多种，常用的有实地调查法、观察法和实验法等。实地调查法又可分为面谈法、电话调查法、邮寄法、留置法等。这几种调查方法适用于不同的调查场合，调查者可根据实际调研项目的要求来选择。调查方法应该适应调查课题的需要，同一个调查课题可以采用不同的调查方法，同一调查方法也可以适用于不同的调查课题。因此，如何选择最适当、最有效的调查方法，是设计调整方案的一个重要内容。一般来说，实地调查法适宜于描述性研究，观察法和实验法适宜于探测性研究。例如，企业做市场调查时，采用实地调查法较为普遍。

知识链接

实地调查法

实地调查法是应用客观的态度和科学的方法，对某种社会现象，在确定的范围内进行实地考察，并搜集大量资料以统计分析，从而探讨社会现象。实地调查的目的不仅在于发现事实，还在于将调查经过系统设计和理论探讨，并形成假设，再利用科学方法进行实地验证，并形成新的推论或假说。

6. 制订调查工作计划

调查工作计划是指为确保调查的顺利实施而拟订的具体工作安排，包括调查人员安排和培训、调查经费预算、调查进度日程等。调查工作计划直接关系到调查作业的质量和效益。调查人员的工作能力、职业态度、技术水平等会对调查结果产生重要影响。一般来说，调查人员应具有沟通能力、创造力和想象力。调查费用因调查种类和收集资料精确度的不同而有很大差异。调查组织者应事先编制调查经费预算，制订出各项费用标准，力争以最少的费用取得最好的调查效果。调查进度日程指调查项目的期限和各阶段的工作安排，包括规定调查方案的设计、问卷、抽样、人员培训、实地调查、数据录入、统计分析、报告撰写等完成的日期。

为保证调查工作的顺利开展和按时完成，调查者可制订调查进度日程表，对调查任务加以具体规定和分配，并对调查进程随时进行检查和控制。具体计划实施过程可分为以下3个阶段。

1）组织调查实施

这个阶段的主要任务是设计调查问卷，组织调查人员深入实际，按照调查方案的要求和调查计划的安排，有组织、系统、细致地收集各种市场资料。

2）整理分析调查资料

在这个阶段，调研人员要对分散、零星的市场调研资料进行整理分析，如核实收集资料，剔除虚假成分；将资料分档归类，并制成统计表，以供分析使用（包括资料编码、数据录入、数据运算和输出、结果等）。因此，统计分析人员应具有较高的专业技能，能够对所收集到的资料使用科学方法归纳分析，去伪存真，从众多市场表象中找到本质。

3）撰写调查报告

调查报告是市场调研结果的最终体现，是进行营销决策的重要依据，因此，调查报告要能够较准确地说明问题，可以作为企业市场机会选择的重要参考资料。一般要求调查报告要语言精练、有说服力，词汇尽量非专业化；结构严谨、体裁简洁、不能漏掉重要的资料；有明确的结论和建议，让读者能够了解调查过程的全貌。

1.2.4　调研结果分析

市场调研分析是对调研结果进行分析，包括以下几个方面的分析：市场需求分析、产品分析、竞争对手分析和社会环境分析。只有对以上几个方面的调研数据进行整理分析，最终获取相关的有用信息，并对获取的信息进行全面的、系统的综合评估，才能进行有效的市场定位，提升网店的竞争力和店铺运营的成功率。

1. 市场需求分析

市场需求分析主要包括购买力分析、商品需求结构分析、消费人口结构分析、消费者购买动机分析和消费者购买行为分析，如图 1-5 所示。

分析方面	具体分析内容
购买力分析	消费者的个人收入水平和家庭平均收入水平
	各类消费支出额占消费支出总额的比重
	消费者储蓄和信贷情况的变化
商品需求结构分析	属于日常消费需求还是住宅等资产消费需求
	属于生产资料需求还是消费资料需求
	为满足高收入人群还是为满足中低收入人群
消费人口结构分析	现有消费者和潜在消费者的数量及地区分布情况
	消费者的年龄、性别、职业、民族、文化程度
消费者购买动机分析	消费者为什么会购买
	消费者购买该产品是为满足其生理需要、安全需要、社交需要、尊重需要还是自我实现的需要
消费者购买行为分析	消费者对产品的品牌、性能、质量、款式和规格的要求
	消费者购买的时间
	消费者购买的地点
	消费者购买的方式
	谁负责购买

图 1-5　市场需求分析

2. 产品分析

产品分析主要对拟生产的产品从特色、包装、服务、市场容量、价格等方面进行分析。对产品进行分析，需要明确以下几个问题。

（1）在市场上有无同类产品？

（2）产品与市场上同类产品相比，其特色是什么？

（3）产品的市场容量有多大？

（4）产品价格与同类产品相比，有无优势？

（5）产品的需求是否可持续？

（6）产品的进入门槛是高还是低？是否容易被其他产品替代？

3. 竞争对手分析

通过调查竞争对手的情况，了解其优势和劣势，以制订企业的竞争策略。一般来说，调查分析的内容主要包括以下几个方面。

（1）在全国或一个地区有哪些同类型企业？企业实力如何？企业实力是指企业满足市场要求的能力，包括生产能力、技术能力、销售能力等因素。在这些企业当中，谁是最主要的竞争者？谁是潜在的竞争者？

（2）主要竞争者的产品市场分布如何？市场占有率有多大？它对本企业的产品销售有何影响？市场占有率是指本企业的某种产品在市场销售的同类产品中所占的比重，它反映了一个企业的竞争能力和经营成果。

（3）主要竞争者采取了哪些市场营销策略？这些营销策略发生作用后对企业的生产经营产生何等程度的影响？

4. 社会环境分析

社会环境分析可以从以下 5 个方面进行。

1）政治环境

分析政府对各个地区的经济政策，是否有相关的优惠政策或政府扶持。

2）经济环境

分析当地的经济发展水平，主要包括能源和资源状况、交通运输条件、经济增长速度及趋势、产业发展状况、国内生产总值、通货膨胀率、失业率等。

3）法律环境

了解国家或地方政府颁布的各项法律、法规，在经营中需要严格遵守。

4）文化环境

分析社会阶层、民族、宗教、风俗习惯、受教育程度、价值观念等因素。文化环境在很大程度上决定着购买行为，影响着消费者购买产品的动机、方式和地点。

5）地理环境

分析地理位置、气候及自然条件、运输条件、自然资源状况、生态条件等。

1.3 网店运营团队建设

网店的经营能否走得更远，在很大程度上取决于运营团队人才的基本素质。运营的成功也是人才的成功。搭建并管理好一支优秀的网店运营团队对任何网上店铺而言，都是一项至关重要的工作，它决定着店铺经营的成败。

1.3.1 团队组建

有“团队角色管理之父”之称的英国心理学家柏宾认为：没有完美的个人，只有完美的团队。优秀团队的标准是团队成员拥有高度的责任感、成功的行业经验、一致的目标及合作的心态。一支优秀的网店运营团队需要具备以下要素。

1. 团队的构建要素明确

网店运营团队是由一群有一定运营常识、能共担责任、愿意为共同店铺运营目标而奋斗的人组成的工作小组。组建网店运营团队，必须明确团队构成的五大要素。

1）运营目标

运营目标用于引导网店运营团队成员的思维和行为。没有目标，就没有运营团队的价值。

2）运营分工

运营目标确定后，需要有人部署，有人决策，有人制订计划，有人协调，有人执行计划。不同的人通过分工来完成团队的运营目标。

3）团队的定位

首先，需要明确团队成员在整个事业中的地位，如确定团队成员的选拔者，确定重大问题的决策者，团队成员最终对谁负责；其次，要明确团队中每个成员的个人定位、团队成员分工，明确个人角色。

4）团队的权利

团队的权利是指团队负有的职责和相应享有的权限。网店运营团队成员必须明确自己的权利范围。一般来说，新的网店运营团队的权利相对集中，随着团队走向成熟，权利会相对分散。

5）网店运营计划

网店运营计划是对店铺运营目标的安排、对团队未来行动的计划和具体的工作程序。运营计划制订后，团队成员可依照计划一条一条地去执行，逐步接近目标，实现店铺运营的成功。

2. 成员目标一致

运营团队的成员应该是一群认可团队价值观的人。团队的目标应该是每个加入团队的成员所应认可的。在明确了一个运营团队的目标时，负责人应该以这个共同的目标为出发点来召集团队的成员。运营团队是不能以人数来衡量的。如果汇集有一群人，但没有共同的理想和目标，那这就不是一个团队，这样的团队是打不了仗的。因此，网店运营团队成员应当是志同道合的，有共同的或相似的价值追求和人生观，是为了实现梦想而聚集，而不是为了简单地实现个人利益。

知识链接

团队价值观

团队价值观是指团队成员对共同价值观和某些原则，如组织文化、群体规范等的认同程度，以及团队共同愿景的达成程度。

3. 团队成员优势互补

网店运营团队成员需要各有所长，形成优势互补，这样才能相得益彰。相对来说，一个优秀的网店运营团队必须包括以下几种成员。

（1）创新意识非常强的成员：这样的成员可以决定店铺未来发展的方向，相当于店铺运营的战略决策者。

（2）策划能力强的成员：这样的成员能够全面周到地分析整个网店面临的机遇与风险，考虑成本、收益的来源及预期收益，甚至还包括店铺运营管理规范章程、店铺长远发展规划设计等工作。

（3）执行能力较强的成员：这样的成员负责具体执行过程，包括装修店铺、产品上架、客户服务、拓展市场等。

4. 团队成员差异化

在一个初成立的网店运营团队中，不应该出现多个核心位置重复的成员。也就是说，尽量不要出现有两个主要能力相同的成员，如两个做运营决策的成员。因为只要优势重复、职位重复，就会有争议出现，最终可能导致整个网店运营团队的土崩瓦解。

1.3.2 团队分工

网店运营涉及的过程环节众多，每个成员按自身的专长负责其中的一个环节。这样能充分发挥每个人的特长，同时还可以弥补个人能力的不足。优势互补可以使网店运营每个环节的工作都能完成得尽善尽美。合理的团队分工有助于营造良好的团队氛围，使每个成员都心甘情愿地尽自己最大的努力去完成工作，提高团队工作效率。

1. 团队分工原则

团队分工主要有以下 5 条原则。

1）明确团队工作目标

作为团队成员，特别是关键成员，一定要基于团队的共同目标来开展工作，因此，在对团队关键成员进行工作分工时，要明确团队共同的工作目标。这个目标一定要明确、具体、可衡量、与业务相关，而且是可以实现的。

2）梳理团队关键工作

基于团队的工作目标，经过团队相关成员的共同参与讨论，梳理出团队的关键工作项目，即必须完成的工作。这些工作对于团队整体运营目标的达成能起到关键作用。此时，有必要运用“二八定律”，即用 80%的时间与精力去完成 20%的关键工作。

知识链接

二八定律

“二八定律”又名 80/20 定律、帕累托法则（Pareto’s principle），也叫巴莱特定律、朱伦法则（Juran’s Principle）、关键少数法则（Vital Few Rule）、不重要多数法则（Trivial Many Rule）、最省力的法则、不平衡原则等，被广泛应用于社会学及企业管理学等。

“二八定律”是 19 世纪末 20 世纪初意大利经济学家帕累托发现的。他认为，在任何一组东西中，最重要的只占其中一小部分，约 20%，其余 80%尽管是多数，却是次要的。

3）设定成员考核指标

在对团队的关键工作项目梳理后，要将这些关键的工作分配给可以担任此项工作任务的成员。这些成员要有相对丰富的经验、较高的技能水平、较强的资源组织协调能力。根据关键工作任务，设定相应的绩效考核指标，为下一步考核这些关键成员打下基础。

4）确定团队分工

在分配团队关键工作任务时，要考虑关键成员的个性特点、优势与专长等。在个性方面，可以运用一些测评工具，识别出这些关键成员的个性特点，例如，是否外向、是否善于沟通、是否愿意与他人合作等。在工作过程中，依据不同的特点、优势情况再进行相应的分工优化调整。

5）制订团队工作机制

在明确了团队工作目标、梳理了工作计划、设定了考核指标后，为了保证网店运营关键团队成员的工作能够按计划完成，同时保证最终团队目标的实现，要制订相应的工作机制，如沟通机制、会议机制、工作成果共享机制、学习分享机制、奖惩机制等，以保障整体工作的顺畅运行。

2. 团队角色

能各司其职、能力互补的成员才能构建出一支完善的网店运营团队。网店运营团队中一般需要如下 5 种角色。

1）领导者

领导者视野开阔，洞察力强，决策能力强，一旦做出决定就不会轻易改变。对待团队有大局观，胸怀宽广，听取不同意见，没有个人偏见，有责任感。在具体工作中，领导者需要组织协调能力强，处事冷静稳健，处事公平客观。作为领导者，除了有权威，还要有号召力，能激发团队成员的优势，带领团队成员共同实现运营目标。

2）计划者

计划者需要有广泛的知识面、新的思想、宽广的思路、活跃的思维、高度的创造力，并且喜欢打破传统，推动变革。计划者在网店运营团队中主要负责提出好的想法、新的发展思路。在团队遇到瓶颈时敢于提出创见，推动团队变革更新，使团队保持活力。

3）外交官

担任外交官这一角色的团队成员善于交流，并在交流过程中获取信息；对外界信息敏感，能够感受到最初的变化，主要为网店运营团队获取各种有效信息。

4）实施者

实施者是将计划转化为行动的人。遇到困难时，实施者总能找到解决办法，执行力高，但是现实保守。实施者一般具备一定的专业技能，崇尚现实，计划性强，自制力和纪律性强，对团队忠诚度高，在工作过程中能将店铺利益放在首位。

5）监督人

监督人负责监督工作计划，如对网店运营计划方案的实施等进行监督。监督人喜欢重复推敲一件事情，工作时能把范围很广的因素都考虑进去。监督人的思维逻辑性强、挑剔，但情绪稳定、不易情绪化。

网店运营团队中的5种角色在团队组建初期有可能不能做到一一对应，此时就需要个别团队成员具有一人多角色的能力，根据具体的场景来转换角色。对网店运营团队而言，应该善于发现团队成员的优势，扩大成员在团队中的作用。需要注意的是，没有完美的个人，只有完美的团队。网店运营负责人在充分认识团队中各个角色的作用后，在运营过程中才能不断发现和挖掘人才，让团队更加强大，才能打造一个成功的网店运营团队。

1.3.3 团队激励

激励就是使人的特性与环境的特性建立起适当的联系，以使其能产生管理者所预期的行为。团队激励即通过满足团队队员的生理的、心理的某种需要，激发与鼓励队员的工作热情、行为动机，调动人的积极性，促使人有效地完成行为目标。

团队激励方式主要包含以下8种：榜样激励法、目标激励法、授权激励法、情感激励法、公平激励法、尊重激励法、竞赛激励法和荣誉激励法。

1. 榜样激励法

榜样激励法是指领导者选择在实现目标的过程中对做法先进、成绩突出的个人或集体加以肯定和表扬，要求大家学习，从而激发团体成员积极性的方法。榜样的力量是无穷的，榜样是一面旗帜，使人学有方向、赶有目标，起到巨大的激励作用。

2. 目标激励法

人的行为都是由动机引起的，并且都是指向一定目标的。这种动机是行为的一种诱因，是行动的内驱力，对人的活动起着强烈的激励作用。目标激励法是指通过设置适当的目标，引导和激励团队成员的动机和行为，达到调动成员积极性的目的的管理方法。

3. 授权激励法

授权是一项重要的管理技巧和激励手段。不管多能干的领导，也不可能把工作全部承担，独揽大权只能使工作效率降低，团队成员成长缓慢。授权激励法是指领导者通过授权从而提升自己及下属的工作能力和效率，更有效地激发成员的积极性和主人翁意识的管理方法。

4. 情感激励法

每个人都需要关怀与体贴。一句亲切的问候，一番安慰的话语，都会成为激励人们行为的动力。通常来说，团队成员工作热情的高低与领导与员工感情的亲疏成正比。团队领导可以和员工经常沟通家庭、生活、婚姻、生产、娱乐、工作等内容，相互交流感情，使团队内部形成一种和谐与欢乐的气氛。情感激励法是通过良好的情感关系，激发被管理者的积极性，从而达到提高效率的一种管理方法。

5. 公平激励法

一个人在产生公平感时会心情舒畅，努力工作；而在产生不公平感时就会怨气冲天，大发牢骚，影响工作的积极性。因此，在团队管理中，公平激励法是提高工作积极性的重要手段。公平激励法是指在成员任务分配、晋级、奖励、使用等方面做到公平、合理，进而提升团队工作热情和效率的管理方法。

6. 尊重激励法

尊重是一种最人性化、最有效的激励手段之一。通过尊重、重视团队成员的方式来激励他们，其效果远比物质上的激励更持久、更有效。可以说，尊重是激励成员的法宝，其成本之低、成效之卓，是其他激励手段都难以企及的。

7. 竞赛激励法

竞赛激励法是指团队领导者通过经常性的检查评比和多种形式的竞赛活动，来激发成员的上进心和竞争意识，促使其努力使自己的工作走在他人前面的方法。这样，团队内部能够形成良好的竞争环境，从而提升工作效率，获得更好的成果。

8. 荣誉激励法

表扬和奖励是对良好思想和行为的一种积极肯定，它既包括物质的，也包括精神的。团队各级领导者在实际工作中，通过表扬和奖励能够引起人们愉快的感受，激发团队成员的集体意识，这是因为渴望得到他人或社会的赞赏，是一种心理需要，也是人们的人格特征之一。

表扬、奖励能够使团队成员产生一种强烈的荣誉感、责任感和归属感，从而形成一种自觉维护集体荣誉的向心力。

本章小结

网店运营者要通过了解网店运营模式、流程等具备基础的网店运营认知，并进行市场调研，把握合理的商机，分析商机，为网店的成功开设做好充分准备。网店运营的职责包括制订店铺运营战略和市场发展目标，统筹本部门各岗位（策划、推广、美工、文案、分销、客服、产品等）的整体工作，同时，还要指导参与市场的开拓，与各相关部门进行沟通，了解产品开发进度，保证产品按时上线销售。这些职责的达成需要通过组建网店运营团队，合理安排团队成员的角色，并给予成员适当的激励才能实现。

复习思考题

（1）网店运营的模式有哪些？
（2）为什么要进行市场调研？
（3）市场调研的方法有哪些？
（4）为什么要组建网店运营团队？
（5）如何激励运营团队更好地团结合作？

技能训练

实训目的

（1）了解市场调研在网店运营过程中的重要意义。
（2）能够模拟组建一个网店运营团队，撰写市场调研方案。
（3）培养沟通意识，提升合作能力。

实训组织

学生以 4～6 人为一组，每组设组长一名；以小组为单位进行任务准备、任务实施、任务评价。

实训背景

小 A 和伙伴们决定通过在淘宝平台上开设网店出售婚纱。正式开店前，团队为了做到“心中有数”，需要对网店所涉行业进行市场调研，调查竞争对手并对网店的优劣势等进行分析。

实训要求

（1）以小组为单位，分工搜集材料，了解国内婚纱行业及其产品概况。
（2）通过淘宝店铺宝贝排名、销量排名、款式相同、店铺风格相同、顾客群体相近等来确定网店的主要竞争对手，对竞争对手的销量、商品评价、款式、价格、做工、顾客群体等进行充分了解，从店铺、商品、营销、顾客群体等方面分析自己店铺的优势与劣势。
（3）对网店顾客群体进行分析。
（4）撰写一份市场调研报告，评测网店的市场机会和市场空间。

实训评价

本任务的完成评价可从市场调查、竞争分析、顾客分析、市场调研报告撰写 4 个方面的完成情况进行，如表 1-1 所示。

表 1-1　任务完成评价表

任务完成评价内容	评价得分（100 分制）		
	学生自评（20%）	小组互评（40%）	教师评价（40%）
市场调查			
竞争分析			
顾客分析			
市场调研报告撰写			

本任务的能力评价可从自我管理能力、合作交流能力、分析解决问题能力、创新能力 4 个方面进行，如表 1-2 所示。

表 1-2　任务能力评价表

任务能力评价内容	评 价 指 标	自测结果（在对应□中打√）
自我管理能力	1．对分配的任务有责任心 2．能进行时间管理 3．能灵活运用所学知识	□合格 □基本合格 □不合格
合作交流能力	1．尊重他人的观点 2．与其他人有效沟通 3．能获取信息并给予反馈	□合格 □基本合格 □不合格
分析解决问题能力	1．能有效使用信息资源 2．能客观分析事物 3．能发现并解决常规问题	□合格 □基本合格 □不合格
创新能力	1．能提出创新且有价值的观点 2．能不局限于单一思维方式 3．能制订创新方案并实施	□合格 □基本合格 □不合格

第 2 章
网上店铺的开设

思政案例导入

国产品牌提升价值的逆向思维

小 Z 开始接触跨境平台 S 是在 2020 年，当时她的自创品牌在国内成立已有 3 年多，尝试过多种方法去开拓销售渠道，可惜一直事倍功半。传统的线下专卖店除了仅能维持微薄盈利，对知名度的提高几乎没有作用，在很长一个举步维艰的时期，她完全没有后备资金去为自己的品牌投放广告。

相对于国内市场，小 Z 发现产品销往国外市场所带来的利润要高出不少。从 2020 年 11 月开始的 3 个多月时间，小 Z 在 S 平台上的“成绩”大大出乎了她的意料。发布第一件商品的时候，还在迷茫着能不能卖出去，没想到第二天该商品就卖出了。随着对 S 平台的不断深入摸索和了解，小 Z 现在已把实体店的产品全部搬到 S 平台上去卖了，每天都有订单成交，从来没有出现过 0 业绩，战绩最辉煌的一个月，单月就成交了 400 多份订单。

据小 Z 了解，该平台每天会在海外市场投放数百万美元的广告，为平台销售的商品做展示页面，还会通过一系列的营销手段去提高商品搜索排名。也就是说，跨境平台 S 每天都在为商家提供的产品做免费海外市场宣传和品牌推广。更让小 Z 引以为豪的是，现在她的品牌在行内已逐渐树立了很好的口碑，该品牌在欧美市场也具有了一定的品牌价值。

【思考】

小 Z 自创品牌的价值“逆袭”之路，给运营者怎样的启示？

【案例解析】

一般人固有的想法认为，中国品牌一定要先在国内打出名堂，但如果在国外市场打响了名堂再流入中国，这样在国内也能提升自己的品牌价值，从而占据更大的市场份额。跨境平台 S 上的销售正能解决小 Z 的难题，跨境电子商务平台的使命之一就是“协助中国供应商走向世界，走向海外市场”。小 Z 选择跨境平台打开欧美市场的拓销之路，同时也提升了自己的品牌价值。

创新作为一项重要元素，在运营过程中占据着重要的地位。无论是理论的新发展，还是运营实践的新方法，如品牌的打造、营销工具和手段的创新、广告的创意等都闪耀着创新的光芒。在互联网经济时代，诸如新电子商务、新零售等新的销售模式不断涌现，需要运营者在运营过程中注重创新思维的引导和创新能力的培养。

本章学习目标

（1）了解国内主流电子商务平台的基本情况。

（2）了解主要跨境平台的基本情况。

（3）熟悉开设网上店铺的基本流程。

本章思政目标

（1）随着信息技术和通信技术的发展，让学生看到中国电子商务良好的发展前景和巨大的经济潜力。

（2）引导学生积极投身祖国经济事业，为实现强国目标贡献力量。

2.1 网上开店平台的选择

随着互联网的普及，网上购物成为人们主要的购物方式之一。网上开店拥有的众多优势也日渐显现：启动资金低、投入少、交易快捷方便。网上开店的优势迅速吸引了大众的目光，虽然越来越多的人开始在网上店铺销售物品，但是，网店运营绝不是简单地找个平台上传几张物品照片，就可以坐等买家“点击购买”。开店前，网上店铺平台的选择对于网店运营十分重要。选择适合的开店平台，对于网站的成功是十分关键的。

2.1.1 国内主流电子商务平台

根据 2021 年 1 月国外数据统计网站 Alexa 统计数据，排名靠前的国内电子商务平台主要有天猫商城（tmall.com）、淘宝网（taobao.com）、京东商城（jd.com）、阿里巴巴（1688.com）、华为商城（vmall.com）、小红书（xiaohongshu.com）、网易严选（you.163.com）、唯品会（vip.com）、美团网（meituan.com）、拼多多（pinduoduo.com）等。

2.1.2 跨境主流电子商务平台

在全球化的趋势之下，跨境电子商务迅猛发展。跨境电子商务平台正为越来越多的消费者搭建起连接全球商品与消费者的场景。数据显示，2020 年，仅中国跨境消费用户已超过 2 亿人，伴随着利好政策的不断出台，预计未来跨境市场增长也相当可观。

知识链接

跨境电子商务

跨境电商的全称为跨境电子商务，是指分属不同关境的交易主体，通过电子商务平台达成交易和进行电子支付结算，并通过跨境电子商务物流及异地仓储送达商品，从而完成交易的一种国际商业活动。

2.2 国内电子商务平台店铺开设——以淘宝为例

进行网店运营，运营者首先需要选择一个网站作为经营交易的平台，通过所选平台，运营者才能进行各种交易。本节以淘宝为例，介绍在该平台上开店的要求、流程及注意事项等。

2.2.1 淘宝开店的要求

随着互联网技术的发展，人们选择在网上交易的热情日益攀升，越来越多的运营者选择在淘宝之类的网站开店，享受电子商务的红利。开店前，了解淘宝网对店铺开设的要求是很有必要的。

首先，淘宝网对开店者的年龄要求是年满 16 岁以上，年龄未满 16 周岁不能在淘宝开店。因为在淘宝开店必须通过支付宝实名认证，而目前必须年满 16 周岁以上（暂时没有对年龄限制上限）方可进行支付宝实名认证（淘宝开店流程）。

其次，注册人需要提供本人身份证且必须在有效期内。由于淘宝网实名认证的要求，非本人身份证，以及是本人身份证但不在有效期的身份信息均无法注册淘宝店铺。

最后，要求提供一张注册人本人名下的银行卡，且需要开通网上支付功能，以及登记在注册人本人名下的手机号码。

此外，还需要注意淘宝官网提出的下列开店要求。

（1）阿里巴巴工作人员无法创建淘宝店铺。

（2）一个身份证或一个营业执照可以创建两家淘宝店铺。

（3）同账户，如果创建过 U 站或其他站点则无法创建淘宝店铺，可更换账户开店。

（4）同账户，如果创建过天猫店铺则无法创建淘宝店铺，可更换账户开店。

（5）同账户，如果在 1688 有过经营行为（发过供应产品信息、下单订购诚信通服务、卖家发起订单、报价、下单订购实地认证、开通旺铺、企业账户注册入口注册的企业账户）则无法创建淘宝店铺，可更换账户开店。

（6）淘宝账户如果违规被淘宝处罚永久禁止创建店铺，则无法创建淘宝店铺。

（7）经淘宝排查认证，实际控制的其他淘宝账户被淘宝处以特定严重违规行为处罚或发生过严重危及交易安全的情形，则无法创建淘宝店铺。

如果被相关国家、地区或国际组织实施贸易限制、经济制裁或其他法律法规限制，或直接或间接为前述对象提供资金、商品或服务，则无法创建淘宝店铺。

（8）部分经淘宝网评估具有违规风险的会员，需要缴存开店违规风险保证金方可创建淘宝店铺。

2.2.2 淘宝开店的流程

1. 开设淘宝免费店铺

目前，淘宝集市可以提供免费注册个人类型店铺和企业类型店铺，为了保障消费者的利益，开店成功后部分类目需要缴纳一定额度的消保保证金（金额从 1000 元到 20000 元不等，具体类目对应金额可以在淘宝商家服务大厅搜索“消保保证金”查看）。消保保证金在不开店之后可以申请解冻。

目前，淘宝开店有 PC 端、手机端两个入口。淘宝实人认证审核时间 48 小时完成。申请开店的主体资质包括需要已实名支付宝账户，需要绑定与开店主体信息一致的支付宝账户；根据身份归属地，提供相应的经营者身份证件，中国大陆地区居民必须提供二代身份证的正反面照片，中国香港、澳门居民必须提供港澳居民来往内地通行证的正反面照片，中国台湾居民必须提供台湾居民来往大陆通行证的正反面照片，海外居民必须提供护照首页照片；提供有效期限范围内的证件，且证件必须露出四角，勿遮挡或模糊，保持信息清晰可见，图片大小为 100KB～4MB，图片格式仅支持 JPG、PNG、JPEG。

知识链接

主体资质

主体：通常是指从事某项社会活动的人，包括个人或单位（法人）。

主体资质（也称主体资格）从广义的角度来讲，是享有某种身份、参与某种关系或从事某种活动的“资格”。

如果准备开设淘宝个人店铺，准备个人身份证（需要未开过店）和手机号即可；如果准备开设企业店铺，准备好营业执照、社会信用代码（注册号）、法人或店铺负责人的身份证件和手机号即可。

首先，选择个人店铺入驻时，如果有账号则可直接从首页登录；如果无账号则需要完成淘宝账号注册，注册完成并登录成功后，单击“0 元开店”按钮，也可以参考如图 2-1 所示的淘宝网首页，在淘宝网首页单击“开店”按钮。

图 2-1　淘宝网首页

其次，选择好对应商家类型后，检查是否准备好普通商家入驻流程环节所需材料，如图 2-2 所示，单击“去开店”按钮，依次输入店铺名称（后续 180 天可改 3 次），验证手机号码，勾选同意淘宝协议。

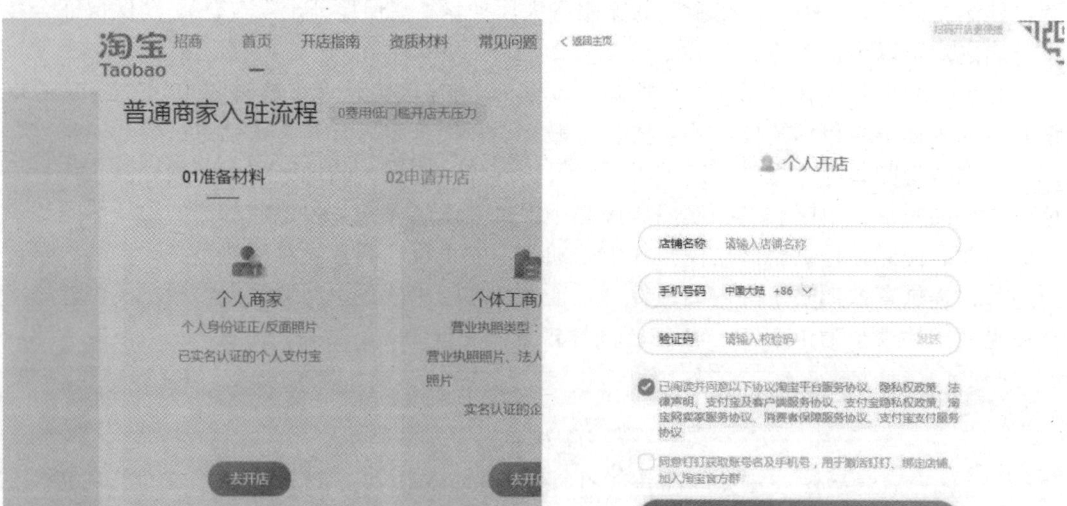

图 2-2　准备材料页面

最后，按要求依次完成支付宝实名认证（需要准备好申请人的身份证正反面照片）、淘宝实人认证（需要填写申请人信息及完成申请人本人扫脸认证）。对入驻的个人商家、个体工商户商家和企业商家的具体要求如图 2-3 所示。

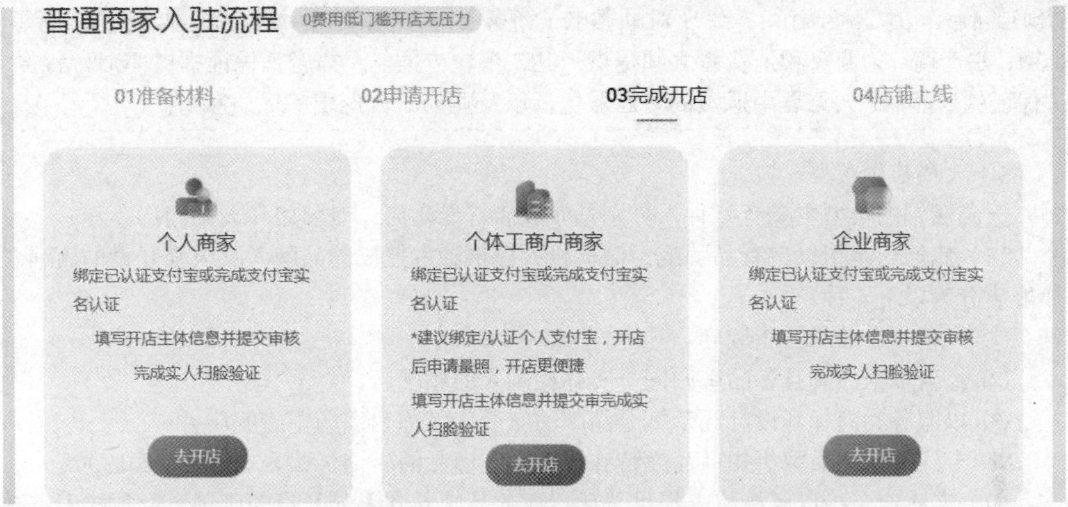

图 2-3　对入驻的个人商家、个体工商户商家和企业商家的具体要求

综上所述，个人在淘宝开设店铺的流程图如图 2-4 所示。

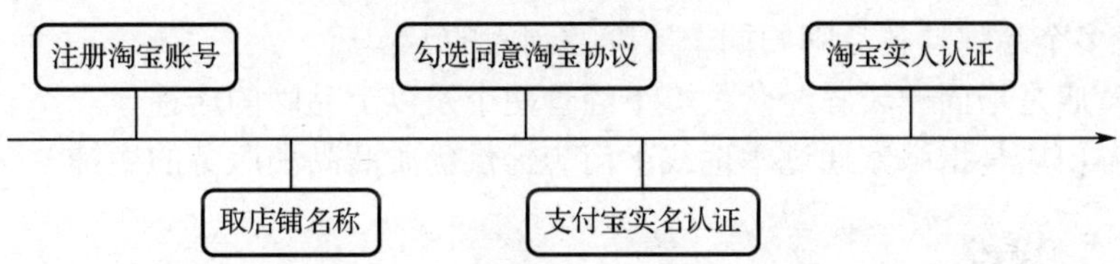

图 2-4　个人在淘宝开设店铺的流程图

若想注册为企业商家店铺，输入店铺名称（后续 180 天内可改 3 次）并勾选同意淘宝协议后的具体操作流程与开设个人店铺略有区别。与开设个人店铺需要完成支付宝个人用户认证不同，企业商家需要完成支付宝企业认证，再完成店铺负责人认证，然后才创建店铺成功。淘宝企业店铺的开设流程图如图 2-5 所示。

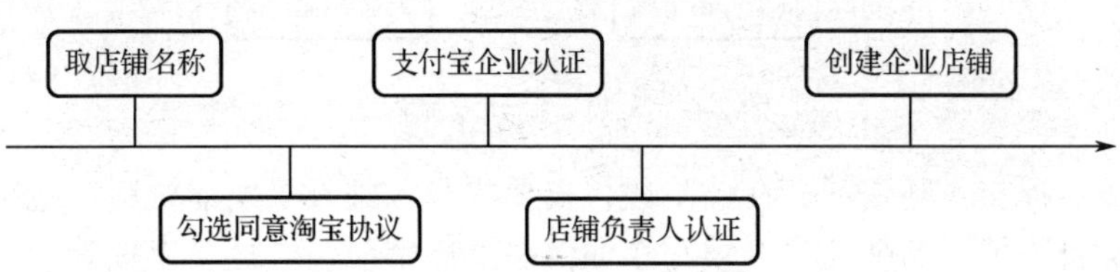

图 2-5　淘宝企业店铺的开设流程图

2. 开设天猫店铺

开设天猫店铺需要首先了解天猫店铺的类型，根据自身情况，选择适合运营的店铺类型。

知识链接

天猫

天猫（Tmall，也称淘宝商城、天猫商城）原名淘宝商城，是淘宝网打造的 B2C（Business to Consumer，企业对顾客电子商务）综合性购物网站。其整合数千家品牌商、生产商，为商家和消费者之间提供一站式解决方案。天猫店铺保证提供 100%品质保证的商品、7 天无理由退货的售后服务，以及购物积分返现等优质服务。

1）天猫店铺类型

天猫店铺的类型主要有 4 种，分别是旗舰店、专卖店、专营店和天猫门店。

（1）旗舰店是指以自有品牌或由商标权人提供独占授权的品牌入驻天猫开设的店铺。旗舰店分为以下 4 种。

① 经营一个品牌的旗舰店。

② 经营多个品牌且各品牌归同一实际控制人的旗舰店。

③ 以服务类商标开设且经营多个品牌的旗舰店（称为卖场型旗舰店）。

④ 专注于销售品牌折扣商品或特殊优惠定制商品的店铺（称为 outlet/特卖店）。

（2）专卖店是指以商标权人提供普通授权的品牌入驻天猫开设的店铺。商标权人出具的授权文件不得有地域限制（个别类目除外），且授权有效期不得少于半年。专卖店分为以下两种。

① 经营一个品牌的专卖店。

② 经营多个品牌且各品牌归同一实际控制人的专卖店。

（3）专营店是指同一天猫经营大类下经营两个及以上品牌的店铺。

（4）天猫门店是指商家通过本地线下门店提供优质商品和服务的店铺。

2）入驻天猫流程

入驻天猫，开设天猫店铺共需要经历 4 个阶段，具体流程图如图 2-6 所示。

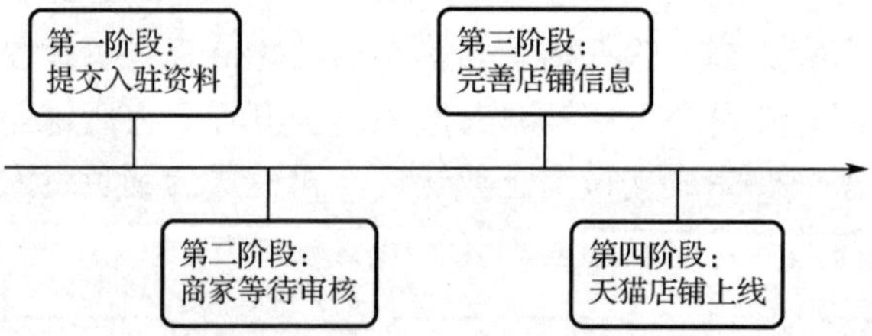

图 2-6　天猫店铺开设流程图

第一阶段：提交入驻资料。在此阶段，需要提交入驻天猫所需资料，包括选择店铺类型、品牌、类目，填写品牌信息，填写企业信息，店铺命名，提交审核等。

第二阶段：商家等待审核。在此阶段，主要待审项目包括品牌评估、资质初审、资质复审等，大约需要 7 个工作日。

第三阶段：完善店铺信息。在此阶段，需要激活商家账号并登录，完成开店前相关任务，锁定保证金/缴纳年费等。

第四阶段：天猫店铺上线。在此阶段，主要是店铺上线，发布商品。

2.2.3　淘宝开店的注意事项

在申请淘宝店铺的过程中，在完成支付宝实名认证操作之后，需要返回淘宝开店页面，单击“立即认证”按钮后，会进入淘宝开店认证页面，仔细阅读提示信息并严格按要求进行填写。填写完所有资料后，单击页面下方的“提交”按钮，然后等待认证结果，会在 48 小时内完成认证。

如果要提高认证通过率，还需要注意身份证认证过程中可能导致不通过的事项。首先，手持身份证照片内的证件文字信息必须完整清晰；其次，身份证有效期根据身份证背面（国徽面）准确填写；再次，身份证背面有效期不是长期的用户，不要选择长期选项；最后，如果需要上传身份证背面照片，则需要确保证件文字清晰，且身份证有效期在 1 个月以上。

淘宝店铺创建成功后，有可能出现店铺异常的提示。这通常是因为触犯了以下规则。

（1）出售中的宝贝数量连续 3 周为 0 件，系统会发送旺旺（即阿里旺旺）消息及邮件提醒您“宝贝数量连续 3 周为 0 件，必须发布宝贝，否则您的店铺将有可能暂时释放”。

（2）出售中的宝贝数量连续 4 周为 0 件，店铺会暂时释放，此时单击“查看我的店铺”按钮，店铺不能正常显示；系统会发送旺旺消息及邮件告诉您“店铺已经暂时释放，但是我们将为您的店铺名保留一周，请任意发布一件闲置宝贝或上架仓库中的宝贝，24 小时后，店铺即可恢复开店状态，店铺激活后店铺信誉、装修、订购的服务等都不受影响”。

（3）出售中的宝贝数量连续 5 周为 0 件，店铺会彻底释放，店铺会被删除；系统会发送旺旺消息及邮件告诉您“店铺已经彻底释放，任何人都可以申请并使用您的店铺名称”。需要登录卖家中心操作激活店铺，按照提示完成指定操作，店铺就可重新开张。店铺激活后，店铺信誉、装修、订购的服务等都不受影响。

2.3　跨境电子商务平台店铺开设——以亚马逊为例

亚马逊是美国一家大型网络商务公司，与我国的淘宝、京东等平台类似。不同的是，亚马逊是面向全世界销售的。目前，大型的跨境电子商务平台有速卖通、eBay 和亚马逊三大巨头。在这 3 个平台中，对卖家要求最高的是亚马逊平台，需要卖家有一定资质，而且产品质量要有一定的优势，虽然门槛高，但是利润是比较可观的。

2.3.1　亚马逊开店的要求

对中国卖家而言，要在亚马逊开店必须具备以下 3 个基本条件。

1. 具备企业资质

中国入驻亚马逊的卖家必须是在中华人民共和国（港、澳、台地区除外）注册的企业，且需要具备销售相应商品的资质。

2. 具备开具发票的能力

如果顾客需要发票，卖家必须及时为顾客提供普通销售发票。

3. 具备配送能力

亚马逊的顾客遍布全球，卖家会收到来自世界各地的订单，因此如果卖家选择了自主配送模式，则需要具备将商品配送至消费者目的地的能力。

2.3.2 亚马逊开店的流程

想要在亚马逊开店，需要做好开店前的材料准备工作，还要熟悉亚马逊平台开店的流程，了解店铺开设过程中的注意事项。

1. 开店准备

1）营业执照（企业执照注册）

营业执照经营范围内有销售性质就可以注册亚马逊店铺。如果没有营业执照，可以去当地的工商局注册一个商贸公司。如果已经有营业执照，那么只要经营范围内有销售性质，且距离营业执照到期超过 45 天即可。注册前要确保公司处于存续状态，即能在国家企业信用信息公示系统查询到相应的公司信息。

2）法人身份证

法人身份证即营业执照上对应的企业法人的身份证，身份证需要在有效期内。

3）国际信用卡（也称双币信用卡）

国际信用卡需要开通国际币种支付功能（可以用于美元、日元、欧元结算等），其主要作用就是用于支付店铺月租。通过亚马逊全球开店，成为专业卖家，每个月的固定月租为 39.99 美元。

4）联系方式（需要是没有注册过亚马逊其他账户的联系方式）

联系方式包括电子邮箱地址（建议使用网易云）、法人的电话号码、公司的地址。

5）收款账户

由于亚马逊是跨境电商，销售产品的货款都是外币（如美元、日元、欧元），所以无法直接转为人民币至国内的银行账户上。这时就需要一个支持外币收款的中转账户，再通过中转账户转为人民币至国内银行账户。目前，亚马逊卖家常用的收款方式有两个：一是注册第三方收款，如万里汇、派安盈、连连支付、Pingpong 等；二是使用亚马逊全球开店收款。亚马逊全球开店同时也做收款服务，直接使用国内银行就可以收款，会根据当时的汇率自动转换为人民币打款，需要扣除 1%左右的手续费（会根据金额调整费率）。

2. 亚马逊开店流程

进入亚马逊全球开店官网，单击右上角的“立即注册”按钮进入注册页面后，再单击“创建您的亚马逊账户”按钮，依次按照以下步骤操作，即可完成亚马逊开店流程。

1）填写基本信息

如图 2-7 所示，创建亚马逊账户需要依次填写姓名（法人姓名的拼音）、邮箱和密码 3

项基本信息。填写完成后单击“创建您的亚马逊账户”按钮，亚马逊平台会向刚才填写的邮箱发送一封验证邮件。

图 2-7　创建亚马逊账户

2）验证邮箱

在邮箱的收件箱中找到验证邮件，将验证邮件中的验证码填入如图 2-8 所示的空格中，单击下方的“验证”按钮，即可完成亚马逊账户的创建。如果在收件箱中没有找到验证邮件，可在邮箱的垃圾箱中查看有没有。若确认没有收到，则可单击左下方的“重新发送验证码”，亚马逊平台会重新向该邮箱发送一封验证邮件。

图 2-8　邮箱验证页面

3）填写注册人信息

如图 2-9 所示，填写注册人信息，阅读亚马逊卖家协议，勾选表示同意。

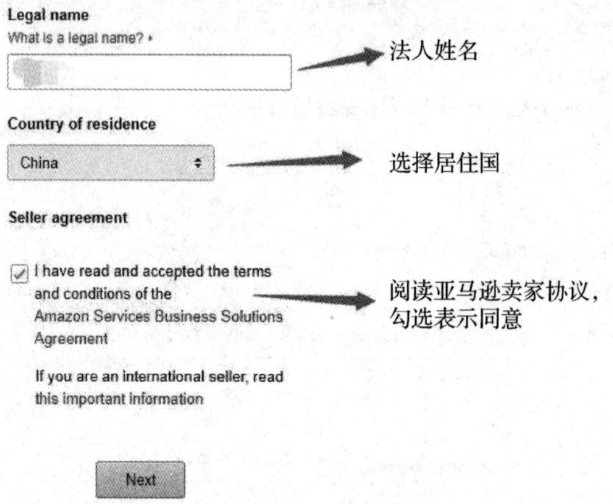

图 2-9 注册人信息填写页面

4）填写公司信息

如图 2-10 所示，依次输入公司的相关信息。公司地址可以是营业执照上的地址，也可以是实际经营地址（建议使用实际经营地址）。

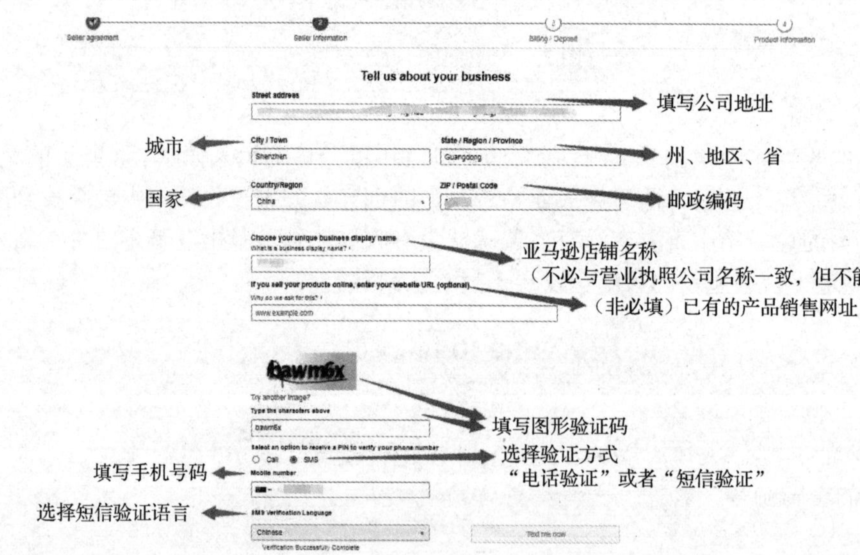

图 2-10 公司信息填写页面

5）填写税务信息

如图 2-11 所示，填写税务相关信息。

6）填写收款账户信息

如图 2-12 所示，填写收款账户信息。如果使用亚马逊全球开店收款，按照国内的银行信息填写即可。如果使用第三方收款，咨询第三方收款客户经理即可。填写国际信用卡信息，推荐使用 Visa 卡，检查默认地址信息是否与信用卡账单地址相同，如果不同，需要单击“添加新地址”按钮，然后填写新的地址信息，要使用英文或者拼音填写。

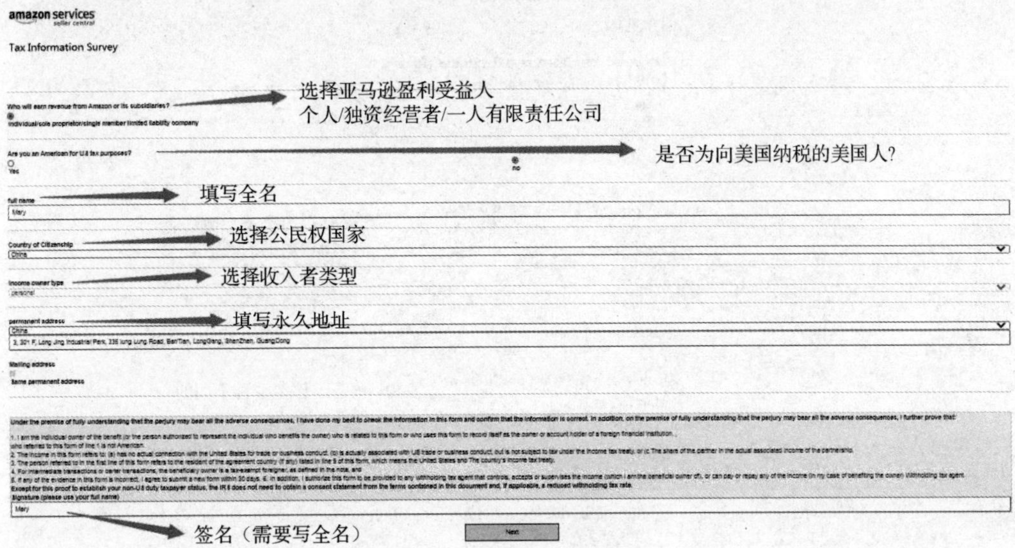

图 2-11　税务信息填写页面

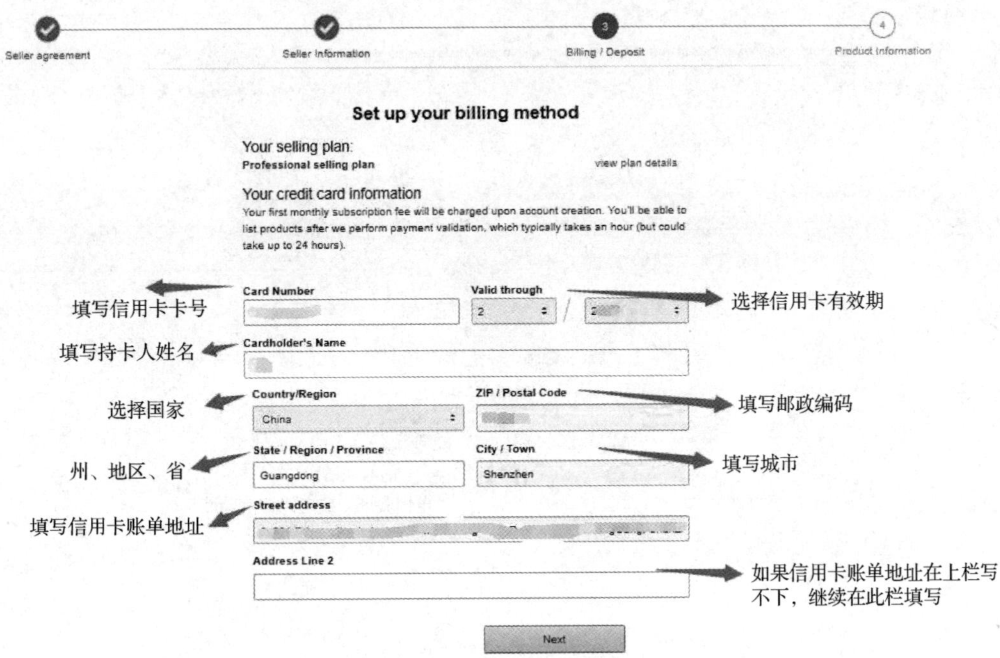

图 2-12　收款账户信息填写页面

7）勾选产品信息

如图 2-13 和图 2-14 所示，需要注册人勾选商品编码和品牌的一些信息。完成上述步骤后，单击“Finish”按钮，即完成了亚马逊店铺注册。

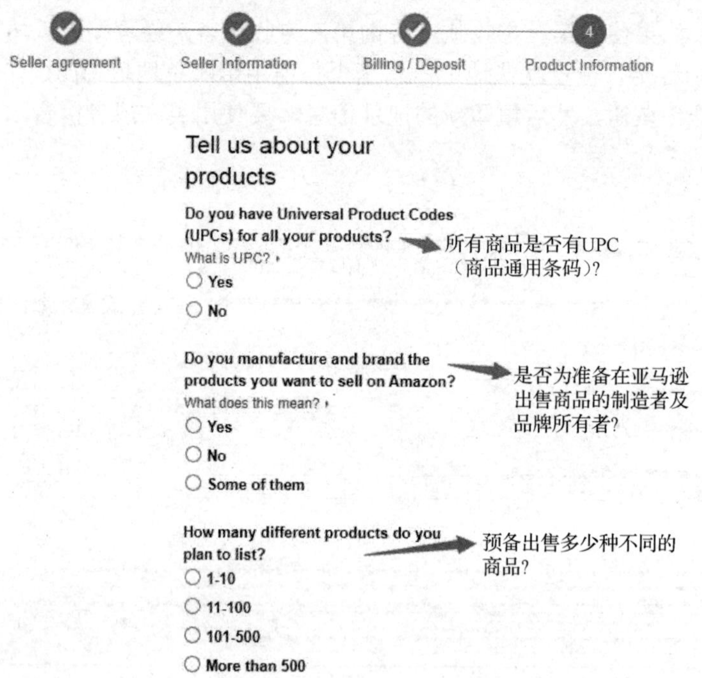

图 2-13　产品信息勾选页面 1

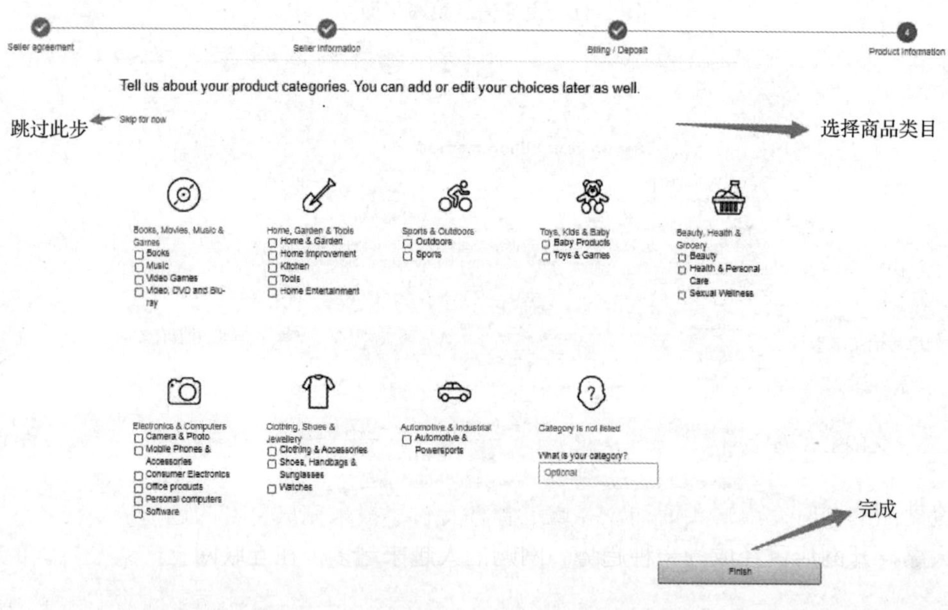

图 2-14　产品信息勾选页面 2

2.3.3　亚马逊开店的注意事项

在亚马逊开店的准备阶段，需要卖家仔细阅读亚马逊产品质量计划和知识产权侵权学习资料，对商品进行自查，确认商品没有侵权他人品牌和标识的情况，没有侵犯知识产权的商品图等。此外，开店的其他注意事项如下。

（1）新办理的营业执照相对较难注册成功，建议在申请营业执照一个月后申请注册亚马逊店铺。

（2）美国站只需要身份证信息即可完成注册，而欧洲站则比较复杂，可能还需要 20% 以上股份持有者的护照及公司受益人信息。

知识链接

公司受益人

对公司实施最终控制不限于直接或间接拥有超过 25%（含）公司股权或者表决权，还包括其他可以对公司的决策、经营、管理形成有效控制或者实际影响的任何形式。

（3）虽然个体执照也可以申请亚马逊店铺，但一般很难通过，即使通过了也没有什么流量扶持。因此，建议用公司执照注册，最好是与贸易相关的行业。个人独资公司执照较好，用合资公司执照注册还需要提供股东证明。

（4）需要双币信用卡，Visa 和 Master 的双币信用卡都可以，推荐使用 Visa 双币信用卡。

（5）特别要注意，确认填写的手机号之前是否在亚马逊卖家系统出现过，如果有过，不管当时是什么用途，都尽量不要用于注册，否则极易被关联。

（6）亚马逊平台禁止一人开多店，禁止一台计算机、一个 IP 同时操控多个店铺。为了防止此类店铺关联，一个店铺需要单独的计算机和 IP。

（7）要使用没有注册过或登录过亚马逊店铺的网络，以防止被关联。

知识链接

亚马逊的“关联”

亚马逊规定，一个人只能在亚马逊平台上注册经营一家店铺。如果亚马逊的程序算法认为某几个账户都是同一个人来操作的，那么这几个账户就会被亚马逊认定为相互关联。亚马逊对于关联的处罚，轻则要求用户自主关闭其中的某个或某几个账户；情节严重的，亚马逊系统会关闭所有关联账户。

本章小结

网上开店指在网上开设店铺，它是现有电子商务的主要形式之一，是能够让消费者在网上浏览商品的同时完成购买活动，并通过各种支付手段来完成交易的过程。现在电子商务事业火爆，开网店已经成为一种趋势。网购的人越来越多，在互联网上产生了巨大的经济效益，吸引了更多的网店运营从业者，这也使得互联网上的商城系统开发公司越来越多，这就需要运营者根据自己产品的特点结合不同网上交易平台的优势，选择合适的平台。凡事预则立，不预则废，网上开店虽然千头万绪，但只要厘清思路，做好准备工作，一切难题都会迎刃而解。

复习思考题

（1）在淘宝可以开设的免费店铺有哪些？

（2）天猫店铺有哪些类型？

（3）在亚马逊开店需要注意什么？

技能训练

实训目的

（1）了解各大主流网店平台的特点。
（2）熟悉淘宝店铺开设的步骤和方法。
（3）培养沟通意识，强化团队精神。

实训组织

学生以 4～6 人为一组，每组设组长一名；以小组为单位进行任务准备、任务实施、任务评价。

实训背景

小 A 和伙伴们准备在淘宝和拼多多上各开一家网店出售发卡，现在准备将开店材料准备妥当后分别开始注册。

实训要求

（1）通过小组讨论为网店取名。
（2）小组成员分工搜集两个平台开店所需材料，并填写网店注册准备材料明细表，如表 2-1 所示。

表 2-1　网店注册准备材料明细表

淘宝店铺 注册所需材料	注 意 事 项	拼多多店铺 注册所需材料	注 意 事 项

（3）将两家网店的开店流程制作成思维导图。

实训评价

本任务的完成评价可从网店注册准备材料明细表和开店流程思维导图两个方面的完成情况进行，如表 2-2 所示。

表 2-2　任务完成评价表

任务完成评价内容	评价得分（100 分制）		
	学生自评 （20%）	小组互评 （40%）	教师评价 （40%）
网店注册准备材料明细表			
开店流程思维导图			

本任务的能力评价可从自我管理能力、合作交流能力、分析解决问题能力、创新能力 4 个方面进行，如表 2-3 所示。

表 2-3　任务能力评价表

任务能力评价内容	评 价 指 标	自测结果 （在对应□中打 √）
自我管理能力	1．对分配的任务有责任心 2．能进行时间管理 3．能灵活运用所学知识	□合格 □基本合格 □不合格
合作交流能力	1．尊重他人的观点 2．与其他人有效沟通 3．能获取信息并给予反馈	□合格 □基本合格 □不合格
分析解决问题能力	1．能有效使用信息资源 2．能客观分析事物 3．能发现并解决常规问题	□合格 □基本合格 □不合格
创新能力	1．能提出创新且有价值的观点 2．能不局限于单一思维方式 3．能制订创新方案并实施	□合格 □基本合格 □不合格

第 3 章 网上店铺的定位、选品与定价

思政案例导入

大学生网上开花店，轻松创业当老板

小林是一个十分热爱生活的女孩，虽然高考成绩并不理想，但她仍然进入了一所大学学习园艺。在校期间，小林为了更好地体验生活，经常推着小车去卖花，但有时鲜花因没有及时卖完而变得不新鲜，造成了鲜花的浪费和成本的增加。为了更好地保证鲜花的新鲜程度，小林在淘宝上开了一家网店，等买家在淘宝上下单后，再统一发货，既保证了鲜花的品质，又能满足消费者的需求。

小林的淘宝店铺装修得很有特色，因为店铺主卖鲜花，所以她选择了淡淡的粉色作为店铺的整体色调，然后将各种拍摄好的鲜花发布到淘宝店铺中，通过淘宝系统的各种模块来进行展示，每张鲜花图片之间留有空白，方便消费者观看。当消费者浏览进入小林的花店后，第一眼看到的是大大的鲜花飞舞的动画及亲切的问候语，让人感到亲切、温暖。很多到小林店铺中购买鲜花的消费者后来都对她说，很喜欢她店铺的装修风格，感觉很温馨、简洁，来了一次之后，总是忍不住再来看看。

自己的店铺受到了众多好评让小林很高兴，不过她知道，只靠美观的店铺装修并不能留下挑剔的消费者。因此，小林在商品选择、信息展示上下足了功夫，在发布商品时，仔细填写鲜花的名称、种植季节、搭配方式、保养技巧，并拍摄了鲜花的种植基地、包装效果、室内效果等图片，这些信息与图片搭配在一起，组成了详细而清晰的商品详情页。并且，小林还把送货时间以醒目、幽默的方式置顶，立刻将消费者最关心的问题和最想要咨询的内容呈现出来。

因为对店铺装修和商品的选择及发布很用心，所以小林店铺的生意蒸蒸日上。经过大学几年的经营，小林店铺不仅在学校周边小有名气，还吸引了很多其他地方的网上买家。小林从小喜欢花花草草，自己又是学的园艺专业，因此花在花店上的精力也越来越多。到了毕业的时候，她干脆一心扑在了花店的扩建上，在学校周边租了一个小门店，将店面装修得清新怡人，又雇了两个送货的员工负责配送当地的鲜花订单。就这样，小林的鲜花网店有了自己的实体店面。现在，小林的小门面已经扩大到了 100 多平方米，店面装修得像一个花园，而她自己已经当上了老板，主要负责管理，其他事情则聘请专业的花卉护理人员来处理。

【思考】

小林网店运营成功的启示是什么呢？

【案例解析】

利用淘宝平台开网店，不仅能够节约成本，同时保证商品品质，而且可以满足消费者的需求。有开网店想法的大学生很多，然而有耐心、有精力并且始终如一、不断投入精力与时间来开拓的人还是少数。小林自己开网店，花了大量的精力来进行店铺装修、商品选择及商品信息的发布，这是她的网店经营能够获得成功的基础。网上店铺的形式多种多样，但想要获得成功都离不开前期充分的准备工作，包括店铺的开设与装修、店铺定位、选品等。只要网店运营者在前期做好网上店铺定位，包括进行店铺商品定位、确定目标人群、做好网上店铺出售商品的选品及定价，网上店铺经营的成功率将显著提升。越来越多网上店铺经营成功的案例，将鼓励更多有志从事网店运营的人们更有信心和动力投身于网店运营。

本章学习目标

（1）学习如何准确进行网上店铺商品及目标人群定位。
（2）了解如何进行网上店铺选品。
（3）掌握商品定价方法。

本章思政目标

（1）鼓励学生在店铺定位、选品、商品定价时，充分发扬精益求精的工匠精神。
（2）帮助学生树立规范经营的职业意识，以及通过小组任务培养学生的团队合作意识。

3.1 网上店铺定位

网上店铺定位是指网店重点针对某类客户群体销售某些特定商品。一个店铺精准的定位直接关系店铺的生存和后期的持续发展。本节将从店铺商品定位和店铺目标人群定位来进行网上店铺定位的探讨。

3.1.1 店铺商品定位

正式开店前，运营者首先要解决卖什么的问题。总体来说，店铺商品定位要从如下 3 个方面思考：如何选择、商品条件、进货渠道。这 3 个方面是互相渗透、相互约束的，需要综合考虑。店铺商品定位的 3 个思考方面如图 3-1 所示。

图 3-1 店铺商品定位的 3 个思考方面

1. 如何选择

如何选择，是指如何选择适合店铺销售的商品。选好商品是成功开设淘宝店铺的先决条件。商品选择首先要适合自己的特点，俗话说，“隔行不取利”，运营者最好是从自己的兴趣和能力出发，选择适合自己资金规模且较为熟悉和喜爱的商品。同时，要充分考虑市场需求，选择那些有一定发展潜力且比较个性化的品类。过于大众化的商品，容易消失在茫茫商海中，很难被消费者搜到。

如果能找到切合市场趋势且个性化明显的商品，虽然受众面可能较小，但由于淘宝网庞大的用户群体，往往可能产生不错的销量。例如，风行淘宝服饰界的原创民族女装品牌“裂帛”，其商品及品牌定位非常小众，将少数民族手工的形式和色彩等元素加以大胆运用，打造夸张神秘、异域氛围浓重的服饰风格，给受众强烈的视觉及心理冲击，如图 3-2 所示。这种定位独特、个性十足的服饰品牌吸引的是一些小众客群，但由于网络经济的长尾效应而成为“淘品牌”中的典范。

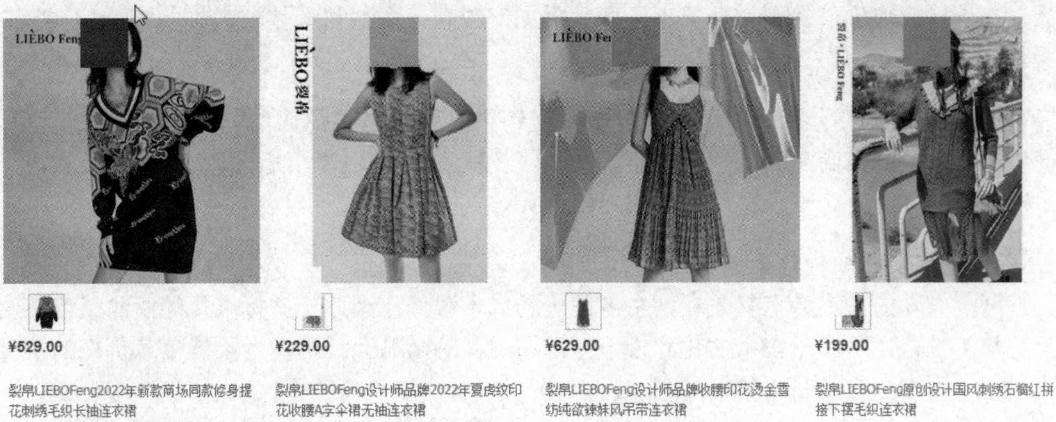

图 3-2　裂帛部分在售商品

知识链接

小众品牌

广义的小众品牌其实是包括大部分商业品牌的，如初创品牌、有一定年份的独立设计师品牌等。狭义的小众品牌是指由经验丰富的从业者或者设计师，在自己对产品的外观、功能等达到一定层级理解之后打造的只是面对少部分有特殊需求的人的产品。

知识链接

长尾效应

长尾效应的英文全称为 Long Tail Effect。“头”（Head）和“尾”（Tail）是两个统计学名词。正态曲线中间的突起部分称为“头”，两边相对平缓的部分称为“尾”。从人们需求的角度来看，大多数需求会集中在头部，而这部分被称为流行，分布在尾部的需求则是个性化的、零散的、小量的需求。这部分差异化少量的需求在需求曲线上面形成一条长长的“尾巴”。长尾效应的重点在于其总量，将所有非流行的市场累加起来就会形成一个比流行市场还大的市场。

2. 商品条件

店铺商品选择除满足以上条件外，还需要具备如下条件。

1）方便运输和包装的商品

一些较大、较重、易碎而价值又偏低的商品不适合在网络上销售，商品运输过程中的物流成本太高，同时在运输过程中发生的风险相对也比较高，特别是易碎品，退货、换货的概率也随之增大。这类商品主要包括家具、大型家电、玻璃制品、陶瓷工艺品等。

2）附加值较高的商品

如果商品价值过低，甚至多件商品价值的叠加都比物流成本要低，那么这样的商品一般不适合在网上销售。高附加值的商品，即在生产经营过程中具有高知识与技术含量的商品，在价格反映价值的正常情况下，商品附加值越高，商品利润越高。

3）利润空间较大的商品

消费者选择网购的一个很大因素是网上销售的商品与实体店的商品相比有比较明显的价格优势。如果商品利润空间较小，稍稍降价就不足以支撑利润，那么此种商品就没有足够的市场空间。

4）不容易比较价格的商品

网上交易的一大特点就是让消费者比价的成本很低，因此一些标准化的商品就自然沦为纯粹的价格竞争。一些个性化和价值体现不明显的商品会让消费者不能单从价格的角度去比较，网店更容易获取较高的利润。

5）能刺激消费者购买欲望的商品

如果某种商品只有在消费者见到实物后才能令其决定是否购买，那么就会额外增加很多成本。因此，选择销售的商品应该是能通过图片、文字描述、视频渲染等方式展示而刺激消费者购买欲望的商品。

6）具备重复消费特点的商品

“回头客”是网店持续经营的关键。选择那些质量好、用量大、具备重复消费特点的商品，吸引并能牢牢抓住顾客的心。维护一个老客户的成本远比开发一个新客户的成本低。

7）售后服务较少的商品

尽量选择售后服务较少的商品。如果销售出去的商品经常面临退货、返修等问题，也会给网店经营带来不利的影响。当然，如果身份是厂家，那么这种不利性就会降低。

3. 进货渠道

在明确了淘宝开店的经营范围之后，就要花费精力寻找物美价廉的货源。淘宝开店的经营方式相对灵活，运营者可随时随地发现新的货源进行优势互补，以调整经营方向。建议淘宝新开店铺的运营者不要急于大批量进货，而是尽可能做到进货品类较多、单品数量较少，以减小运营初期的风险指数。运营者如果具备优秀的沟通能力，也可与货主协商先不进货，等网店有了订单后再及时进货。此外，运营者还需要了解所销售商品的各种知识，如商品材质、规格指数、使用方法、商品特性、维护保养、售后服务等。

图 3-3 所示为网店的进货渠道。

1）普通批发市场

普通批发市场是最常见的进货渠道。如果网店主营服饰类，则可以去周边一些大型的服装批发市场进货。在批发市场进货时一般可以议价，运营者要通过各种方式和途径力争将批发价格降到最低，同时，要与有长期合作潜力的批发商建立良好的关系，以便出现退换货等问题时能得到妥善解决。

2）新开业的小型批发商

一些刚起步的批发商，在没有知名度和稳定客源的前提下，为最大限度地争取客户，往往有比较明显的价格优势，起批数量也没有太多限制。此种类型的批发商对起步阶段的网店而言是一种不错的选择，运营者可根据自己的进货要求和谈判经验，尽量争取到有利于自己的条件，如价格和最少进货数量等方面。当然，与这些新开业的批发商交易可能存在一些隐患，如在诚信方面尚需时间考验。

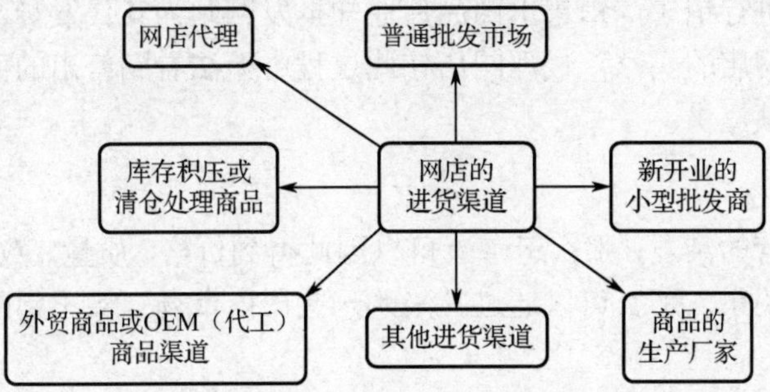

图 3-3　网店的进货渠道

3）商品的生产厂家

从生产厂家进货也是常规的进货渠道。一般而言，去生产厂家直接进货可以拿到比批发市场更低的价格，缺点是每次进货的数量相对较大，对资金实力不足的网店而言会有一定的压力。对规模较大的网店或本身资金实力雄厚的网店而言，因厂家货源充足、合作方式正规、进货价格更低，直接与厂家合作更能保证网店的良性运营。运营者视自身条件可经常性地参加各种展会和交易会，了解最新的发展趋势，开拓进货渠道，直接从商品的生产厂家进货。

4）外贸商品或 OEM（代工）商品渠道

这几年网上出现了很多外贸商品网店，以服饰和鞋类为主，很多店铺的销量都非常不错。这是因为外贸商品多为国外品牌的贴牌商品，面料精良、做工精细，且价格低廉，通常只有正常市场售价的 2～4 折。如果有这方面的进货渠道，运营者可以直接通过外贸代工厂商进货。需要注意的是，此类商品存在款式数量有限、出口与内销商品存在规格不同等问题，销售难度也会因此增大。

知识链接

OEM

OEM 是 Original Equipment Manufacture 的缩写，应翻译成原厂委托制造，指委托厂商按原厂商的需求与授权，并完全依照原厂商的产品设计来进行制造加工，也称定牌生产，俗称代工、贴牌。

5）库存积压或清仓处理商品

随着市场需求的多元化发展，企业要不断研发新的商品品类，以适应市场不断变化的需求。由于各种原因造成的商品库存势必给企业造成一定的压力。由于企业处理库存货几乎都是被动处理，这些商品的价格往往很有竞争力。如果运营者有足够的谈判技巧，那么完全可以以一个极低的价格拿下，然后转到网上销售，利用网络平台的地域和流行趋势差异获得利润。

6）网店代理

目前，有很多提供网上批发服务的网站或者能提供批发货源的销售商，与代理网店运营者达成协议，为其提供商品图片、文字介绍等，而不是实物，并以代销价格提供给网店运营者销售。一般来说，代理网店运营者将批发网站所提供的商品图片、文字介绍等信息放在自己的网店上进行销售，销售出商品后通知批发网站为其代发货。售出的商品仅从批发网站发送给代理网店的买家，代理网店在此过程中无法看到售出的商品，代理网店的售后服务也由批发网站提供。

7）其他进货渠道

如果有实体经营的亲友，那么运营者可以因此得到价格、质量、数量都有保证的货源。如果在国外有人脉关系，那么可以通过其采购一些国内市场上买不到的或者价格方面有明显优势的商品。

上述 7 类进货渠道各有利弊，运营者要结合自身实际，选择最适合的进货渠道，以便降低网上开店的风险。

对新开网店的运营者或者运营新手而言，采取先进货再销售方式开展网店经营存在一定的风险。这主要有两个方面原因：一是进货会占用店铺资金，店铺资金对于运营者，犹如血液对于人体，其重要性不言而喻；二是运营者对市场整体环境缺乏充分了解，对网店定位未必准确，很可能出现滞销货的积压、死货的风险，以及后期转型出现的处理库存的损失。

为有效控制运营风险，运营新手可以从做代理商开始进行网店运营，在积累了一定的运营实践经验后，再根据自身实际调整进货渠道。目前，提供招募代理商的平台和途径很多。例如，天猫上有专门的供销平台，但供应商一般都设置了较高的代理门槛，并不适合新卖家尝试。建议运营者选择既能够提供有价格优势的货源支持，又有稳定的供应链体系，同时又能够提供产品培训和个性化辅导的专业性平台，因为与这样的平台合作，网店即便一开始没赚到多少钱，但至少掌握了网上开店的技能和关键步骤。目前，网上还有一些平台，如马兰花创业培训教学服务平台等，专业整合货源并对店铺及运营者进行培训扶持。

3.1.2 店铺目标人群定位

要保证店铺的收益，首先要了解定位目标人群的目的。定位目标人群就是为了能够点对点地精准锁定买家，以此达到推广效率最大化、买家质量最大化的目的。面对不同的商品有不同的做法，但是归纳起来是有共性的。

1. 明确商品定位

首先，对于自己的商品需要有足够的了解，清楚该商品的优势在哪、卖点在哪，这样才方便店铺对商品推广、详情等方面做出规划。其次，商品能够解决买家痛点，引起情感共鸣，要知道商品能帮助买家解决什么问题，以及如何在买家情感上找到共鸣。

情感共鸣是指建立一种能和受众进行心理沟通和情感交流的营销方式，从而使他们对商品产生好感，随着这种情感的不断渗透，好感会逐渐转化成信赖和偏爱，这样就能够扩大商品的受众群体及市场份额，获取更多的经济效益和社会效益。情感共鸣有助于挖掘消费者的内心需求，而不是单纯通过品质或者外观形态争取浅层的商品差异化。

2. 定位目标人群

只有定位了目标人群，才有利于网店运营者更高效地寻找买家，对店铺进行更具针对性的装修，对目标人群进行更精准的营销宣传，抓住他们的痛点。定位目标人群主要有以下几种方法。

1）参考同类店铺卖家

模仿其他同类店铺进行目标人群定位。但要注意，不能只盯着大卖家，大卖家的目标人群并不一定与自己的目标人群重叠。

2）参考买家评价

查看同类商品的其他店铺买家评价。要参考真实的买家评价，然后分析目标人群对商品有哪些要求，再结合自己的商品优势，进行突出宣传。看评价、挖掘评论是非常好的手段，能够让运营者对目标人群、对未来的买家更加了解。不管这个评价是来自哪家店铺的，前提是看到的是“真评价”。

3）目标人群“多变性”要了解

目标人群也就是目标买家，并不是一成不变的。随着季节、气温、地区、年龄、身份等各种因素的改变，目标人群的购买习惯也会改变，网店运营者也需要做出相应调整。

4）精细划分目标人群

大部分商品有中高端消费人群，也有低端消费人群，不同年龄阶段、不同收入、不同性别的目标人群，其购买欲望的触发点也是不同的。因此，要对目标人群进行精细划分，可以从买家的年龄、消费水平、地域、爱好、心理活动等多个角度去分析。以出售连衣裙的店铺定位目标人群为例，主要可以从如图 3-4 所示的 5 个角度进行划分。

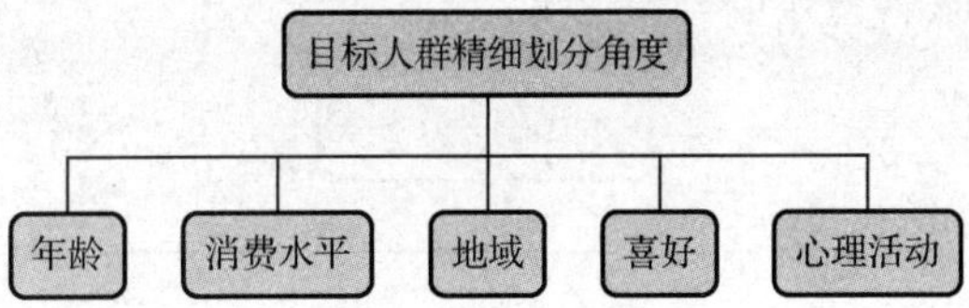

图 3-4　目标人群精细划分角度

（1）年龄。主要看连衣裙针对的买家处于什么年龄阶段。如果针对的是 18～25 岁的女性，通常这个年龄阶段的消费人群都是在校学生，她们选择网上购物，一方面是因为购物便捷，另一方面是因为价格便宜。因此，要锁定这一目标人群，店铺商品就要以物美价廉的商品为主。

（2）消费水平。不同消费水平的消费人群对于商品的要求不同。以连衣裙为例，消费水平较低的学生，大部分追求的是外观青春时尚，高性价比；消费水平较高的白领，大部分追求的则是个性和品质。因此，对于不同消费水平的目标人群需要“对症下药”，店铺需要展示相对应的商品，否则就会降低店铺销量，影响店铺收益。

（3）地域。对连衣裙而言，地域问题表现不太明显。如果是其他服装，如貂皮大衣，则需要考虑什么地方的人会用到、什么季节更好售出等问题。

（4）喜好。不同买家的喜好也不尽相同。喜好这一因素对于小众类商品的影响较大。

对连衣裙而言，有些买家喜欢洛丽塔风格，有些买家喜欢小清新风格，还有些买家喜欢森系风格。网店运营者可以通过浏览记录、购买记录等推测出买家的喜好。

（5）心理活动。对于连衣裙，大部分女性的心理活动是出于对合身与否及穿着场合的顾虑，如顾虑穿上显不显瘦、适不适合上班等问题。即便同样的商品，不同需求的买家心理活动也不相同，抓住目标人群的关键之一就是关注其心理活动。

以上划分角度及相关数据，卖家都可以通过市场调查分析来完成，从而进行精细化的目标人群定位。

5）根据店铺风格定位目标人群

定位目标人群是为了店铺更好地定位，更好地满足买家需求，以及提供更具针对性的商品，提高转化率。即使目标人群再精准，如果店铺没有风格，没有吸引力，那么也不能从众多相似的网上店铺中脱颖而出。

3.2 网上店铺选品

网上店铺之间的竞争非常激烈，稍有不慎，顾客就会退出店铺，另寻他家，因此店铺商品的优势一定要明显。在选品时，网店运营者可以按照价格、质量、外观、功能这 4 个要素对所选商品进行分级。在以上 4 个要素中，商品能具备 1 个优势要素，其余 3 个要素没有明显短板，为 B 级商品，为基本合格的选品；具备两个优势要素的为 A 级商品，为较高级别选品；具备 3 个优势要素的为 S 级商品，为次高级别选品；具备 4 个优势要素的为 SS 级商品，为最高级别选品。评估之后会对不同级别的商品给予不同的资金投入，等级越高，投入的资金比例越高。对于 SS 级商品，可以投入较高比例的资金，其余级别商品则根据店铺的具体情况，按照品级酌情分配。网店运营初期进行选品时要充分发掘优势，制造优势，突出优势，具体选品方式如图 3-5 所示。

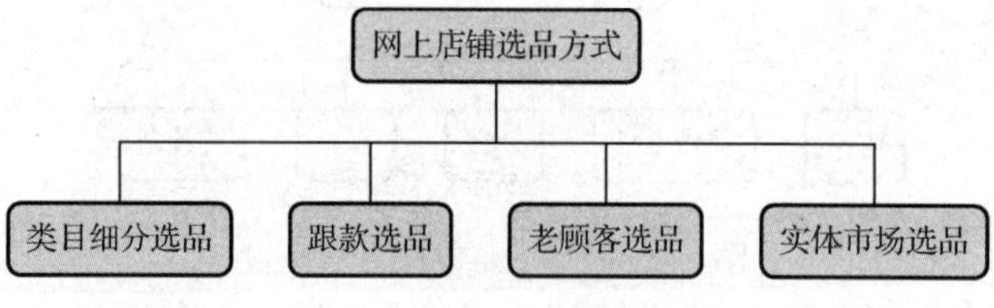

图 3-5　网上店铺选品方式

3.2.1 类目细分选品

所谓类目细分，是指在一个大的类目下去发现那些不是所有人都能洞察出的市场需求。例如，对于服装类目，首先可以锁定男装，其次锁定燕尾服，再次锁定春秋款燕尾服，还可以从价位、颜色上进行细分。

当细分到某一部分人群需求时，客户群非常精准之后，获得流量才越容易，店铺的发展空间就会增大。在产品极大丰富的当下，网上店铺运营的大趋势就是人群细分，越细分的生意越容易找到客户群。

类目细分选品法是现在用得比较多的一种选品方法。这种方法比较简单实用，并且可以随着自己优势的不同随意调整选品的门槛，非常灵活，对不同阶段的卖家都有很大的帮助。

目前，大部分电子商务平台上的商品集中在20个大类（汽车用品、母婴、美妆护肤、图书、摄影摄像、手机和配件、服装与配饰、电脑、电视音响、食品、个护健康、家居与园艺、工业和科学、珠宝、照明灯具、箱包和旅行用品、户外用品、宠物、工具和家居装修、玩具和游戏）。一个商品一般会对应3级甚至多级类目，层级越往下，商品定位越精准，选品越有目的性。以淘宝电子商务平台为例，如何在这么多类型的商品中确定自己店铺的商品类型？

首先，在店铺不是品牌方的情况下，要着重选择竞争压力小的类目，也就是所谓的冷门小类目。通过搜索核心关键词，整个淘宝市场的店铺总量控制在50000个以下最合适，这种类目竞争压力小，运营过程中有优势，相比竞争压力大的类目成功率和效率都更高。

知识链接

核心关键词

经过关键词分析确定下来的网站核心关键词，即网站商品和服务的目标客户可能用来搜索的关键词。核心关键词一般作为网站首页的标题；一般是由2~4个字构成的一个词或词组，名词居多；在搜索引擎中每日都有一定数目的稳定搜索量。搜索核心关键词的用户往往对网站的商品和服务有需求，或者对网站的内容感兴趣。网站的主要内容围绕核心关键词展开。

其次，查看店铺的类目商品是否有很多天猫店。如果此类目有很多天猫店、金冠店在运作，则要尽量避开这个类目，因为同类商品新店很难和已经形成规模的天猫店、金冠店竞争。

最后，将商品核心词放到生意参谋中进行搜索。生意参谋是一款可以大致分析出什么品类的商品具有商机的软件，主要通过分析搜索人气与卖家数量（在线商品数）的比例来判断。如果某类目商品淘宝直通车均价比较高，则尽量不要去运作该类目商品。大部分店铺后期还是靠淘宝直通车引流的，因此淘宝直通车的成本决定了商品的运营成本。

知识链接

运营成本

运营成本也称经营成本或营业成本，是指企业所销售商品或者提供劳务的成本。运营成本包括主营业务成本及其他业务成本。主营业务成本核算企业确认销售商品、提供服务等主营业务收入时应结转的成本。其他业务成本核算企业确认的除主营业务活动外的其他经营活动发生的支出，包括销售材料成本、出租固定资产的折旧额、出租无形资产的摊销额及出租包装物的成本或摊销额等。

从以上3点出发去考察选品所在的类目，可以决定店铺后期的运营结果，千万不要盲目地做。例如，认为化妆品好做、利润大，就盲目投资开店铺，但现实是新店很难挤进这个市场。因为化妆品的品牌忠诚度非常高，普通店铺很难与品牌争夺客户，每个品牌都有自己的官方旗舰店，普通店铺即使有再好的品牌代理权限，也很难运作起来，即使能运作，付出的精力和成本也会非常大。

以在淘宝开店卖女装为例，首先要看要卖的女装的分类是不是出现在二级分类中。如果出现在二级分类中，那么就可以考虑在淘宝开店卖女装了。只匹配分类是不够的，还要细分到二级分类。能出现在二级分类中的文字链接都是热销商品。例如，女装的二级分类中出现“T 恤”“牛仔裤”“羽绒服”“连衣裙”等，说明这些商品在淘宝平台上比较热门，如图 3-6 所示。

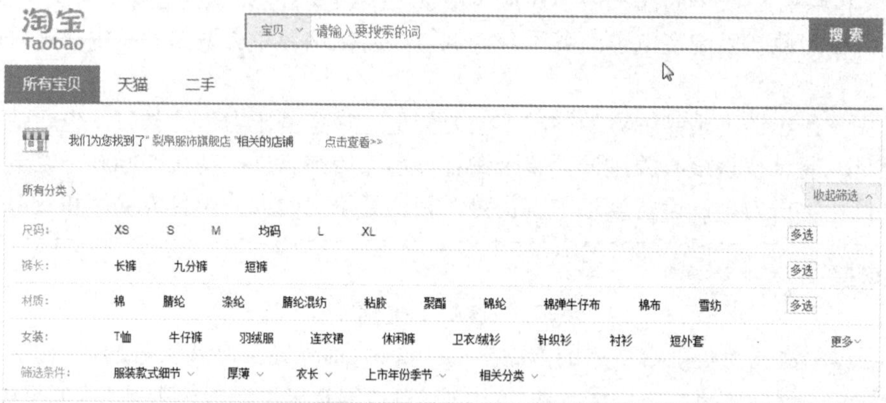

图 3-6　淘宝女装二级分类

综上所述，选择好的类目和好的商品非常重要，如果这两点没做好，那么营销策略和手段将很难发挥作用。

3.2.2　跟款选品

跟款选品，顾名思义就是跟随大卖家、成功卖家的脚步来选品。这种选品方法对于中小卖家尤为适用。那些炙手可热的商品是经过市场检验的，中小卖家可以学习复制，继而超越。

跟款选品不是照搬，而是一种借鉴。例如，肯德基和麦当劳，一旦竞争对手推出了新的套餐，另一家也会紧跟着推出。在网店运营的初始阶段，跟爆款也不失为一种好方法。毕竟知彼知己，百战不殆。只有熟悉对手，了解对手，才能在策略上避其锋芒，直击痛处，获得利益最大化。通过了解竞争对手，加以学习复制，继而超越。爆款之所以可以成为爆款，是因为其价格、款式、面料、风格等是经过市场检验的。有了这样的成功经验作为参照，不仅可以跟爆款，仿大店、仿网红店、仿平台潜力新品都是可以尝试的。在模仿中发现竞争对手前期是通过哪些渠道来推出商品的，然后就可以模仿这家的操作流程来推出新品。

当然，跟款不是绝对的拿来主义，要学会变通，要分析竞争对手运营的活动节点或者数据提升节点等，根据自己的情况来操作。需要注意，前期点击率至关重要，后期转化率则是重中之重。此外，如果在竞品分析中发现对手的不足之处，则可以进行完善，找到更具优势的商品，实现超车。

3.2.3　老顾客选品

当网上店铺拥有一些老顾客后，可以通过对老顾客人群画像的分解，做一些互动活动，以老顾客人群数据作为参考，确定选品。

对拥有很多老顾客的店铺的运营者来说，老顾客选品值得细细琢磨。不论是社群还是店铺粉丝，都可以拿来测款。可以同时推出多款商品，按照成本价出售，然后对比转化数据，最终留下转化率最高的商品作为主推款。

需要注意的是，运营者的选品不应该仅局限于老顾客选品。老顾客再多，在平台用户中的占比也十分有限。在关注老顾客选品的同时，还要参考平台数据中其他的指标，进一步提升选品的成功率。

3.2.4　实体市场选品

虽然现在网上店铺火热，实体店铺发展较为艰难，但是线下实体店铺的选品仍然具有一定的参考价值。能留存下来的实体店铺，往往有自己的选品经验，不妨多去走访学习，商机有时候就隐藏在细节里。

运营者需要了解市场，掌握的数据越多，越能分析出自己有把握做什么商品。例如，对服饰比较有兴趣，则可以尝试考察义乌（全球最大的小商品集散中心）、常熟（著名服装城）、广东（虎门产业带女装）等几个地区做服装的店铺。产业带省市通常也极具参考价值，还可以去本地的大型商超、批发市场进行考察。相信凭借网上店铺的优势和各种推广手段的加持，线下实体店铺热销商品也会为网店业绩提升提供助力。

综上所述，选品不能只将目光停留在线上的信息收集，还应当结合实体市场资源进行网上店铺选品的判定。

3.3　网上店铺商品定价方法

商品定价是网上商品销售链中非常重要的一环，一方面定价直接关系商品的销量和利润，另一方面定价直接影响商品的定位、形象和竞争力。商品定价难倒了不知道多少从事网店运营的人，只有合理的商品定价策略才能在竞争激烈的环境中留存下来。

网店运营者在进行商品定价时，要考虑商品的类型（如引流款、爆款、利润款）、商品的特质（如同质性、异质性、可替代程度）、同行竞品的价格水平、店铺本身的市场竞争策略及商品的自身价值等。常用的商品定价方法有组合定价法、撇脂定价法、消费者定价法和错觉定价法，如图 3-7 所示。

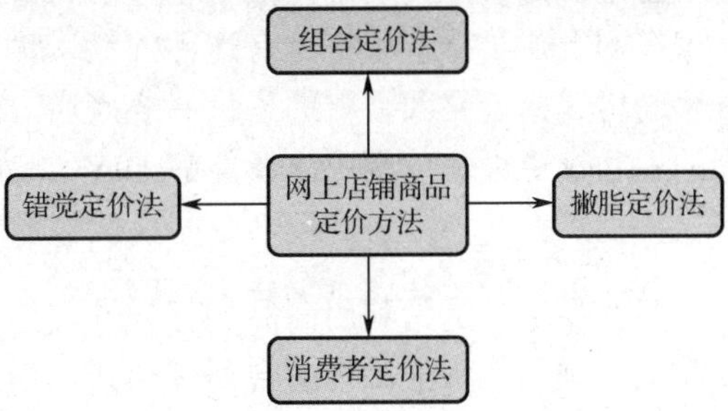

图 3-7　网上店铺商品定价方法

3.3.1　组合定价法

组合定价法是指通过把互补商品、关联商品等不同商品组合在一起，集合定价，获取最大销售利益的定价方法，即卖家在制订价格时，为迎合买家的消费心理，往往把有的商品价格定高一些，有的定低一些，以取得整体经济效益的定价方法。组合定价法是把消费心理学（如价格锚点）与商业基础逻辑（如二段收费）集成应用的结果，既要考虑流量，也要考虑利润。

采取组合定价法，要合理确定高价与低价的区域，使买家易于接受；要保证商品质量，使买家产生价廉物美的感觉，否则某种商品质量不合格可能对整体销售产生较大的影响。

一般而言，买家对不经常购买的商品价格比较敏感，而对经常购买的商品价格敏感性差，对价值高的商品价格比较敏感，对价值低的商品价格敏感性差。网上店铺可以利用买家的这种心理，在相关商品、互补商品定价时，把买家不经常购买且价值相对较高的商品价格定低一些，而把经常购买且价值相对较低的商品价格定高一些。高价和低价一般不宜进行经常性变动，以维护价格政策在买家心目中的一贯性。从某种程度上讲，低价可以打开销路，而高价又意味着商品的高质量，也能起到刺激需求的作用。

组合定价法主要分为如下 3 类。

1. 追求市场覆盖率类

追求市场覆盖率可以选择商品线定价法。这种定价法会仔细平衡买家对价格的承受力、商品差异带来的价值感及生产成本之间的关系。

例如，网上售卖的电视机，各种屏幕尺寸都有，每个尺寸还分高低不同配置；同一本图书也可以看到平装、精装、收藏版等不同版本。追求市场覆盖率类定价法适用于用户群体庞大且细分出来的个性化需求特别多的行业。用商品线定价法可以满足各个垂直群体的需求，实现买家购买的最大化；同时，可以快速验证投入产出比最高的几个商品线，迭代优化。

2. 强关联商品组合销售类

将强关联度的商品组合销售，实行部分商品微利吸引流量，再通过其强关联度商品获利，把盈利希望寄托于“二段消费”。此类销售适合的定价方法有如下 4 种。

1）备选品定价

备选品定价是指基础商品的备选品、配件等的定价高于成品，从而转移利润点。例如，买家在网上购买一台相机所有配件的钱，可以买几个同样的相机了；手机屏幕摔坏了，换屏幕的价钱接近整部手机的售价；烧烤店，烧烤便宜，啤酒贵。此方法可以尝试在买家选择的主动权更大、范围更广及能够 DIY 的品类中运用。

2）互补品定价

互补品定价是指利用商品的互补性，把利润点从基础商品转移到需要持续消费的互补商品上。例如，网上在售的吉列剃须刀，刀架便宜，但是替换刀片贵；惠普打印机，整机便宜，但是墨盒售价高；网络游戏账号免费注册使用，但是游戏装备要花钱购买，等等。互补品定价适用于商品本身或者服务需要消耗其他商品及依赖其他商品的情况。

3）副产品定价

对有副产品的商品来说，如果副产品价值高，那么就可以将主产品的价格定低，从而占有更大的市场份额，而将副产品定一个高价，获得利润。例如，对于菜市场的胖头鱼，将鱼头和鱼身分开卖，鱼头贵而鱼肉便宜；有的网店出售的拖把杆不便宜，但是拖把布价格低廉，甚至买家出邮费就每月送一块。网上店铺可以用此方法将主副产品分开定价，以达到更好的经营效果。

4）分布式定价

分布式定价一般先收取基础商品或服务的费用，如果买家想要购买额外产品或升级服务，则需要另外付费。例如，在网上购买手机，手机定价不高，但是保修服务、碎屏险等则需要另外付费；去公园买门票进去之后，其他项目另外收费；自助餐厅除了普通菜品免费不限量，特别菜品、特饮另外收费；有些廉价航空公司出售的机票只包括座位，水、行李空间都要额外收费。网上店铺采用这种定价方法的获利类似于爬楼梯，当买家完成了基础消费后逐渐开始爬上楼梯，后期的升级消费将为店铺带来利润。

3. 弱关联商品组合销售类

此类销售适用于弱关联或者有类似消费层级的商品，主要可采取的定价方法有如下两种。

1）捆绑式定价（即常见的销售套餐）

网上出售的电影院年票、健身房年卡、水果礼盒、情人节花束等均可使用这种定价方法。对于具有边际成本递减特性的商品，可以把这些商品和成本更高的商品绑定在一起，利用损失规避心理，提高销量。例如，网店出售一枝玫瑰 9.9 元包邮，一枝康乃馨 8.9 元包邮，两枝花一起购买仅需 13.9 元包邮。

知识链接

边际成本

在经济学和金融学中，边际成本指的是每单位新增生产的产品（或者购买的产品）带来的总成本的增量。边际成本简写为 MC 或 MPC。

这个概念表明每单位产品的成本与总产品量有关。例如，仅生产一辆汽车的成本是极其巨大的，生产第 101 辆汽车的成本就低得多，生产第 10000 辆汽车的成本就更低了（这是因为规模经济带来的效益）。

2）单一定价

单一定价是指把价值接近的商品组合放在一起，浮动毛利率，让零售价保持一致。这样，买家就会避免对价格进行思考和比较，只选择价值感。对于选择走量的网上店铺，可以利用单一定价消除价格锚点，更专注买家的真实需求。

知识链接

价格锚点

价格锚点是商品价格的对比标杆。商家通过各种锚点招数，或者利用对比和暗示来营造幻觉的手段，动摇人们对于货币价值的评估。

在买家眼里，商品的价值是“相对存在的”，这件商品是否值这么多钱、定价到底实惠与否，都需要一个可供参照的标准。价格锚点即是商家设定的参照标准。

3.3.2　撇脂定价法

撇脂定价法是指在商品生命周期的最初阶段把商品价格定得很高，以求获得最大利润，尽快收回投资。这是对市场的一种榨取，就像从牛奶中撇取奶油一样。

撇脂定价法只在一定条件下有意义。首先，商品的质量和形象必须与商品价格一致，有相当多的买家接受这种价格下的商品；其次，生产较少量的商品的成本不能太高以致抵消定高价所带来的好处。因此，竞争者不可能很容易地进入市场，以同样价格参加竞争。

1. 撇脂定价法的适用条件

在什么情况下，可以采取撇脂定价法取得预计的效果呢？

适用撇脂定价法的消费者特质如图 3-8 所示。当市场上存在数量足够多的购买力很强且对价格不敏感的买家时，网店运营者有厚利可图；暂时没有竞争对手推出同样的商品，网店运营者的商品具有明显的差别化优势；当有竞争对手加入时，网店运营者有能力转换定价方法，通过提高性价比来提高竞争力。

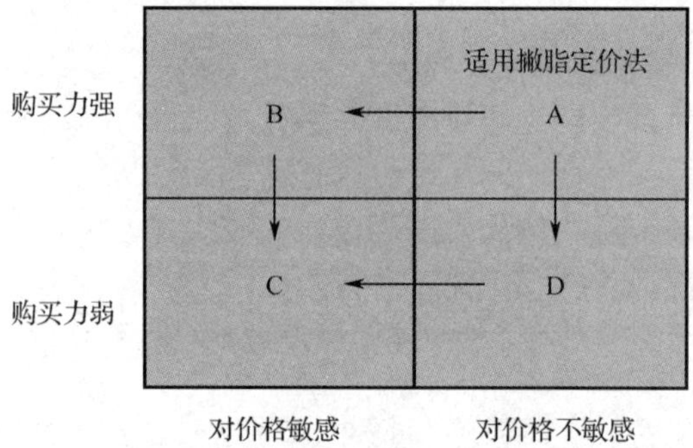

图 3-8　适用撇脂定价法的消费者特质

在上述条件具备的情况下，网店运营者就可以采取撇脂定价法。使用撇脂定价法不是偶然的，某些符合条件的网店运营者和行业普遍、长期使用撇脂定价法。

2. 撇脂定价法的优点

1）有助于迅速收回投资

撇脂定价法利用高价产生的厚利，使网上店铺在新商品上市之初即能迅速收回投资，降低了投资风险。

2）为商品塑造高价优质的形象

在全新商品或换代新商品上市之初，买家对其尚无理性的认识，此时的购买动机多属于求新、求奇。利用这一心理，网上店铺通过制订较高的价格，以提高商品身份，为商品塑造高价优质的名牌形象。

3）为后期竞争调价留出空间

采用撇脂定价法的网上店铺，往往在商品入市时先制订较高的价格，在该商品进入成熟期后可以拥有较大的调价余地。这样不仅可以通过逐步降价保持网上店铺的竞争力，而且可以从现有的目标市场上吸引潜在买家，甚至可以争取到低收入阶层和对价格比较敏感的买家。

撇脂定价法也存在一些限制。高价商品的需求规模有限，过高的价格不利于市场开拓、提高销量，也不利于占领和稳定市场，容易导致新商品开发失败。高价高利会导致竞争者的大量涌入，仿制品、替代品迅速出现，从而迫使价格急剧下降。价格远高于价值，在某种程度上损害了买家利益，容易招致公众的反对和买家的抵制，甚至会被当作暴利来加以取缔，诱发公共关系问题。

从根本上看，撇脂定价法是一种追求短期利润最大化的定价策略，若处置不当，则会影响网上店铺的长期发展。因此，在实践当中，特别是在买家日益成熟、购买行为日趋理性的当下，采用这一定价方法需要谨慎。

3.3.3　消费者定价法

消费者定价法一般是指以该商品的历史价格为基础，根据市场需求变化情况，在一定的幅度内变动价格，以致同一种商品可以按两种或两种以上的价格销售。这是基于买家差异的差别定价，可以因买家的购买能力、对商品的需求情况，以及时间、地点等因素而采用不同的形式，还可以根据不同买家的消费性质、消费水平和消费习惯等差异，制订不同的价格，如会员制下的会员与非会员的价格差别，学生、教师、军人与其他买家的价格差别，新老顾客的价格差别，国外买家与国内买家的价格差别等。同时，还可以根据不同消费者群体的购买能力、购买目的、购买用途的不同，制订不同的价格。

1. 消费者定价法的特点

灵活有效地运用价格差异，对平均成本相同的同一种商品，价格随市场需求的变化而变化，不与成本因素发生直接关系。

2. 消费者定价法的方式

消费者定价法主要包括理解价值定价法、需求差异定价法和逆向定价法。

采用消费者定价法，原则上需要先了解消费者对于各种不同商品的期望价格，然后根据中间商的成本情况和相应的有关费用，确定商品的价格。然而，这很难衡量，且费时费力。消费者对于商品的期望价格主要是通过询问在不同时间、地点及场合的情况下消费者愿意为商品付出的最高价格获得的，也就是通过人员访谈或问卷调查的方式来获取定价信息。

定价不是成本和利润的简单相加。例如，网店运营者往往会认为，假如生产一个茶壶的成本是 10 元，想获得的利润是 5 元，那么价格就是成本加上利润，定价 15 元是合理的。这种定价方式是从商家的角度思考定价问题的，肯定了成本在定价过程中的作用，但是忽略了买家的情况。从买家的角度考虑定价，需要给商品定位，根据商品带给买家的不同价值来制订价格。

给商品定位的原因是确定买家的价格预期。如果定位到一个较高的价格区间，就可以获得更大的利润。以新产品巧克力茶为例，把它放在网上店铺中，和可口可乐、百事可乐等常规饮料放在一起，买家的价格预期可能就是一瓶可乐的价格——3 元左右。但是，如果把它和高档咖啡放在一起，买家的价格预期可能是一杯美式咖啡的价格，大概 30 元。为什么同样的商品，放在买家熟悉的不同商品旁边，会产生 3 元到 30 元近 10 倍的价格差呢？

这种现象背后的心理学解释是：买家并不知道一个新商品到底值多少钱，买家愿意为一个商品付出多少钱，是参考了熟悉商品的价格。因此，网上店铺在给新商品定价时，首先要找准定位，看看此商品对标的商品是什么。如果能和竞争对手的商品建立联系，通过这种方式，就可以影响买家对这个新商品的价格预期。

因此，店铺成功的商品定价应该是在明确定价目标的基础上采取恰当的定价方式获得的，可以根据本店铺的实际情况，选取上述定价目标和定价方式给商品定价。

3.3.4 错觉定价法

错觉定价法是利用买家对商品价格知觉上的误差性，根据错觉心理给商品进行定价的策略。在生活中，由于主客观的原因，买家会对商品价格产生错觉，巧妙地利用买家的错觉定价，可以收到较为理想的收益效果。

按照买家对价格感受的错觉定价，目的在于使买家产生便宜感，或者给买家以荣耀感，吸引求廉、求荣的买家产生购买欲望。因此，错觉定价法成为竞争需要的一种手段。错觉定价法有以下 4 种方法。

1. 非整数定价法（也称尾数定价法）

采用非整数定价法的商品价格宁可定为 9.9 元而不定为 10 元，宁可定为 9 角 9 分，而不定为 1 元。因为 9.9 元是“一位数”价格的概念，而 10 元是“两位数”价格的概念，高出一个“层次”的价格会给买家造成不同的心理感受，觉得价格贵。其实 9.9 元与 10 元仅差 1 角。同时，非整数价格往往会被买家认为是经过精确计算的最低价格，从而使买家产生信任感；而整数价格往往被人认为只是概略性计算，并不十分准确，因而产生不信任感。因此，零售商品定价往往采用非整数定价法，这实际上是利用了买家心理上的一种错觉，值得网店运营者参考。

2. 整数定价法

采用整数定价法的意图是让买家对商品价格便于记忆、宣传，同时使买家产生价高质好感和满足某种荣耀感。例如，一种商品分别定价为 888 元和 1000 元，从非整数定价法效果看，前者被认为是几百元，感觉便宜一些，后者被认为贵一些。然而，并不是所有的买家对所有商品非廉价才购买不可，相反，会有买家认为价格差不多的商品，价格高一些的质量可能好一些。实际上，这也是买家受价格错觉的心理影响。对于高规格的名牌商品、高级礼品等采用整数定价法，不仅便于买家之间口头宣传，而且有人也能以显赫的整数夸耀于人前，以满足部分买家的需要。

3. 拆零定价法

拆零定价法是指大包装商品改为小分量包装后，价钱也拆零计算，使得买家产生更便宜的感觉。其实单位价格还是一样的，甚至拆零出售后单位价格更高了。例如，某网店出售一种茶叶，一千克包装的为 300 元，买的人很少。后来该网店采用拆零定价法分作一两一包装，每包为 15 元或者 20 元。买家一次付出 300 元会有所顾虑，而付出 15 元或者 20 元就相对爽快得多。实际上一千克 300 元与一两 15 元的单位价格是相同的，如果以一两 20 元出售，则比原来每千克售价还高出了 100 元。

4. 利用买家对计量单位的错觉定价

在商品销售中，常见到这样的情况：某些袋装食品 500 克，价格为 5 元一袋，而同样的食品 450 克，价格为 4.85 元，很多买家乐于购买后者。错觉使他们觉得后者比前者便宜。

因为买家在购买袋装食品时的心理价格的单位是袋，而不是质量（克），所以买家只注重 5 元和 4.85 元的比较，而没有进行 500 克与 450 克的比较。错觉造成单位价格高的商品比单位价格低的商品更受欢迎。网店在制订商品价格时，利用买家的心理错觉，可以起到促进销售的作用。

总之，以上各种定价方法的运用都是以研究消费者心理为基础的。由于消费者的心理是不断变化的，所以为了使这些方法得到成功，就必须坚持研究，同时，还需要视具体情况不同而区别应用，不可盲目生搬硬套。

本章小结

创办网上店铺的成功与否取决于店铺的定位、选品与定价。这 3 点中无论哪一点没有考虑周全，这个店铺都很有可能消失在竞争巨大的电子商务市场中。首先，对网上店铺定位而言，商品定位和目标人群定位就显得尤为重要。因为一旦定位不精准，将直接影响网上店铺的销量和收益；其次，在进行商品定位和目标人群定位之前，应当做好网上店铺选品工作，因为店铺的商品决定了店铺在市场中面对竞争压力的大小；最后，在竞争巨大的市场中，想要取得更好的收益，需要在商品定价上多下功夫，根据店铺和市场的实际情况，选择合适的定价方法，最终实现店铺的良好运作。

复习思考题

（1）为什么要进行店铺商品定位和目标人群定位？

（2）为什么要进行店铺选品？

（3）网上店铺选品的具体方式有哪些？

（4）网上店铺的商品定价方法有哪些？

技能训练

实训目的

（1）了解网上店铺定位、选品与定价的重要意义。

（2）能进行基础的网上店铺商品和目标人群的定位。

（3）能针对某种商品进行合理定价。

（4）培养分析归纳能力，强化沟通合作意识。

实训组织

学生以 4～6 人为一组，每组设组长一名；以小组为单位进行任务准备、任务实施、任务评价。

实训背景

小 A 和伙伴们正在进行网上开店规划，目前正处在商定网上店铺的定位、选品和定价阶段。团队需要确定网上店铺出售的商品类目，在批发网站完成初步选品，并针对确定的选品进行合理的定价。

实训要求

（1）以小组为单位，为即将开业的网店选择一个商品类目，并确定目标人群，将选择该商品类目的理由等填写至表 3-1 中。

（2）在 1688 上按照所选的网店商品类目，选择 10 种对应的商品，根据本章所学定价方法讨论确定每种商品的定价。

表 3-1　网店商品类目的选定

网店商品类目：	
目标人群：	
序　号	理　由
1	
2	
3	
4	
5	
……	

实训评价

本任务的完成评价可从确定网店商品类目、确定目标人群、确定商品的定价 3 个方面的完成情况进行评价，如表 3-2 所示。

表 3-2　任务完成评价表

任务完成评价内容	评价得分（100 分制）		
	学生自评（20%）	小组互评（40%）	教师评价（40%）
确定网店商品类目			
确定目标人群			
确定商品的定价			

本任务的能力评价可从自我管理能力、合作交流能力、分析解决问题能力、创新能力 4 个方面进行，如表 3-3 所示。

表 3-3　任务能力评价表

任务能力评价内容	评价指标	自测结果（在对应□中打 √）
自我管理能力	1．对分配的任务有责任心 2．能进行时间管理 3．能灵活运用所学知识	□合格 □基本合格 □不合格

续表

任务能力评价内容	评价指标	自测结果 （在对应□中打 √）
合作交流能力	1．尊重他人的观点 2．与其他人有效沟通 3．能获取信息并给予反馈	□合格 □基本合格 □不合格
分析解决问题能力	1．能有效使用信息资源 2．能客观分析事物 3．能发现并解决常规问题	□合格 □基本合格 □不合格
创新能力	1．能提出创新且有价值的观点 2．能不局限于单一思维方式 3．能制订创新方案并实施	□合格 □基本合格 □不合格

第 4 章 网上店铺的装修

思政案例导入

网店装修为店铺“引来”好销量

市场上的包包材质主要为皮革、PU、布料、PVC 等，将汽车安全带作为包包的制作材质，对大多数人来说还是很新鲜的事。早在 2006 年，第一款安全带包就已经问世。A 牌女包是我国第一个申请安全带包专利的品牌。

提到安全带，一般情况下会想到汽车上的安全带，用它来保护乘车人的人身安全。几乎没有人想到用安全带来做包。市场提倡小而美，提倡走细分道路，但是细分市场的前景和消费者对创意的接受都是未知的。因此，这也成为专门销售安全带包的 A 牌旗舰店需要面对和尝试解决的问题。

安全带包最大的亮点便是制作包的材质——安全带。安全带的优势在于结实、牢固，但也难免让人有一种沉重、笨拙、不够洋气的感觉。而 A 牌旗舰店，从店铺装修开始，选择的包包的款式图片、店铺的视觉设计，都采用了绚丽的色彩。他们有专门的店铺装修设计团队和专业的设计师，他们精心设计的店铺海报突出每款包包的编织方式的差异，同时及时更新，每季度都会推出新的系列，而不变的永远是他们的材质。这些都在一定程度上改变了消费者对安全带的成见，店铺的详情页也多处突出包包的工艺和品质，突出安全带包的质量和环保。这样一来，由于材质上的独一无二，与其他同类商品相比具有错位竞争的优势。这样一番操作后，A 牌旗舰店吸引了不少进店客户，店铺销量也有了显著的提高。

【思考】

A 牌女包网上旗舰店是通过怎样的方式来改变消费者对于安全带这种材质的刻板印象，从而获得消费者认可的？

【案例解析】

店铺装修反映的是一个店铺的形象、实力及精神面貌。装修店铺时要坚持的原则包括：抓住消费者，要思考怎样在第一时间抓住消费者的眼球，给消费者带来“视觉享受”；要让消费者无障碍地浏览店铺网页，也就是让消费者能在最短的时间内通过店铺网页获得想要了解的信息；需要店铺装修从业者对图片反复优化处理，认真研究消费者的习惯，并实时更新网页内容等，从而将店铺信息第一时间传递给消费者。

店铺装修是网店开设过程中需要耐心细致、踏实务实的环节。同时，在店铺装修的过程中还要密切关注市场变化，及时做出调整反馈，做到紧跟市场节奏。这个岗位要求从业者在具备专业知识的同时，还要具备关注细节、精益求精的工匠精神。A 牌旗舰店正是靠着这样一支团队，改变了消费者对于安全带的刻板印象，让 A 牌的安全带包获得了大家的认可。

本章学习目标

（1）学会网上店铺图片的拍摄与处理。

（2）了解网上店铺页面设计。

（3）熟悉网上店铺后台设置。

本章思政目标

（1）在店铺装修的过程中强调知识技能的应用，培养学生精益求精的工匠精神。

（2）培养学生的务实态度和责任意识，帮助学生树立对传统文化的认同感和文化自信，激发学生的设计活力。

4.1 网上店铺图片的拍摄与处理

网购是在虚拟的网络中进行交易的，买家无法看到商品实物，只能通过卖家上传的商品图片和说明文字对商品进行了解。如果卖家不考虑拍摄环境和画面背景，将商品随意地摆放进行拍摄，那么这种图片往往很难吸引买家的注意。

商品的图片不仅要能够清晰真实地表现商品，还要让买家看到后产生购买欲望。随意拍摄商品图片，很可能会使店铺失去交易机会，导致在众多的网上店铺中失去竞争力。详情页中一幅有视觉冲击力的高品质商品图片，不仅能够提升商品的整体视觉效果，还可以影响买家对店铺、商品的认知与购买转化，进而影响商品的销量。由此可见，网上店铺图片拍摄的重要性不言而喻。

4.1.1 网上店铺图片的拍摄

网上店铺商品图片的拍摄是一个系统的过程，一般可以分为拍摄前的准备和图片拍摄两个部分。

1. 拍摄前的准备

1）整理商品的拍摄要点

商品的卖点必须经由图片呈现在买家面前。拍摄商品图片时要懂得换位思考，拍出买家想了解的商品角度和细节，在有限的几张商品图片中将买家关注的东西展现出来，还需要注意店内商品首图的统一性等问题。因此，在拍摄前，首先要整理商品的拍摄要点。

2）选择相机、拍摄环境、灯光和道具等

整理出商品的拍摄要点后，再根据需要选择相机、拍摄环境、灯光和道具等。相机需要按照拍摄要求、经济条件等来选择，如果追求较高品质的拍摄效果，建议选用单反相机。单反相机的可操作性、成像效果比普通的卡片相机有明显的优势。拍摄环境可以分为室外自然环境、室内自然环境、室内摄影棚。不同的拍摄环境适合不同的商品。选择拍摄环境时，需要考虑到灯光条件、商品的尺寸和材质及预想的拍摄效果等因素。此外，还需要用到一些道具，如背景布、衬托物。这些都需要在图片拍摄前做好准备。

2. 图片拍摄

当拍摄要点明确、设备到位后，还需要确定商品图片的拍摄风格。首先要从商品本身出发，为商品最终的消费者画像，从消费者的民族文化、年龄特点、消费能力、价值观、审美观等方面分析，综合确定拍摄的背景、整体色调和模特的选择。同时，还需要考虑图片与其他同类商品图片的差异性，因为几乎所有商品都有很多同类商品，如果能从视觉上体现出与众不同的效果，则更容易使得商品在竞争大潮中脱颖而出。

目前，淘宝平台商品总体的图片拍摄风格有如下 3 种。

（1）简洁风格。这种风格一般使用纯色背景，整体效果干净明快，且能更加突出商品本身。

（2）时尚风格。时尚风格一般在服饰、箱包、饰品等类目商品拍摄中最为常见，一般以时尚的模特加上恰当的背景来体现商品的时尚感。

（3）情景创意风格。情景创意风格的拍摄主要是将商品摆放于特定的环境中，或者对商品进行创意摆放，添加陪衬物来营造氛围，从而达到烘托商品商业价值的效果。

如果对商品图片拍摄风格定位难以把握，可以查看同类目中人气、销量或排名较为靠前的商品图片拍摄风格，有选择性地作为自己商品的图片拍摄风格参考。

想要拍摄出吸引买家的商品图片，需要注意以下几点。

（1）在条件允许的情况下，尽量使用自然光拍摄。拍摄时，要保证光线充足，并确认拍摄的商品可以均匀采光。

（2）拍摄背景最好选用纯净的素色。拍摄背景要尽量简单，不混杂其他陈设，突出拍摄的商品。在大多数情况下以纯白色背景为佳，这样不仅有助于将买家的注意力集中于商品本身，也不容易造成买家对实际出售物品的混淆。当商品颜色较浅时，可以用深色背景衬托商品。

（3）将相机的分辨率设为中等，不仅可以确保图片质量，还可以加快图片在网站的上传时间，更方便进行图片编辑。

知识链接

分辨率

分辨率也称解析度、解像度，泛指测量或显示系统对细节的分辨能力。此概念可以用于时间、空间等领域的测量。日常说的分辨率多用于表示图像的清晰度。分辨率越高代表图像品质越好，越能表现出更多的细节。高分辨率的图像记录的信息多，文件也会相应较大。

（4）拍摄商品时，图片中的商品所占画面比例必须足够大，以便清楚地显示商品的细节。应该尽量让商品占满整个图片画面。同时，还要进行多角度拍摄，让买家对商品有更全面的了解。图 4-1 所示为商品多角度图片拍摄举例。卖家可以拍摄商品标签、原包装和配件，以及商品正面、背面、侧面、顶部的多角度套图。

图 4-1　商品多角度图片拍摄举例

4.1.2　网上店铺图片的抠取

抠图是指将一张图像中需要的部分抠出并移动到另一张图像中去的图像处理过程。网上店铺商品的图片拍摄完成后，为了凸显商品、舍弃图片中不需要呈现的部分、方便为图

图 4-2　素材图片

片添加其他效果，均需要通过抠图来实现。市面上有抠图功能的软件较多，比较常见的有光影魔术手、Photoshop、PopFore、美图秀秀等。光影魔术手是一款对数码图片进行后期处理及修饰的图像处理软件。其优势在于操作简单、易用，不需要任何专业的图像技术，能够满足绝大部分图片后期处理的需要，批量处理功能非常强大，足够胜任一般网上店铺商品图片的处理。

进行抠图时，首先在光影魔术手中打开素材图片，如图 4-2 所示，在工具栏中单击“抠图”按钮，在弹出的下拉菜单中选择“自动抠图”命令，弹出如图 4-3 所示的“自动抠图”对话框，就可以对图片进行一系列自动抠图操作。

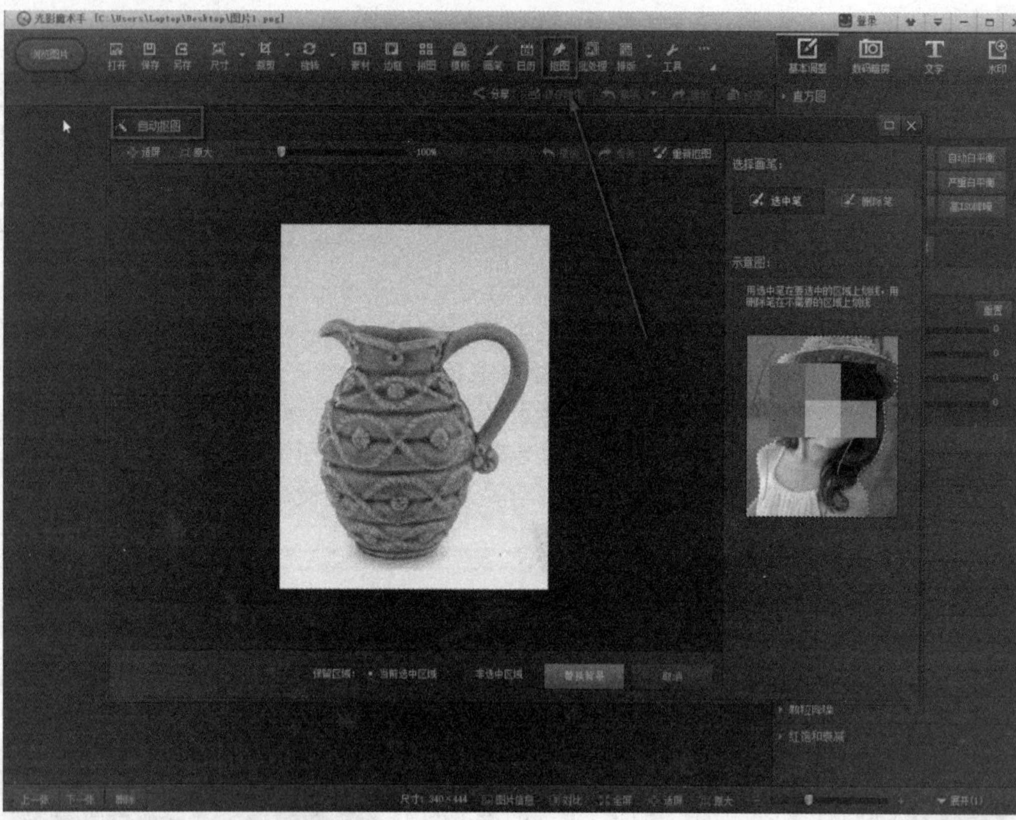

图 4-3　光影魔术手“自动抠图”对话框

4.1.3　网上店铺图片的批量处理

在处理网店商品图片时，有些图片需要处理成相同的效果。如果每张图片都进行单独处理，则会使工作变得烦琐且耗时。光影魔术手提供了方便快捷的图片批量处理功能。这就能在很大程度上节约处理图片的时间，提高图片处理效率。在光影魔术手工具栏中单击

“批处理”按钮，弹出如图 4-4 所示的“批处理”对话框，就可以拖动需要批量处理的图片至对话框，进行相对应的批量处理。

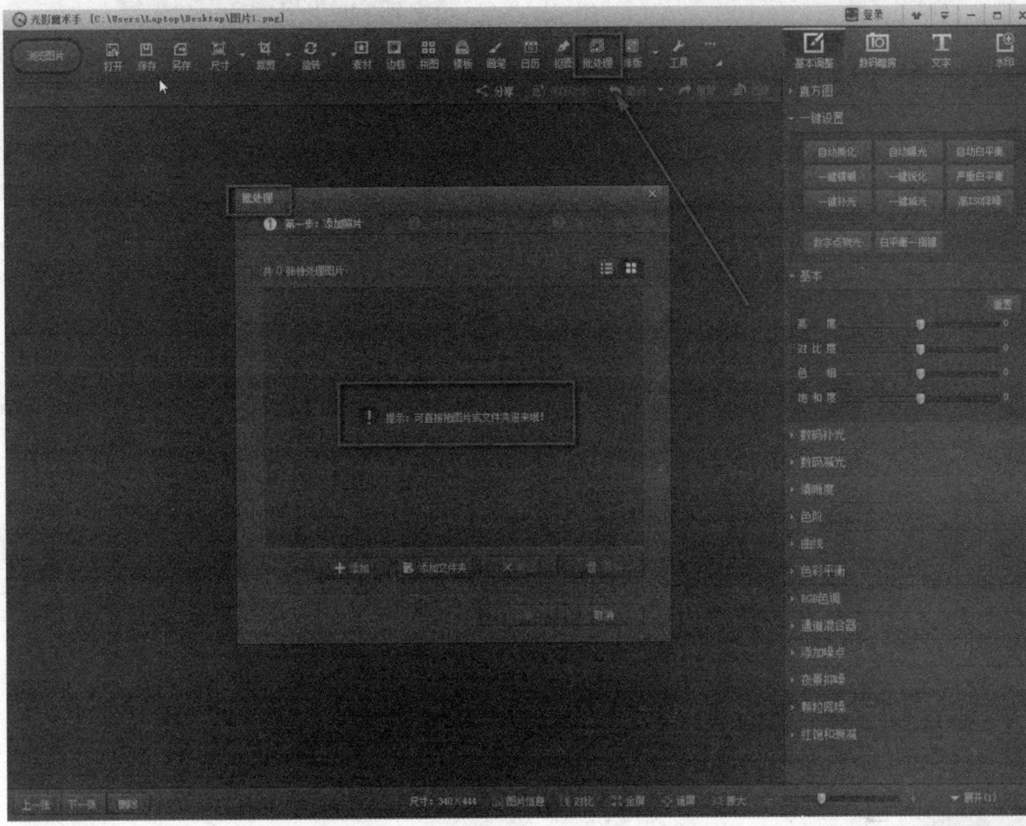

图 4-4　光影魔术手“批处理”对话框

4.1.4　网上店铺图片的文字处理

对于网上店铺图片，也可以通过加入一些文字使图片传递的内容更加丰富，让买家对商品信息的了解更加直观、清晰。在具备添加图片文字功能的图片处理软件中，美图秀秀的操作较为简单。使用美图秀秀给图片添加文字的具体操作步骤如下。

（1）打开手机美图秀秀，如图 4-5 所示，点击“图片美化”按钮。

（2）在相册中选择想要美化的图片。

（3）点击如图 4-6 所示的“文字”按钮，给图片添加文字。

（4）图 4-7 所示为调整已添加文字，通过“样式”和“字体”功能可以改变文字的颜色和字体。

图 4-5　点击“图片美化”按钮

图 4-6　点击“文字”按钮

图 4-7　调整已添加文字

（5）完成以上操作即成功给图片添加了文字，如图 4-8 所示。

图 4-8　图片添加文字成品图

4.2　网上店铺页面设计

网上店铺页面包括网店首页、海报、店招与导航栏、商品展示图、商品详情页等。众所周知，设计精美的网店页面不仅能给买家带来赏心悦目的感受，还能刺激买家的购买欲望，促进订单成交。

4.2.1　网上店铺首页的设计

网店首页设计是在网店页面设计中最重要的一个环节。一个成功的网店首页设计，不仅能够吸引买家的关注，还可以塑造网店形象和品牌。网店首页设计不仅是靠图片美化，还需要根据网店的整体定位，从网店全局出发，做好网店的全局规划，从各种视觉元素入手，去打造一个整体的网店形象。合理的首页设计才能指引整个网店营销过程，做到有的放矢。

不同的电子商务平台店铺首页的尺寸也不尽相同。以淘宝店铺首页为例，其宽度一般为 950 像素，高度不限，如图 4-9 所示，首页通常包含店标、店招、导航栏、海报、宝贝陈列区、收藏区、客服区等模块。

知识链接

像素

像素是由图像的小方格组成的，这些小方格都有一个明确的位置和被分配的色彩数值，小方格的位置和颜色决定了该图像所呈现出来的样子。可以将像素视为整个图像中不可分割的单位或元素。不可分割的意思是不能再切割成更小的单位或元素。像素是以一个单一颜色的小方格存在的。每个点阵图像包含一定量的像素，这些像素决定图像在屏幕上呈现的大小。

网店首页设计的最终目的是在有限的页面中，用最简单的表现手法实现最好的宣传效果，获得买家的青睐，达到提升转化率的目的。在安排店铺首页布局时并不是要将所有的模块一味地堆积上去，而是通过各模块之间合理的组合排列布局店铺首页。合理的布局不仅可以增强店铺黏性，提升新老顾客的忠诚度，还可以达到更好的视觉效果和用户体验效果。

店铺要有风格定位，通过风格定位来设计店铺首页主题。店铺装修、商品陈列，包括整个视觉识别系统，都要保持风格统一。店铺风格定位越清晰越准确，在搜索推荐逻辑上越精准。

知识链接

视觉识别系统

视觉识别（Visual Identity，VI）系统是运用系统的、统一的视觉符号系统。视觉识别是静态的识别符号具体化、视觉化的传达形式，项目最多，层面最广，效果更直接。视觉识别系统分为基本要素系统和应用要素系统两个方面。基本要素系统主要包括企业名称、企业标识、标准字、标准色、象征图案、宣传语、市场营销报告书等。应用要素系统主要包括办公事务用品、生产设备、建筑环境、产品包装、广告媒体、交通工具、衣着制服、旗帜、招牌、标识牌、橱窗、陈列展示等。

店铺首页要作为设计的重点区域。美国长期研究网站可用性的著名网站设计师杰柯柏·尼尔森（Jakob Nielsen）发表的名为《眼球轨迹的研究》的报告中提出，大多数情况下，浏览者不由自主地以“F”形模式阅读网页。这种基本恒定的阅读习惯决定了网页的关注热度呈现“F”形，即浏览者打开网页后，一般按照“F”形模式浏览网页：第一步，水平浏览，浏览者首先在网页最上部形成一个水平浏览轨迹；第二步，目光下移水平浏览，浏览者扫描比上一步短的区域；第三步，垂直浏览，浏览者完成前两步后，会将目光沿网页左侧垂直扫描，这一步的浏览速度较慢，也有系统性、条理性。根据“F”形网页浏览模式可以大概了解买家的浏览轨迹，也就是说，店铺首页最上面的部分是买家浏览的重点，这是毫无疑问的。经过精心设计和布局的店铺首页才能给买家留下好的进店体验，因此对于这个重点区域，店铺要精打细算，合理利用。

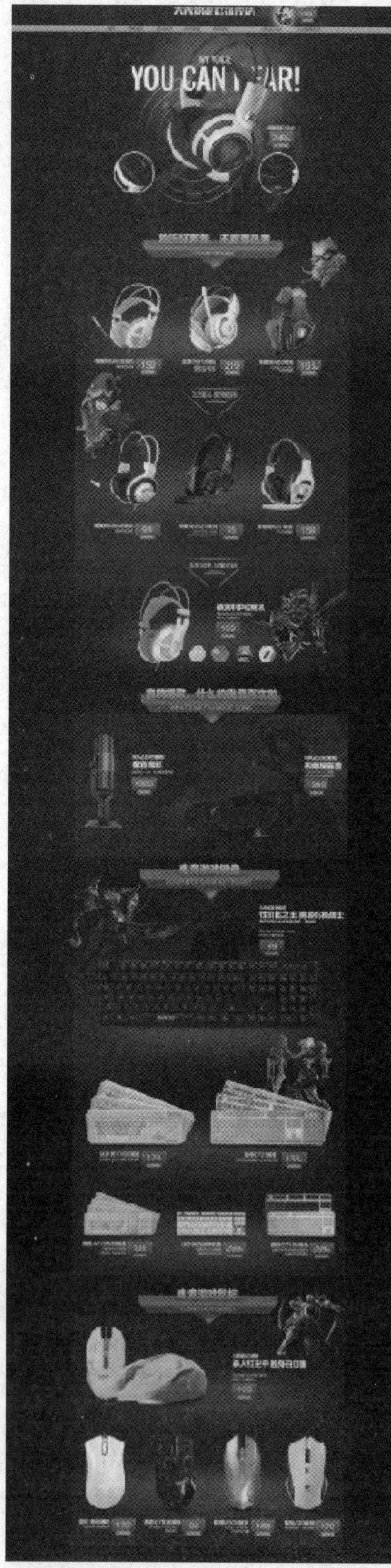

图 4-9　淘宝店铺首页

店铺首页设计还要关注客户的需求，如店铺优惠、店铺折扣、商品上新等。老客户更多关注店铺的优惠、促销活动及新商品等信息；新客户则主要关注店铺的装修风格、整体店铺形象，以及店铺推荐的新款和爆款等信息。要结合客户的需求来整体布局店铺首页。店铺的活动及优惠信息，如海报、活动图，要放在非常重要的位置。推荐款和爆款不宜太多，可以用关键词突出，或者利用导航栏进行引流。收藏区、关注区和客服区的互动模块必不可少，这是增强客户黏性、提高二次购买率的销售利器。

知识链接

客户黏性

所谓客户黏性，指的是客户对于品牌或产品的忠诚、信任与良性体验等结合起来形成的依赖感和再消费期望值。依赖感越强，客户黏性越强；再消费期望值越高，客户黏性越强。

此外，店铺首页各模块布局要错落有致，图文结合，避免视觉疲劳的情况发生。同时，首页的模块结构和商品系列要清晰明了，让进店顾客一目了然。

4.2.2　海报的设计

不管是线下的传统营销模式还是线上的网络销售模式，都需要能吸引眼球的海报来招揽顾客。在网上店铺的运营中，经常会利用店铺海报来吸引消费者。即便没有促销活动或者节日活动，店铺也要制作精美的海报图片来招揽消费者。

首页海报一般位于导航栏下方，占较大的面积，其常见形式为多张海报进行循环播放，这称为轮播海报。它是买家进入店铺首页后最先看到的区域，好的轮播海报不仅让人有震撼的感觉，还能使买家第一时间了解店铺的活动和店铺的促销信息。

海报的制作需要一个主题，不论是新品上市、清仓甩卖，还是节日促销，主题选定后才能围绕这个方向确定海报的文案和信息等。海报的主题是商品加描述的直接体现，表现形式就是图文结合。

海报的构图主要讲究的就是和谐并且突出主题。一般淘宝店铺广泛使用的有两种构图方式：左右构图、左中右构图。

（1）左右构图：这是比较典型的构图方式，一般分为左图右文和左文右图两种模式。图 4-10 所示为左右构图。这种构图比较沉稳，且画面不失平衡感。

图 4-10　左右构图

（2）左中右构图：在这种构图方式中，海报两侧为文字，中间为图片，如图 4-11 所示。与左右构图相比，左中右构图方式更具层次感。

图 4-11　左中右构图

4.2.3　店招与导航栏的设计

店招与导航栏都是店铺装修中必不可少的元素。店招是店铺给人的第一印象，而店铺导航栏则让买家进店后能快速找到自己所需要的商品。同时，也可以结合店铺活动添加“促销专区”之类的导航类别。

店招设计在内容上除了展示店铺名称、店铺 Logo（店铺标识，简称店标）及店铺宣传语，还可以添加“商品搜索”“店铺收藏”等信息，以方便买家更便捷地找到自己所需要的商品。店铺的导航栏设计主要以实用为主，分类清晰直观。店招与导航栏都位于店铺最上方，在设计制作时通常可以合为一个整体。

店招与导航栏的主要任务为宣传店铺文化、方便买家购物，在设计时应注意以下几点。

（1）设计整体风格应配合店铺所售商品分类及店铺文化。

（2）所传达文字信息要简单明确，不宜复杂。

（3）色彩搭配简单明了、对比强烈，并且信息突出。

4.2.4　商品展示图的设计

整体统一的页面布局，会给人以美的享受，彰显商品的质感。商品的主图对一个商品来说是独一无二的，独立的主图汇集在一个页面中，就构成了整体效果。美的图片能直达买家内心，激发买家的购买欲望，引导买家拉动页面，继续了解商品详情。下面以女装为例，进行商品展示图设计的讲解。

为了在页面中更具优势，首先，建议在进行展示图设计时使商品占整个画面的 2/3 左右（特殊作图效果除外），必要时可满版型设计（即商品布满整个画面），对于女装在进行主图构图设计时要明确主图的尺寸，一般来说，商品主图尺寸默认为 700×700 像素，大小不能超过 3MB。其次，明确商品卖点，在卖点清晰的情况下对图片进行一定的美化与创意修饰，并且需要精准细节。一张好的商品主图是能将卖家明确的商品服务信息、鲜明的商品主题、醒目的视觉效果及准确的营销传达给买家的。因此，对于女装在进行商品主图构图时，期望在商品呈现方面，以干净利落为体验要点，商品放置不需要多，主图背景简约大气，能突出商品本身，打造清晰的层次，并注意区分商品属性与促销动态，不采用过度夸张的销售词语。综合上述要点，对于女装可以采取以下 3 种主图构图方式。

1. 有故事的构图

商品主图构图可以以商品本身为主，也可以使用模特展示图片。但在使用模特展示图片时，要尽量选择有故事情节和视觉冲击力的图片作为主图。

2. 多角度构图

商品主图不能只呈现商品的一面，想要更好地吸引买家的注意力，可以考虑从不同的角度展示商品，调整模特的穿着搭配及背景搭配，这样才能收到意想不到的效果。在恰当的构图基础上，店铺还可以运用一些技巧提升商品主图的魅力，如店铺内使用了放大镜功能查看的主图，在设计主图时可以选择不添加店铺 Logo，以免影响图片的创意展示。在主图颜色选择上需要与店铺颜色保持一致，使经营与促销完美统一。最重要的是，商品主图要善于汲取时尚元素，合理营造主图氛围，在增强买家视觉感受的同时，也要迎合买家心理。

3. 体现细节的构图

细节拍摄针对高价位的商品，要表现的是其与较低价格的商品在质量、材质、做工等方面有差别，因此画面上要体现的是做工细节和材质。

4.2.5　商品详情页的设计

一个好的详情页是促进商品成交的重要因素之一。对网上购物来说，买家想要得知商品情况的唯一途径就是从商品详情页中找自己想要了解的信息。比起文字说明，图片可以更直观地把信息传达给买家。因此，在商品详情页中，图片信息是必不可少的，而且还要保证图片展示全面，如实拍图、细节图、展示图等，全面的图片信息可以让买家更好地了解商品。下面以女装为例，介绍如何给服装类商品设计详情页。

1. 首图部分设计

详情页首图部分是店铺活动介绍或收藏店铺引导的最佳位置。在设计时，首图部分以展示品牌特性与商品特色的模特展示为主，再配上对商品特点进行概括描述的文案和店铺活动介绍，这样才能吸引买家的注意力。

2. 关联营销

在详情页放置类似的商品，能够在很大程度上带动店铺其他商品的销售，同时也可以加深店铺访问深度，延长买家的停留时间。关联营销的商品通常以格子布局的形式呈现。

3. 服装模特展示

在详情页呈现多个角度的实物图或者模特试穿图，图片必须清晰，画面比例以展示服装为主，避免展示其他抢镜元素，旨在全方位展示服装特点。

4. 商品基本信息制作

商品基本信息包括尺寸、面料、洗涤方法等，这也是详情页设计中必须体现的内容之一。在制作这部分内容时，可以采用图表结合、上下划分的方式。在上半部分放置商品的基本信息与模特展示图，让买家在了解商品信息的同时有具体的形象参考；在下半部分放置尺寸参数表，使买家详细了解商品尺寸。

5. 商品细节展示

细节展示非常重要，在看不到、摸不到的平面图片中，只能通过细节图来告诉买家商品的每一项优势。因此，在进行商品细节展示时要真正做到细致，可以以竖排并列的方式展示材质、做工、正面、侧面、内部等细节。好的细节图能让买家直观感受到商品的质感和网上店铺的服务力度，犹如线下购买一般，促使买家当即下单，从而提高转化率。

6. 详情页收尾图设计

若商品可能存在物流问题，如属于易碎品等，应提前在图片或文字中提醒买家，以免在买家收到商品后给店铺带来不好的店铺 DSR。也可以在收尾图中加上包装箱、赠品和品牌形象等图片，让买家从心里感觉该网店实力雄厚，从而放心购买。

知识链接

店铺 DSR

店铺 DSR（Detailed Seller Ratings）是指店铺动态评分。DSR 是动态变化、实时更新的，主要考核 3 项指标：描述相符、服务态度、物流服务。每项 DSR 取连续 6 个月内买家对该项评分的总和÷连续 6 个月内买家对该项评分的次数。当店铺订单交易成功后，淘宝买家可以从描述相符、服务态度、物流服务 3 项给店铺打分。买家在给出评分时，3 项指标都具有 5 个分值，1 分表示非常差，2 分表示差，3 分表示一般，4 分表示好，5 分表示非常好。

4.2.6 首页上线操作

首页、海报、店招与导航栏、商品展示图、商品详情页制作完毕后，接下来需要进行的是首页上线操作，具体操作步骤如下。

（1）登录淘宝卖家中心，单击“店铺管理”→“店铺装修”，进入卖家装修后台（店铺装修页面），如图 4-12 所示。

（2）如图 4-13 所示，将鼠标指针移动到首页顶部店招模块，单击右上角的“编辑”按钮，即可开始设置。在设置过程中，店招可以使用默认招牌或者自定义招牌；店铺名称可根据需要选择在店招位置显示或者不显示。

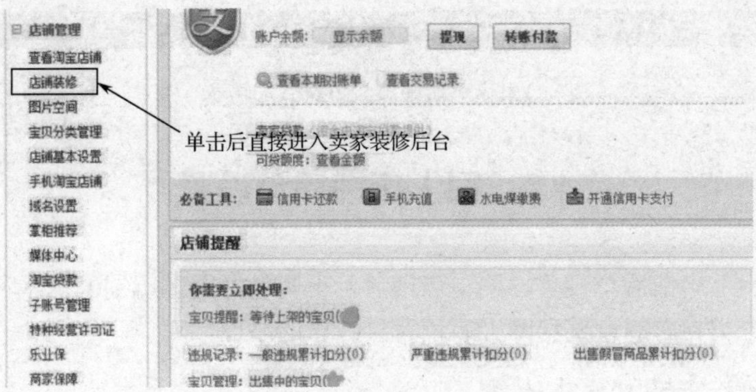

图 4-12　淘宝卖家装修后台

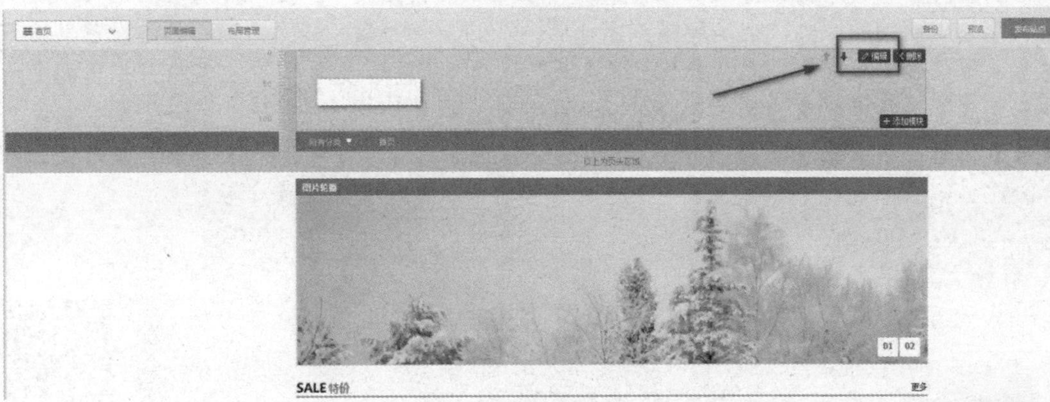

图 4-13　设置店招

（3）将鼠标指针移动到导航模块，单击右上角的“编辑”按钮，然后如图 4-14 所示单击右下角的“添加”按钮，根据宝贝分类选择需要导航显示的内容，最后单击“确定”按钮，即可完成店铺导航设置。店铺导航设置完成效果如图 4-15 所示。

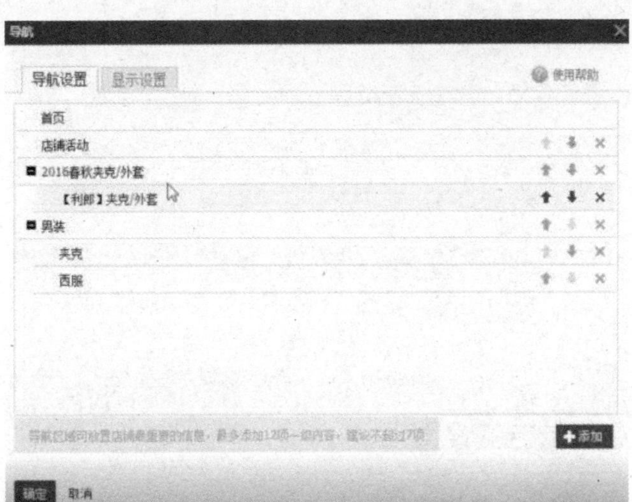

图 4-14　设置店铺导航

图 4-15　店铺导航设置完成效果

4.3　网上店铺后台设置

本节介绍网上店铺后台设置。网上店铺后台设置包括网上店铺的基本设置、网上店铺公告的设置、分类导航的设置和网上店铺背景音乐的添加。

4.3.1　网上店铺的基本设置

店铺介绍可对店铺整体情况进行说明，也是宣传店铺的一种方式。好的店铺介绍是吸引买家进入店铺的原因，也是刺激买家在店消费的重要因素。网上店铺的基本设置具体方法为：登录淘宝卖家中心，单击“店铺管理”→“店铺基本设置”，在右侧打开的页面中可以设置店铺的基础信息，如图 4-16 所示。

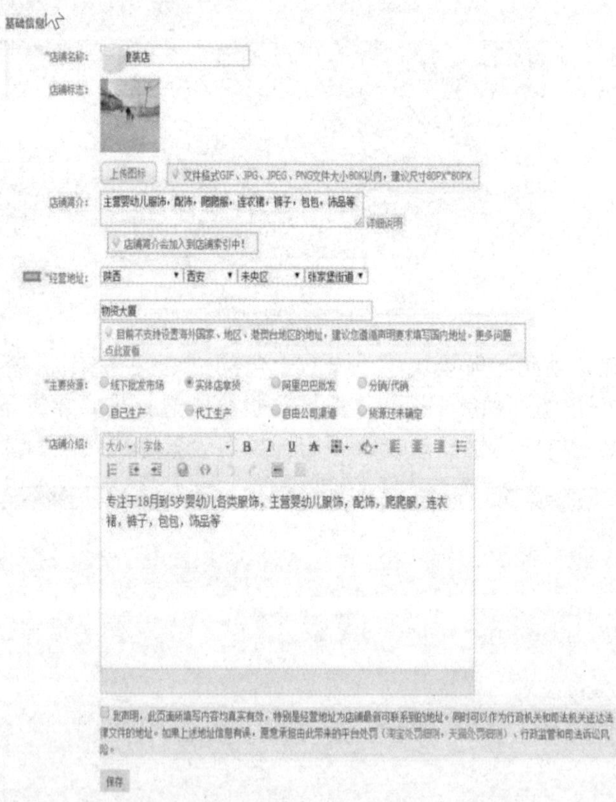

图 4-16　店铺基本设置

4.3.2　网上店铺公告的设置

网店的店铺公告一般位于店铺首页的右上角，占据着较为重要的位置。买家进入店铺后，首先注意到的就是店铺公告，所以店铺公告的设置对网店装修来说至关重要。店铺公告一般包含店铺的促销广告、店铺的特色服务、店铺的联系方式及最新的优惠信息等。店铺公告中的这些信息需要及时更新，以便进店的买家能第一时间了解该店铺的当前动态。

网店装修时，店铺公告最常用的投放方式是通过图文类模块投放。具体方法为：首先，将需要在店铺公告中展示的图文内容制作成海报；然后，登录淘宝卖家中心，单击“店铺”→“维修管理”→“选择模块类型”；最后，如图 4-17 所示，根据需要展示的海报数量选择图文类模块中的“单图海报”模块或“多热区切图”模块等，进行店铺公告投放。其中，“单图海报”模块适合网店店铺公告的内容在一张海报上呈现的情况，选择投放后，该海报将在店铺首页店铺公告处固定展示；“多热区切图”模块则主要针对网店的店铺公告需要通过多张海报呈现的情况，选择投放后，买家进店会看到这些海报在店铺首页轮流播放。

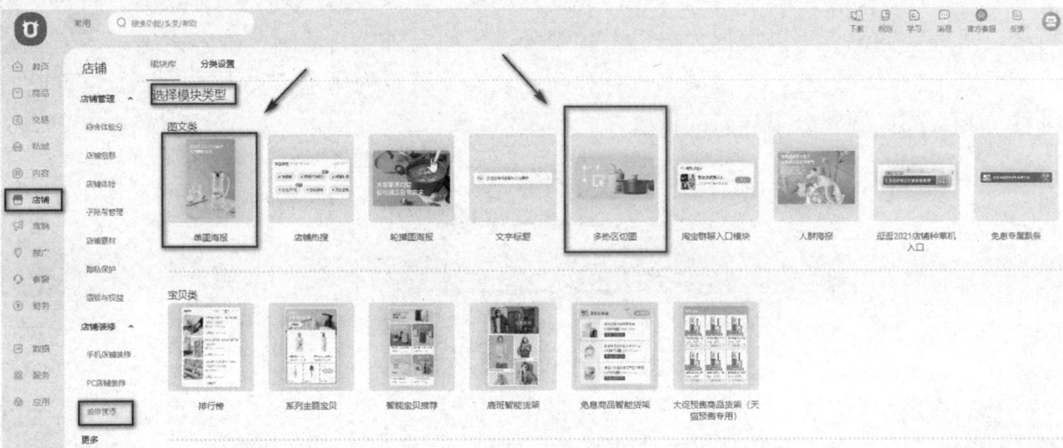

图 4-17　设置店铺公告

4.3.3　分类导航的设置

为了满足卖家分类放置不同商品的要求，同时方便买家更好地搜索商品，淘宝提供了分类导航功能，卖家可以根据自己商品的类型设置不同的分类。下面介绍在淘宝中设置分类导航的具体操作步骤。

（1）登录淘宝卖家中心，单击“店铺管理”→“宝贝分类管理”，如图 4-18 所示。

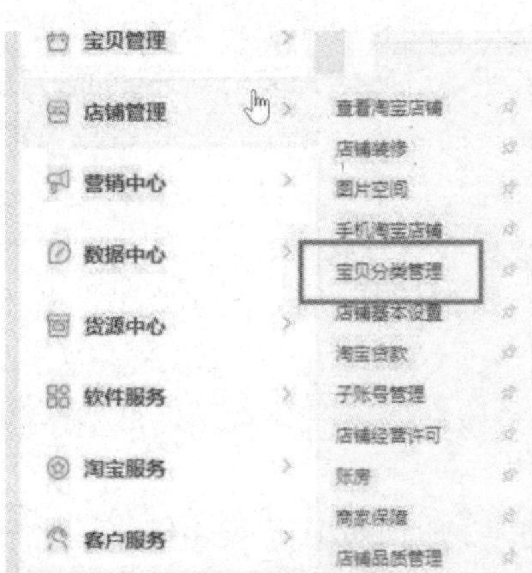

图 4-18　宝贝分类管理

（2）进入宝贝分类管理页面，单击“添加手工分类”，输入店铺的大分类，如图 4-19 所示。建议卖家不要将大分类设置得太复杂和太细，主要类目应尽量简单明了、通俗易懂。

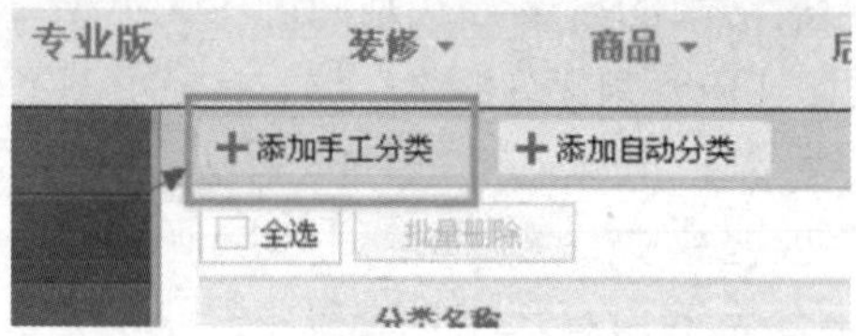

图 4-19　添加手工分类

（3）输入店铺的大分类之后，单击“添加子分类”，将大分类进行进一步细分，如图 4-20 所示。子分类的内容可以根据大分类进行细分，一般要求类目清晰、内容明确。子分类的内容可以稍微详细一些，方便买家查看和筛选。卖家可以为每个分类添加图片，也可以通过移动箭头图标调整分类导航的位置。

图 4-20　添加子分类

基础模块中的“默认分类”模块的设置和店铺装修中的宝贝分类管理页面其实是一致的，因此在店铺装修页面中添加“默认分类”模块时，其显示的就是默认的分类导航内容。“个性化分类”模块在默认情况下显示的内容和“默认分类”模块的内容一致，只是在“个性化分类”模块中，可以对模块显示的标题及显示哪些商品分类进行调整。

4.3.4　网上店铺背景音乐的添加

当买家进入网上店铺时，如果能够听到优美的音乐，那么可能会使买家对店铺的好感增加。为网店添加背景音乐的具体操作步骤如下。

（1）在网上找到合适的音乐，下载到计算机中。

（2）准备好背景音乐后，还需要将音乐上传至淘宝店铺。登录淘宝卖家中心，进入店铺装修页面，单击“编辑”按钮，进入店铺装修编辑页面，在页面左侧的“组件”栏中找到“音乐”组件，将其拖动到页面中央，单击“上传音乐”按钮，选择刚才准备好的背景音乐进行上传，然后单击“确定”按钮，即可完成音乐上传。

（3）上传背景音乐后，在店铺装修页面中找到刚才上传的音乐组件，将其选中，在右侧的属性栏中可以设置音乐的播放方式、音量大小及是否循环播放等，设置完成后，单击“保存”按钮即可。

本章小结

网购的特殊性让买家和卖家之间形成了一架由网络搭建起来的桥梁，如何让买家顺利地跨过这架桥梁，使买家被卖家出售的商品所吸引，从而提升店铺交易成功率呢？网上店铺的装修起到的作用尤为重要。本章综合讲述了网上店铺图片的拍摄与处理、网上店铺页面设计和网上店铺后台设置。建议在学习本章的过程中加强实操练习，提高动手能力。

复习思考题

（1）目前，淘宝平台商品总体的图片拍摄风格有哪些？
（2）如何拍摄出吸引买家的商品图片？
（3）店铺海报的构图有哪些方式？
（4）以服装行业为例，商品详情页内容包含哪些？

技能训练

实训目的

（1）熟悉网店商品图片的拍摄。
（2）熟悉如何处理商品图片。

实训组织

学生以 4～6 人为一组，每组设组长一名；以小组为单位进行任务准备、任务实施、任务评价。

实训背景

马上就是年货节了，小 A 和伙伴们准备在他们的网店开展部分商品 5 折促销活动，目前正在准备促销商品的图片。

实训要求

（1）学生自选一款文具，对其进行拍摄并对图片进行处理。
（2）要求成片为 5 张 800×800 像素图片（至少一张为白底图片），大小不超过 500KB。
（3）对商品的全貌、细节及其即将开展的促销活动进行展示，并配以适当的图片文字，要表达清楚商品的主要卖点及活动利益点。
（4）制作完成后，以小组为单位将图片打包上传至教师指定的邮箱或网盘。

实训评价

本任务的完成评价可从网店商品图片的拍摄和商品图片的处理两个方面的完成情况进行，如表 4-1 所示。

表 4-1　任务完成评价表

任务完成评价内容	评价得分（100 分制）		
	学生自评（20%）	小组互评（40%）	教师评价（40%）
网店商品图片的拍摄			
商品图片的处理			

本任务的能力评价可从自我管理能力、合作交流能力、分析解决问题能力、创新能力4个方面进行，如表4-2所示。

表4-2 任务能力评价表

任务能力评价内容	评 价 指 标	自测结果 （在对应□中打√）
自我管理能力	1．对分配的任务有责任心 2．能进行时间管理 3．能灵活运用所学知识	□合格 □基本合格 □不合格
合作交流能力	1．尊重他人的观点 2．与其他人有效沟通 3．能获取信息并给予反馈	□合格 □基本合格 □不合格
分析解决问题能力	1．能有效使用信息资源 2．能客观分析事物 3．能发现并解决常规问题	□合格 □基本合格 □不合格
创新能力	1．能提出创新且有价值的观点 2．能不局限于单一思维方式 3．能制订创新方案并实施	□合格 □基本合格 □不合格

第 5 章

网上店铺的推广

思政案例导入

网店推广成本高，低成本流量哪里找?

2022 年 2 月某日，在淘宝网首页搜索“毛巾 竹纤维”，出现的前 4 种商品中有 3 种来自天猫店，付款人数分别是 600+、4000+、100+，其中只有 1 种来自非天猫店，显示付款人数是 1000+；而将搜索关键词换成“毛巾竹炭纤维”，出现的前 4 种商品中，来自天猫店的有两种，付款人数分别是 600+、4000+，来自非天猫店的有两种，付款人数均是 100+。

淘宝运营流量成本越来越高，对服装等类目来说更是竞争激烈。毫无疑问，最优质的淘宝流量是淘宝网的精准搜索流量。对资金、人力投入少的店铺而言，店铺搜索优化尤为重要。据调查，淘宝网 80%的买家来源于淘宝搜索。淘宝搜索是淘宝网店最大的、免费的、精准的、稳定的流量来源。淘宝搜索优化主要包括两个部分：店铺整体优化和单个宝贝优化。淘宝宝贝标题稍微改动几个字，瞬间就能带来流量。有流量才有销量，有销量才算生意。

【思考】

对搜索关键词稍微进行一点改动，就会带来不同的搜索结果，说明了什么?

【案例解析】

淘宝搜索默认综合排名规则的决定因素有几十个，每个因素的权重经常调整。淘宝搜索人气宝贝排在前面的几乎都是销量好的，偶尔会出现几个没多少销量的宝贝。销量是影响排名的主要因素，因此充分利用好有销量记录的宝贝优化，将其作为流量引入点是很好的策略。

之所以无法具体、精确地知道淘宝搜索的算法，是因为淘宝搜索人气排名具有某种程度的不确定性，甚至个别宝贝排名是随机的，如案例中所示，若毛巾卖家在宝贝标题中加入“竹炭”一词，则是很有可能出现在搜索排名靠前的位置的。这说明，只要足够细致，关注细节，对宝贝标题进行合理优化，是可以低成本、优质地实现店铺商品流量的。

作为网店运营者，要热爱自己的事业，对事业认真负责，恪尽职守，干一行、爱一行、钻一行，精益求精。

本章学习目标

（1）了解影响卖家信用的因素，以及如何维护卖家信用。

（2）熟悉淘宝常见的站内推广渠道。

（3）熟悉淘宝常见的站外推广渠道。

本章思政目标

（1）帮助学生树立爱岗敬业、克己奉公的职业操守。

（2）培养学生诚实劳动、信守承诺、讲究信誉的职业精神。

5.1　卖家信用的影响与维护

在网上店铺的销售过程中，卖家的目的不仅是赚取利润，还要获取每个买家的好评，以逐步提高自己的信用等级。以淘宝网为例，卖家信用等级越高，间接说明购买的人越多、所售商品的质量越好。对于网店，随着信用等级逐步提高，人气也会越来越高，光顾的买家就会越来越多。在店铺运营初期，通过交易获取好评比赚取眼前的利润更加重要。

卖家信用等级显示在店铺页面及商品页面中，当买家进入店铺或打开商品页面后，在店铺信息区域就能直观地看到卖家信用等级。卖家信用等级可以体现卖家的历史交易情况和买家的满意率，买家在购物时可以通过参考卖家信用等级决定是否购买。通常，卖家信用等级越高，买家购买的可能性就越大。

5.1.1　卖家信用等级的影响

以淘宝网为例，卖家信用等级分为 4 个层次 20 个级别，如图 5-1 所示。只有信用积分到 4 分以上，才会开始有第一颗心。若店铺被释放或删除，重新激活开店后，原先的信用积分和信用等级仍保持不变。

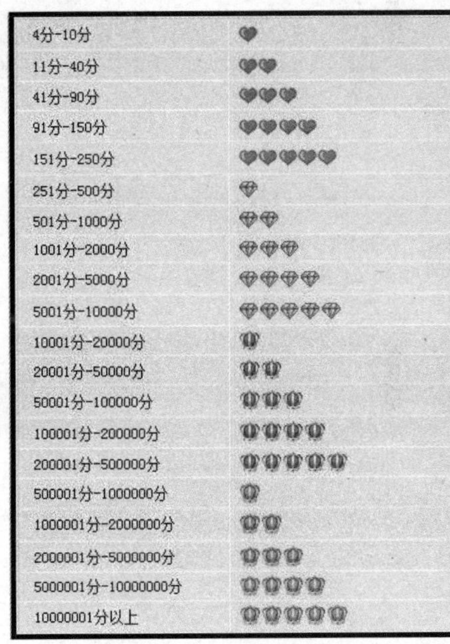

4分-10分	
11分-40分	
41分-90分	
91分-150分	
151分-250分	
251分-500分	
501分-1000分	
1001分-2000分	
2001分-5000分	
5001分-10000分	
10001分-20000分	
20001分-50000分	
50001分-100000分	
100001分-200000分	
200001分-500000分	
500001分-1000000分	
1000001分-2000000分	
2000001分-5000000分	
5000001分-10000000分	
10000001分以上	

图 5-1　淘宝卖家信用等级

在任何网上交易平台中信用的重要性是毋庸置疑的，是买家衡量这家店铺的准绳。因此，作为卖家更应该知道信用给店铺带来的影响。店铺的信用等级高，流量就会增加，销售额也会跟着上升。以客观的态度去看，买家在淘宝上买东西往往比较看重宝贝和店铺的好评率，下单前一般都会看看别的买家是怎么评价的，尤其是中评和差评，并以此判断店铺的商品和服务质量。

信用等级越高，越容易获得买家的青睐；信用等级越高，店铺在淘宝店铺排名中的位置就越靠前；信用等级越高，商品在同类商品排名中的位置就越靠前；信用等级越高，橱窗推广位置就越大；信用等级越高，在交易纠纷中的主动权就越大。

淘宝上的卖家信用几乎是影响交易成功率的第一重要因素，淘宝新推出的按卖家信用排名的规则，使信用又身价倍增。淘宝信用是通行证，淘宝信用评价体系是买家衡量卖家生意好坏的标准。信用等级的高低影响并决定着卖家店铺宝贝排名这一淘宝网内重要的推广宣传方式。如果要加入天猫、淘宝消保等优势服务，都必须达到相应的信用等级。可以说，淘宝开店，信用先行。

知识链接

淘宝消保

淘宝消保是指卖家通过淘宝网发布商品信息并向买家出售商品时，根据消费者保障服务协议约定的条款和条件及淘宝网其他公示规则的规定，应履行商品如实描述义务、7 天无理由退换货义务、假一赔三等消费者保障服务义务。

5.1.2 淘宝网评价规则

登录淘宝账号后进入淘宝网首页，单击“千牛卖家中心”→“交易”→“订单管理”→“评价管理”→“数据概览”，可看到自己店铺当前的信用积分、信用等级及 DSR 数据。如图 5-2 所示，在卖家中心评价中心页面右侧可见店铺所处信用等级分值，以及店铺达到下一更高信用等级所需的最低分值。

知识链接

千牛工作台

千牛工作台是由阿里巴巴集团官方出品的，淘宝卖家、天猫商家均可使用。它包含卖家中心、消息中心、阿里旺旺、量子恒道、订单管理、商品管理等主要功能。

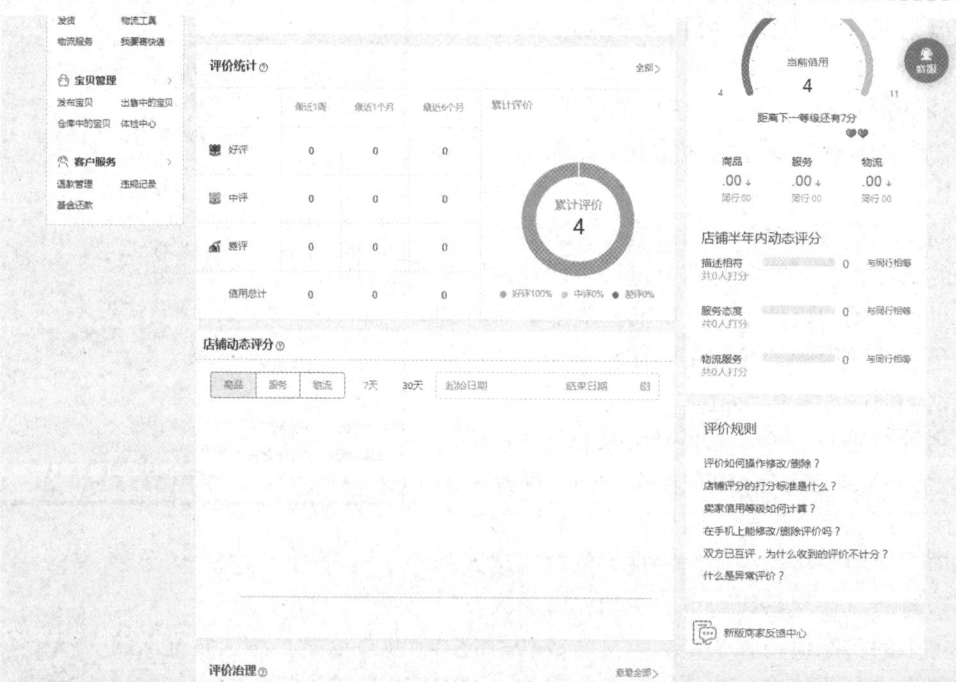

图 5-2　卖家中心评价中心页面举例截图

1. 淘宝网信用评价计分规则

根据淘宝网信用评价计分规则，每笔交易成功的淘宝订单，买卖双方均可操作信用评价。信用评价分为“好评”“中评”“差评”3 类。其中，“好评”加 1 分，“中评”计 0 分，

“差评”扣 1 分。具体每笔订单的评价计分情况，可进入“千牛卖家中心”→“交易”→“评价管理”查看。基本计分规则如下。

（1）每个自然月内（以淘宝订单创建的时间计算），相同买家和卖家之间的信用积分不得超过 6 分（[-6,+6]），超出计分规则范围的评价将不计分。

例如，一个自然月内，同一买家先给卖家 6 个差评，再给 1 个好评和 1 个差评，则这 8 笔订单的评价均计分，累计积分为-6 分。一个自然月内，同一买家给卖家 7 个好评，则前 6 笔订单的评价计分，第 7 笔订单的评价不计分，累计积分为 6 分。

（2）14 天内（以淘宝订单创建的时间计算），相同买家和卖家之间就同一个商品进行评价，多个好评只加 1 分，多个差评只扣 1 分。

2. 店铺动态评分

店铺动态评分也就是店铺 DSR（Detailed Seller Ratings），包括描述相符、服务态度、物流服务 3 项，均是五星制（一星代表一分）打分。买家可在交易成功的 15 天内在发布评价时，打出店铺评分。DSR 计算规则如下。

（1）每项 DSR=连续 6 个月内买家打出该项评分的总分数÷连续 6 个月内买家打出该项评分的总次数。

“连续 6 个月”是以每笔订单店铺评分打出的时间计算的。DSR 是动态波动、不断变化的。

例如，店铺共有 20 笔订单（来自 20 个不同买家）进行店铺评分，其中对于“描述相符”项有 19 人打 5 分，1 人打 1 分，则“描述相符”项 DSR=[总分数（19 次×5 分）+（1 次×1 分）=96 分]÷[总次数（19 次+1 次）=20 次]=4.8 分。

（2）每个自然月，相同买家、卖家之间交易，DSR 仅计取前 3 次（计取时间以交易成功时间为准）。

（3）DSR 仅能由买家在交易成功的 15 天内进行评价时打分。之后买家进行追加评价、修改或删除评价，都无法改变 DSR。

（4）若买家没有进行主评，即使后续系统产生默认好评，也不会产生默认 DSR。若买家未进行评价，后续追加评价，也不会产生 DSR。买家给出的信用评价（好评、中评、差评）与 DSR 无必然的对应关系，买家给出好评未必都给的是全 5 星的 DSR。

5.1.3　中、差评的解决办法

店铺信用是成交订单评价持续积累的结果。想要获得更高的信用等级，应把控好货源品质，提升营销及活动推广效能，维护好客源，诚信规范经营，促进更多的成交和更多的买家做出评价。其中，进入“千牛卖家中心”→“交易”→“评价管理”中的待卖家评价模块主动评价订单，可以减少信用积分流失，另外，进入买家已评价模块筛选出“中/差评”也可挽回近 30 天买家给出的中、差评，具体可以采取以下措施。

首先，要做好中、差评的防御工作，可以通过订购一些软件来协助，在后台进行一些设置，避免一些职业差评师的骚扰。

其次，在交易过程中，与买家保持友好沟通；买家下单后，关注物流状态，提醒买家查收商品；商品签收后及时回访，了解买家收货后遇到的问题。

再次，选择合适的时间，及时联系给出中、差评的买家，进行耐心诚恳的沟通，用良好的态度去解决问题。通过沟通了解买家给出中、差评的原因及买家诉求。如果是店铺商品的质量问题，则及时给买家提供解决方案供其选择：对于价值较高的商品，可以给出免费退换、发放优惠券、赠送小礼品，以及让买家保留商品而卖家给予折扣等方案；对于价值不高的商品，可以让买家保留商品直接退款。如果买家想要一些经济补偿才去帮忙改差评，在合理的范围内可以做出一些让步。

最后，在导致中、差评的问题解决后，给买家及时发送修改评价的链接，方便买家操作。

5.2 站内推广

站内推广，顾名思义是指在网站内进行设计、优化、软文推广、付费推广等。本节以淘宝网为例，介绍淘宝店铺常见的站内推广方式。

5.2.1 设置店铺宝活动

图 5-3 店铺宝图标

店铺宝主要可以用来设置满减类优惠。首先，登录淘宝账号后进入淘宝网，单击“千牛卖家中心”→“营销”→“营销管理”→“营销工具”，找到如图 5-3 所示的店铺宝图标，单击“立即创建”链接，即可开始创建店铺宝活动。

然后，设置活动的基本信息。图 5-4 所示为店铺宝设置活动信息页面，设置活动信息具体包括：选择优惠条件（满件打折或满元减钱），设置活动名称与活动时间，按需勾选“活动预热”及“定向人群”选项。其中，填写活动名称时需要注意字数不能超过 10 个字。

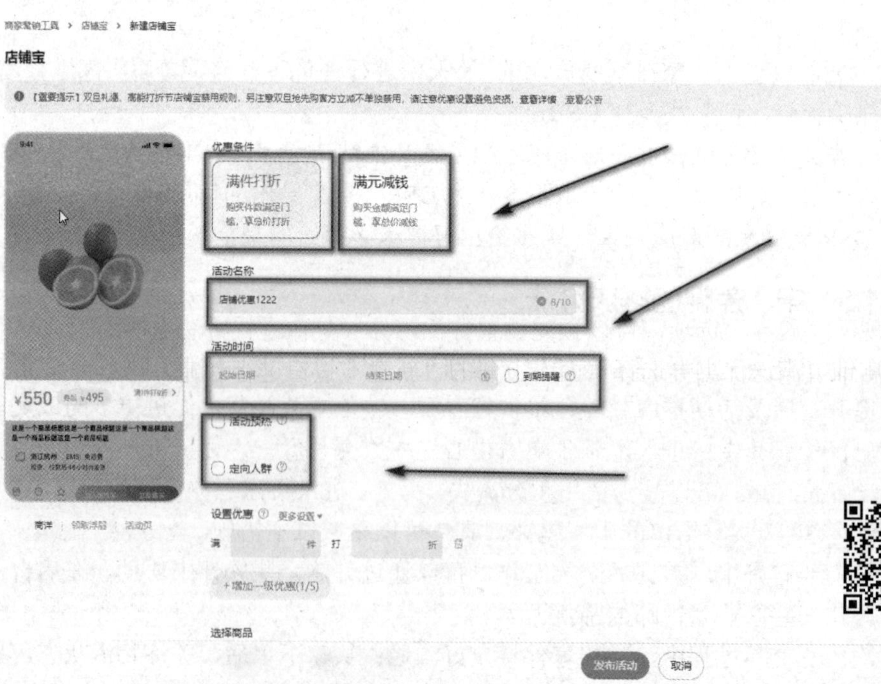

图 5-4 店铺宝设置活动信息页面

接下来，在如图 5-4 所示的页面下方，可继续设置活动信息。图 5-5 所示为店铺宝继续设置活动信息页面，可支持设置满减、满折、满送权益、满送优惠券等优惠；若需要多级优惠，则可单击“增加一级优惠”按钮，最多支持 5 级优惠，优惠力度需要逐级增大。

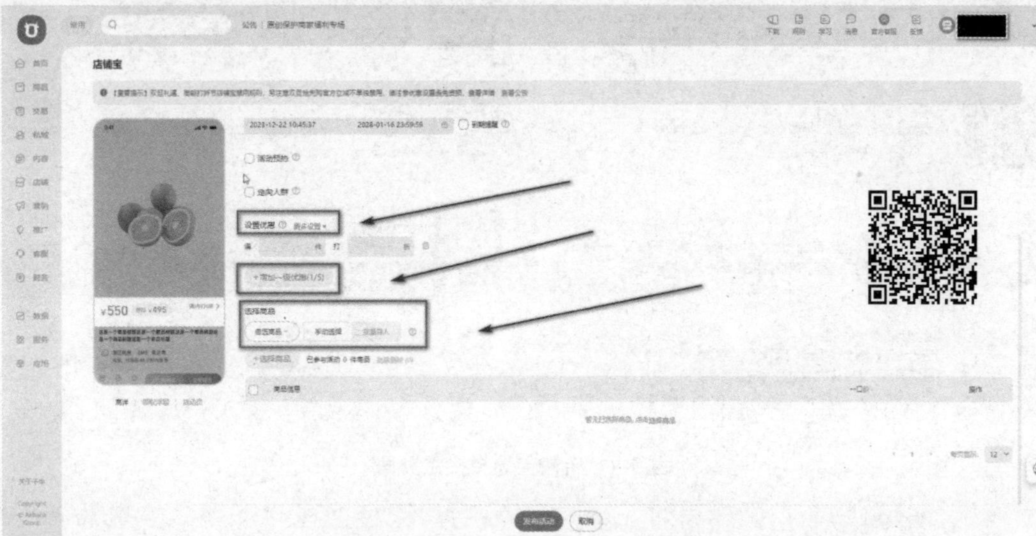

图 5-5　店铺宝继续设置活动信息页面

知识链接

满送权益

淘宝卖家可以通过后台设置在规定时段内购物达到一定金额的买家可以获得如优酷会员、淘票票优惠券、支付宝红包、淘金币、红包、天猫超市卡等权益。设置满送权益前，需要就所选权益与淘宝网完成在线签约。

（1）店铺宝满送权益设置，需要单击“设置优惠”后的小字“更多设置”后，如图 5-6 所示勾选下方出现的“送权益”选项，在如图 5-7 所示的店铺宝选择权益页面中选择店铺宝活动要送出的权益，单击“立即预约”或者“关联模板”进行操作。

（2）店铺宝满送优惠券设置，需要单击“设置优惠”后的小字“更多设置”后，勾选下方出现的“送券”选项，可以预先设置好优惠券（具体设置方法见 5.2.3 节），也可以直接单击店铺宝满送优惠券选择页面右上角的“新建”按钮进行创建，再返回店铺宝满送优惠券选择页面，选择所需满送优惠券，并进行优惠券分类、开始时间和结束时间的设置，如图 5-8 所示。

图 5-6　勾选“送权益”选项

图 5-7　店铺宝选择权益页面

图 5-8　店铺宝满送优惠券选择页面

活动设置成功效果如图 5-9 和图 5-10 所示。

当存在多个店铺宝活动时，同一时间同一种商品只会生效一个店铺宝活动。因为自选商品活动优先级大于全店商品活动，若两者同时存在，则自选商品仅生效自选商品活动优惠，全店商品活动优惠中自选商品优惠不生效。

图 5-9　活动设置成功宝贝页效果

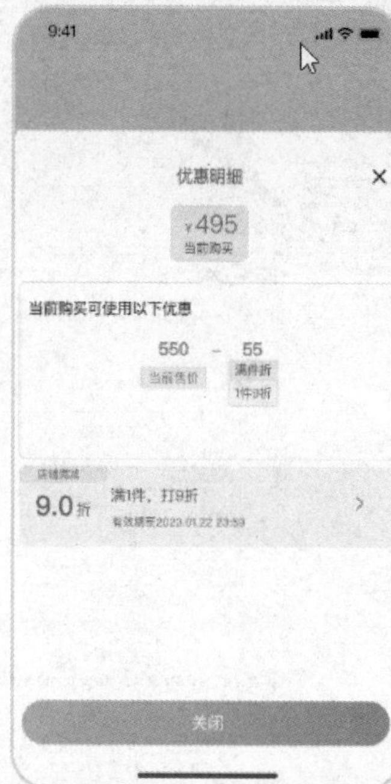

图 5-10　活动设置成功优惠领取浮层效果

不同时段内同一种商品最多限制参加 20 个店铺宝活动，将已过期的活动删除即可。

满件打折规则为：满足优惠门槛均享受优惠折扣。例如，满 2 件 5 折，则超过 1 件的商品享受 5 折优惠。例如，商品价格为 100 元，店铺宝设置了满 2 件 5 折，若买家购买 3 件商品，则一共需要支付 150 元。

满包邮规则为：参加了店铺宝满包邮活动的商品所对应的运费模板将失效；设置了全店满包邮活动后，活动生效时段内新发布的商品也会参加到本活动中；当一种商品设置了全店满包邮活动和自选商品满包邮活动时，优先生效门槛更低的满包邮活动；当一种商品配置了全店满包邮活动与其他全店或自选商品营销活动（如满减、满赠等）时，两个营销活动可叠加生效。

满送优惠券、满送赠品规则为：当买家的订单满足赠送门槛时，待订单确认收货交易成功后才会赠送；如果买家在商品销售过程中发生了部分退款，退款后未满足赠送门槛，则待交易成功后不会获得满送优惠券、满送赠品权益；如果买家在售后阶段发生退款，则不影响满送优惠券、满送赠品权益的发放。

5.2.2　开通淘宝直通车

淘宝直通车是按点击付费的营销工具，包含搜索关键词推广和非搜索定向等不同的推广方式。淘宝卖家可以用直通车进行单品和店铺推广。直通车是广告工具，核心能力是帮助卖家获取流量，商品是否能卖出去还是要看商品本身和买家的意向。广告可以带来两种收益：一种是直接转化，另一种是长期“种草”价值。对直通车的优化都是为了提升 ROI（投资回报率，详见知识链接）。

登录淘宝账号后进入淘宝网首页，单击“千牛卖家中心”→“推广”→“推广服务”→“直通车”，可以进入直通车管理后台，如图 5-11 所示。

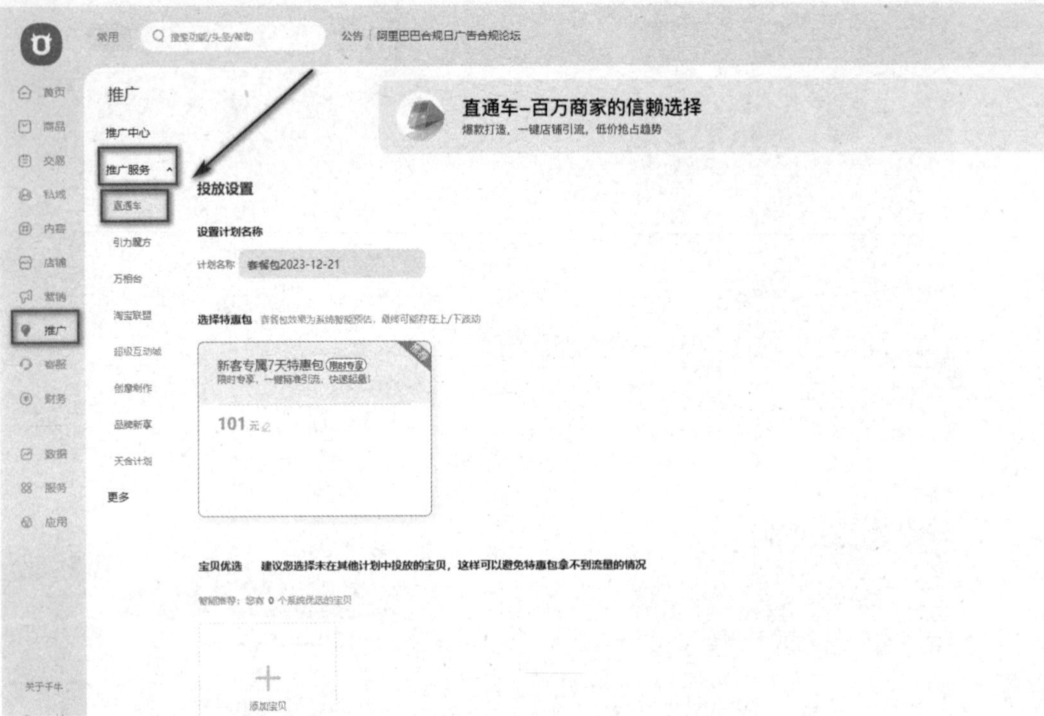

图 5-11 进入直通车管理后台

知识链接

ROI

ROI（Return On Investment，投资回报率）是指通过投资而应返回的价值，即企业从一项投资活动中得到的经济回报。ROI 通常用百分比来表示。ROI=（年利润或年均利润/投资总额）×100%。

1. 开通直通车前的准备

首先，要做好运营准备。这包括店铺有商品在架（商品图片、详情页完整，在同类商品中有一定优势，最好有几个销量和好评）、有客服（至少保证如果有人咨询，可以找到掌柜）、能发货（下午 4 点前的订单尽量能在当天发出）。

其次，要做好心态准备。直通车是获取流量的广告工具，很难直接通过广告就赚钱；另外，广告投放需要费用，这笔费用要在前期投放，而由于数据需要积累，见效比较慢，这需要有所预期。

最后，需要做好预算准备。开通直通车前期可能需要几百元甚至上千元投放，且投放结果可能是收支平衡，需要准备好预算。

2. 直通车展示位

1）PC 端核心资源位

PC 端核心资源位是指淘宝搜索结果页面左侧的 1～3 个展示位、有提示“广告”的位置，以及页面右侧和底端提示“广告”的位置。每页均存在推广位置。

2）手机淘宝核心资源位

手机淘宝核心资源位是指手机淘宝搜索结果中带有“广告”字样的宝贝位置。

3. 直通车扣费逻辑

开通直通车的商品将按照其综合排名分排序展示，综合排名分=点击出价×质量分。当出现不同商家出价相同时，商品的质量分越高，则其展示排名越靠前。直通车采取按点击扣费模式。在关键词相同的情况下，一个商品的单次点击扣费按照综合排名下一位商品的综合排名分除以质量分，再加上 0.01 元计算。此时，相同点击出价的商品中质量分越高的，相对扣费越低且展示位越靠前。

例如，关键词“手机”只有 A、B 两个商品同时竞争。A 的点击出价为 2 元，质量分为 9 分，其综合排名分为 2×9=18；B 的点击出价为 2 元，质量分为 8 分，其综合排名分为 2×8=16。因此，A 在 B 前面展示，A 的单次点击扣费=B 的综合排名分/A 的质量分+0.01 元，也就是 16/9+0.01≈1.79（元），即 A 的该关键词单次点击扣费约为 1.79 元。

4. 直通车出价逻辑

直通车最终出价需要考虑 5 个因素：关键词出价、时间折扣、智能出价溢价、人群溢价、抢位溢价。直通车最终出价=关键词出价×时间折扣×（1+智能出价溢价）×（1+人群溢价）×（1+抢位溢价）。

例如，“手机”关键词出价为 0.72 元，此时设置的时间折扣为 90%，智能出价溢价为 30%，智能拉新人群溢价为 40%，抢位目标是抢前两位的抢位溢价为 100%。

如果此时有人搜索“手机”，此人符合智能拉新人群范围，能抢到前两位，且该流量是优质流量，智能出价溢价为 30%，则直通车最终出价=0.72×90%×（1+30%）×（1+40%）×（1+100%）= 2.35872（元）。

如果此时有人搜索“手机”，此人符合智能拉新人群范围，但是抢不到前两位，但是该流量还是优质流量，智能出价溢价为 30%，则直通车最终出价=0.72×90%×（1+30%）×（1+40%）= 1.17936（元）。

如果此时有人搜索“手机”，此人不符合智能拉新人群范围，且抢不到前两位，且该流量非优质流量，智能出价溢价为 10%，则直通车最终出价=0.72×90%×（1+10%）=0.7128（元）。

5. 直通车推广宝贝

推广宝贝尽量选择具有一定成交基础、买家评价较好、有足够库存、具备卖点（如价格优势、宝贝特性等）的宝贝来进行推广。在新版直通车操作平台推广一款宝贝，可按以下步骤操作。

第一步，选择推广计划。

第二步，选择推广宝贝。选择一款需要推广的宝贝，可以通过对销量、库存和发布时间进行排序来选择有优势的宝贝，也可以通过筛选店内宝贝的类目或者关键词搜索的方式快速找到想要推广的宝贝。

第三步，编辑推广创意。编辑宝贝的推广创意时，可以勾选 5 张主图中的一张作为创意图片，编辑创意标题时建议突出宝贝的属性、功效、品质、信誉、价格优势等，同时也可以添加一些热门词，字数控制在40个字符以内（一个汉字为两个字符）。

第四步，设置关键词和出价。为宝贝设置关键词时，最多可设置200个，每输入一个词按 Enter 键即可输入下一个。可以通过右侧系统提供的宝贝匹配的关键词、相关词查询和其他推广使用的关键词来选择关键词；也可以通过设置关键词的不同匹配方式来提高关键词的展现机会，广泛匹配能获得最多流量，精准匹配能获得精准流量。

5.2.3 设置优惠券

登录淘宝账号后进入淘宝网首页，单击“千牛卖家中心”→“营销”→“营销管理”→“营销工具”，找到如图5-12所示的创建优惠券位置，单击“创建店铺优惠券”链接，进入优惠券设置页面。

图5-12　创建优惠券位置

在设置优惠券时，需要注意选择优惠券类型：店铺优惠券全店商品可使用，商品优惠券则仅指定的商品可使用。

优惠券推广渠道主要有3种选择。

（1）全网自动推广：设置后宝贝详情页和购物车自动出现领券入口。

（2）官方渠道推广：用于阿里妈妈推广、官方活动招商等官方渠道的专用券。

（3）自有渠道推广：用于微博、指定消费者发放等自有渠道的不公开券。

接下来，需要填写优惠券的基本信息、面额信息等，如图5-13所示。优惠券名称不能使用特殊符号，如()、#、￥等。无门槛优惠券只支持推广渠道为“官方渠道推广”。

每人限领设置时需要注意，如果设置限领1张，则当买家领取1张优惠券后，不管是否已经使用，都不能再次领取。

信息填写完毕，单击“资损风险校验”按钮确认即可。

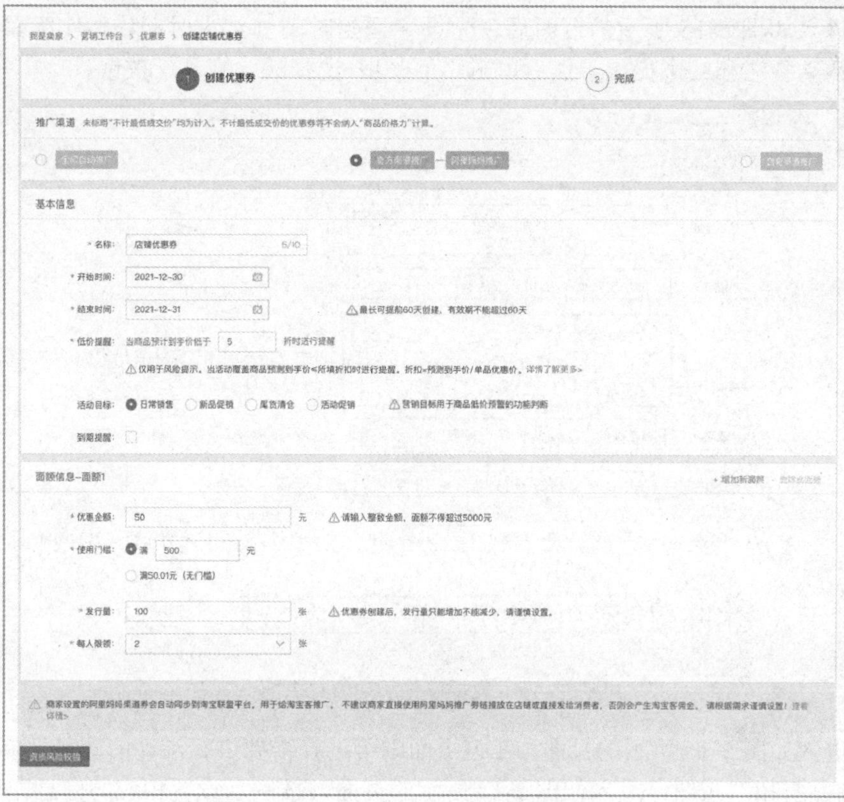

图 5-13　优惠券设置页面

5.2.4　设置美折促销

打折活动是日常店铺运营中常用到的一个功能，不限时间、不限折扣，可以任意设置某个时段减×元或者打×折。美折高级版以上版本支持在店铺首页及淘宝搜索页显示折扣价，通过显示画线价对比的方式，直观展示促销信息给买家，刺激买家的购买欲望。

（1）登录淘宝账号后进入淘宝网首页，单击“千牛卖家中心”→“应用”→“全部应用”→“经营工具”，再单击页面上方的“营销”，找到美折促销打折图标，单击进入。

（2）进入美折促销打折的操作页面后，在“活动创建”页面中选择“折扣/减价”选项，如图 5-14 所示。

图 5-14　创建美折活动

（3）进入如图 5-15 所示的页面后，先设置开始时间与结束时间，按实际需要设置优惠限购、活动备注和结束提醒，然后单击“下一步 选择活动商品”按钮。

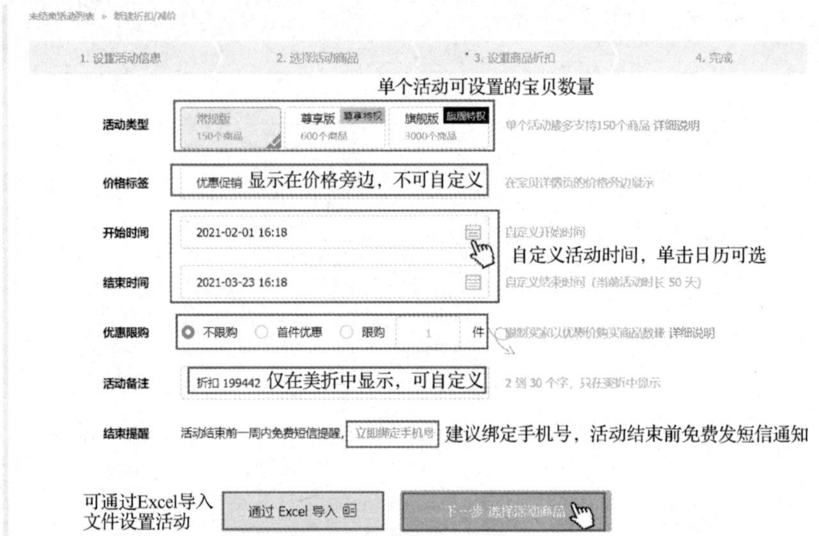

图 5-15　美折设置活动信息页面

（4）进入如图 5-16 所示的页面，在该页面中可选择需要进行活动的商品。单击“下一步 设置商品折扣”按钮，进入如图 5-17 所示的页面，按图示设置相应的信息即可。

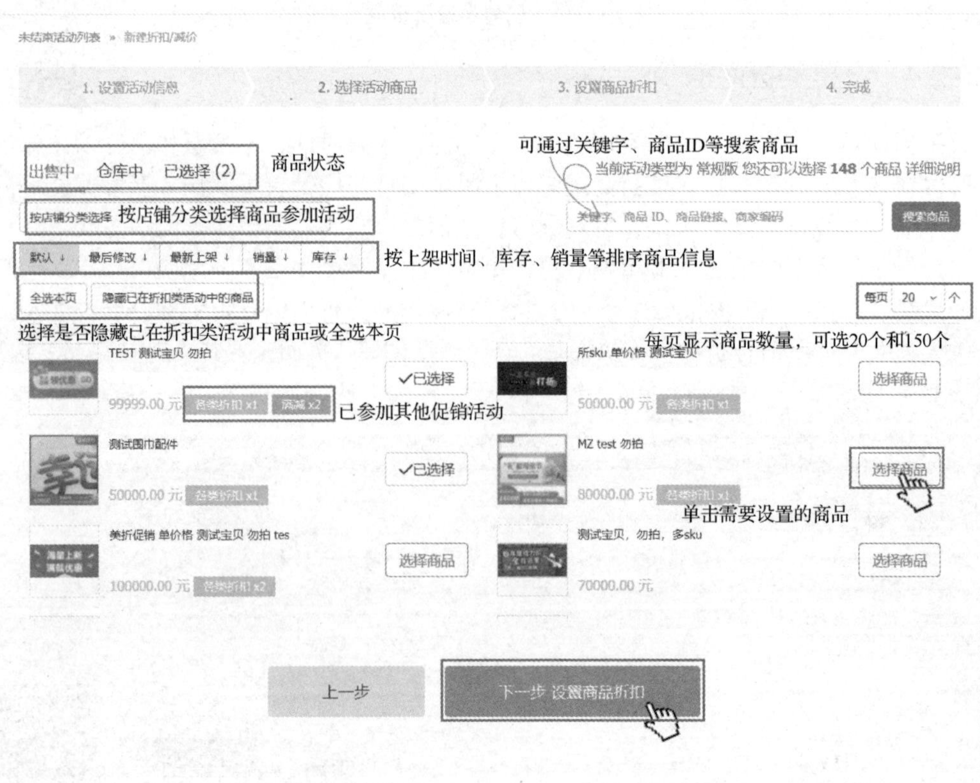

图 5-16　美折选择活动商品页面

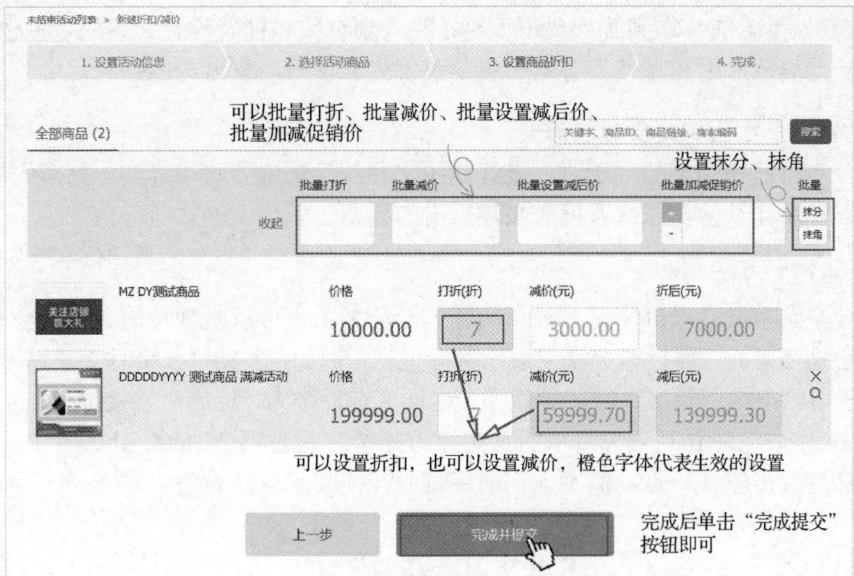

图 5-17　美折设置商品折扣页面

（5）设置相应的信息后，单击“完成并提交”按钮即可。单击“查看活动详情”按钮，可以看到该活动的设置信息，单击“返回活动列表”按钮，跳转到打折/满减活动列表页。

5.2.5　淘宝论坛推广

新开店铺或信用等级较低的店铺，想要得到更大的市场份额，需要努力做推广。推广的方式各种各样，淘宝论坛就是一个非常重要的站内流量入口。在淘宝论坛可以使用的主要推广方法包括回帖宣传和自己发帖。

1. 回帖宣传

回帖宣传主要有回复火帖、回复有争议性的帖子、店铺宣传回帖 3 种。

1）回复火帖

这类宣传通常需要抢占好的位置。例如，对一些可能会火的帖子有预见性，抢占前排的回帖位置，加上适当宣传自己的店铺商品，就能获得一定的入店免费流量。

2）回复有争议性的帖子

某个有争议性的帖子，已经引起多人讨论，就这个帖子再发一些能引发讨论的回复，一旦引起大家的讨论，就能带来部分流量。

3）店铺宣传回帖

回复“已经踩了楼主的店铺，楼主记得回踩一下哦”或者直接上传店铺宝贝图片作为回帖内容，进行直白的视觉宣传，也可获得少量的流量。

2. 自己发帖

1）发布有争议性的话题

发布有争议性的话题容易引起大家的回复、围观、热议，会为店铺带来一定的流量。

例如，“大家觉得店铺装修到底重要不重要？我看到有些店铺就没什么装修生意也很好！”或“××活动失败原因在哪？”等均为容易引发大家参与回复讨论的话题。

2）发帖分享自己在淘宝的经历

发帖分享自己在淘宝的经历时，最好是图文并茂且一定要写得真实。帖子的标题要有吸引力，取一个让其他卖家一看就有兴趣点击的标题。

3）发布经验分享帖

经验分享帖主要是以分享平时经营店铺的经验为主，可以是独特的心得体会和一些其他的经营小技巧等。这类经验分享要展示实际证据，例如，发帖“一个月上三钻干货分享”时，在帖子里贴出信用等级、时间等截图，这样更有说服力。标题可以接地气一点。例如，“我这个小卖家如何从 0 到天天有单的真实经历分享”，标题语气真诚，让人看了觉得真实。还可以把标题取得浮夸一点，激发人们的好奇心，使其想点开看看。

5.3 站外推广

图 5-18　某店微博推广

对淘宝店铺推广来说，如果仅仅依靠在淘宝站内进行推广，如开通淘宝直通车、进行淘宝论坛宣传推广等，可能会因为竞争压力比较大、资源较有限等，难以达到想要的效果。这时，淘宝站外推广成为许多卖家的选择。常见的站外推广方式有如下 5 种。

5.3.1　微博推广

淘宝卖家可以注册新浪微博账号，刚开始每天更新 1～3 篇文章，可以分享自己的生活、工作及对时下热门话题发表自己的评论等，同时附带宣传商品，如分享商品的使用方法、效果、买家秀等。当卖家在某一领域拥有了一定的影响力时，所发布的内容就能吸引大量潜在消费者浏览，积累到一定量的粉丝后，可以每天更新 3～5 篇文章，还可以不定期组织线上体验活动，如“抽奖送”“免费试用”等。

利用微博进行站外推广时要注意技巧，不要生硬地做广告，如直接发布空洞的文字介绍、商品广告图等。要利用软文的形式，在内容中巧妙地提到自己的淘宝店铺或者商品，并附上链接，浏览者看到了可能会点击进入，这就达到了推广店铺商品的目的。图 5-18 所示为某店微博推广，即通过展示学生百元内平价穿搭，变相宣传店铺商品，并在文末附上了店铺链接。

同时，微博账号要活跃，多去浏览其他微博账号。只要进入其他人的微博，浏览者信息就会出现在对方的来访者记录中。出于对陌生来访者的好奇，不少博主也会选择回访来访者的微博。

5.3.2　小红书推广

小红书是一个很好的站外推广渠道，它的用户使它很适合对教育、母婴用品、美妆护肤、零食等商品做投放。在小红书上有营养的内容营销，可以带火商品，其带货能力不容忽视。与网红合作，或者养号“种草”都是小红书上不错的推广途径。这样的推广人群精准，效果有保障。

作为淘宝卖家，可以邀请小红书的用户进行商品试用，然后设置跳转链接和商品介绍。这实际上就是在用 KOL（关键意见领袖，详见知识链接）和 KOC（关键意见消费者，详见知识链接）的“种草”方式去吸引用户购买。这类似于常说的粉丝经济，即粉丝因为喜欢而为个人 IP 或者品牌买单。与粉丝经济有所不同的是，这样的内容“种草”是因为极强的用户贴合性和极高的用户关联度，用户才会参与到购买环节中去，是因为有人推荐了才会去关注，虽然同样属于付费渠道，但多了 KOL 和 KOC 的入局，让购买行为更加笃定和坚决，用户的黏性也更强。与此同时，想要留住这部分用户，让他们不断购买商品，需要持之以恒的内容运营和品牌的付费推广。内容运营、转发抽奖和信息流广告推广，三者结合才可以让店铺获得长尾效应，收获更多的粉丝和提高曝光量。

知识链接

KOL、KOC 与“种草”

KOL 的全称为 Key Opinion Leader，即关键意见领袖，一般是在某些方面略有研究并且输出得到粉丝认可的人。KOC 的全称为 Key Opinion Consumer，即关键意见消费者，一般是乐于分享好物的群体，且其本身就是消费者，从消费者的视角来分享产品，会让用户信任度增加。

“种草”是网络流行语，本义是指播种草种子或栽植草这种植物的幼苗，后指专门给别人推荐好物以诱人购买的行为。

5.3.3　网络代理商推广

利用网络的信息传输价值，实现销售商品目的的商业机构或个人，称为网络代理商。网络代理商的核心价值在于熟练地运用网络技术，成功地实现网络销售方案，实现多方合作、全方位共赢的合作模式。

淘宝店铺的网络代理商经过店主的允许，在各个网络渠道上传商品图片等信息，卖出商品后再向该淘宝店铺购买，提供实际买家的收货地址等信息，由该淘宝店铺发货，发货人栏中则会写上“网络代理商”。网络代理商代店主将商品转手卖出去，赚取代理佣金。

也许有的运营者担心，自己淘宝店铺的商品图片等信息被网络代理商使用，是否会因为同样的商品产生竞争，影响自己的生意？其实，这种担心大可不必。网络代理商让店铺商品通过更多的网络渠道曝光，吸引更多的买家购买，不仅不会影响生意，反而能提高自己商品的销量。同时，在店主面对过多买家咨询而应接不暇时，将一部分客流分流给网络代理商，还可以改善买家的购物体验，从而促进更多的成交。最后，网络代理商的下单反馈有助于运营者更好地把握市场走向，了解买家的需求，以便及时调整营销策略。虽然网络代理商能给网络销售带来诸多好处，但是也不能盲目发展网络代理商，要仔细遴选，选择资质较好、有经验且能保证长时间从事网络代理销售的代理商。

5.3.4 社群营销推广

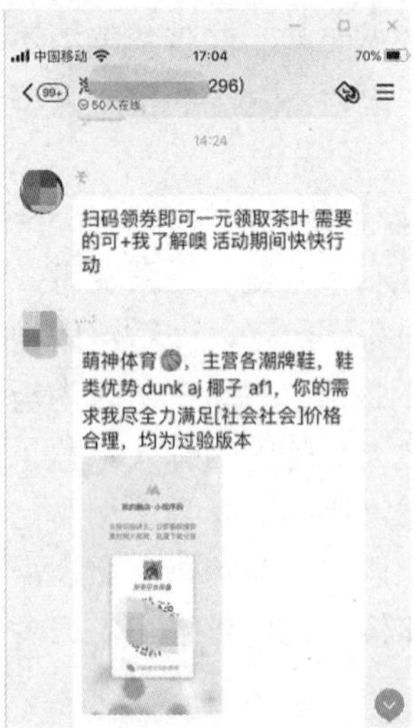

图 5-19 群内发布商品优惠活动

以 QQ 群、微信群为例，卖家平时可以邀请买家进自己的群，便于进行推广宣传。如图 5-19 所示，该群发布了扫码一元领茶叶活动，并宣传了潮鞋店。

为了让社群影响力更大，可以通过以下方式获得更多群成员。

1. 地推

地推就是地面推广，是指在实际生活中面对面向客户进行商品销售。地推不仅能让大家近距离地接触商品，变被动为主动，还可以通过质量和优惠吸引大众，让他们加群，一举两得。想要做好地推，首先要做的就是确定地推地点、时间及当天要展出的主打商品，除此之外，还要设置一些优惠活动，如扫码加群赠送小礼品等。

2. 群成员裂变

群成员裂变可以通过邀请新用户加群获得福利来实现。这种推广方式的关键点就在于裂变活动，凭借老用户的人脉向外层层裂变，达到推广的目的。拉新活动属于线上线下相结合的类型，可以设置推广拿奖励的机制，如 1 人推广拉进群 3 人奖励 5 元或赠送小礼品 6 选 1，超过 10 人奖励增加至 20 元或赠送小礼品 6 选 3，超过 15 人奖励增加至 30 元或赠送小礼品 6 选 5，超过 20 人奖励正价商品一件，以此类推。

3. 在互联网上搜索群

可以在互联网上搜索店铺所售商品相关行业群并加入，通过在这些群里进行交流，就有可能认识到潜在的客户群成员，并建立起联系。

5.3.5 百家号推广

百家号是百度为创作者打造的集创作、发布和变现于一体的内容创作平台。用百家号发布文章，百度会第一时间收录并给予流量扶持。

用百家号进行站外推广的具体操作步骤为：首先，在百家号官网上申请注册一个百家号，完成认证，按照系统提示完成操作；然后，编写商品推荐软文，并留下联系方式。软文的写法，可以参考今日头条、知乎等网站上相关的热门推文，再根据自己的实际情况编写完成，发布时带上自己的联系方式。很多网站要求不能出现联系方式或者外部链接，此时，可以采用百度网盘链接的形式，附上“百度网盘链接××××××提取码：××××”，在百度网盘的文件中留下店铺和商品的二维码或链接等吸引用户扫描或点击，再引导成交。

本章小结

网店运营推广的渠道主要有两个：一是站内推广，二是站外推广。本章以淘宝店铺为例，介绍了店铺宝、直通车、优惠券、美折等站内推广方式，以及微博推广、小红书推广、网络代理商推广、社群营销推广、百家号推广等站外推广方式。有的店铺卖家吃透一个推广渠道，就能做得风生水起，而更高明的卖家则会组合出击，流量、转化率、展现量兼顾，这是最为理想的。

复习思考题

（1）淘宝网信用评价计分规则有哪些？

（2）什么是淘宝店铺动态评分？

（3）开通淘宝直通车前的准备有哪些？

（4）淘宝论坛回帖宣传主要有哪些方法？

知识拓展

店内推广

许多新手网店卖家在做推广时容易忽略一些细节，店内推广做得不到位。

1. 重视网店装修

网店装修是淘宝网店运营非常重要的一部分。网店装修使用的图片应该突出重点，要学会用图片吸引买家。网店装修风格要和店内商品风格一致，如出售国风服装的网店就不宜搭配欧美风格的装修。

2. 重视网店名称和店标的设计

网店名称是买家进入店铺首先看到的，因此要保证网店名称不仅有意义，还要容易被人记住。一个好的网店名称不仅能迅速提升网店的人气，还能给买家留下很深的印象。大多数时间，买家在搜索商品时会采取搜索网店名称的方法，因此要花精力取一个网店名称将网店商品和网店性质联系在一起。同时，店标也是买家进入店铺首先看到的，动态店标比静态店标更引人注意。

3. 重视商品关键词的设置

关键词不仅能介绍商品，还有很好的广告作用。注意：商品名字尽量长而且尽量包括各类买家可能搜索的关键词，可以参考淘宝首页商品类目的热门关键词，如女性、家居、饰品、日韩、欧美等，也可以加上节日关键词，如情人节、圣诞节等。

4. 控制商品上架时间

淘宝默认剩余时间最少的商品排最前。可以选择 7 天为商品的发布时间，保持一定量的商品上架，店里的商品要经常更新；同时，利用每天浏览量最高的时段上架那些下架时间快到的、推荐剩余时间较少的商品；还可以根据店内商品的实际情况推出优惠信息，如定期举办满就送活动、满就包邮活动。

5. 利用公告栏显示优惠信息

网店首页的公告栏能起到广告宣传的效果。买家进入网店一般都会先看网店的公告栏，可以在公告栏中显示优惠信息。需要注意的是，公告栏中的文字要精练。

6. 利用网店推荐位

网店推荐位可以起到宣传推广的效果。买家在进入网店时最容易看到的就是推荐位上的商品，建议推荐位上的商品要物美价廉，能吸引买家。

7. 利用阿里旺旺状态信息做宣传

阿里旺旺是进行淘宝交易的必备软件。阿里旺旺上面是可以设置状态信息的，如打折信息、上新时间，以及各种优惠活动和一些重要信息，买家进入阿里旺旺就会看到这些信息，也就有可能去店里逛逛。因此，做淘宝时更要关注细节。

技能训练

实训目的

（1）了解推广对于网店运营的重要意义。
（2）熟悉常用的站内、站外推广方式。
（3）能进行基本的淘宝店铺满减、满折、满赠等设置。
（4）培养沟通意识，强化团队精神。

实训组织

学生以 4～6 人为一组，每组设组长一名；以小组为单位进行任务准备、任务实施、任务评价。

实训背景

销售旺季马上到来，小 A 和伙伴们准备设置一些淘宝店铺活动，进行一波促销。

实训要求

（1）以小组为单位，在千牛工作台为店铺商品设置名为“旺季大促”的系列活动。活动时间为 2023 年 6 月 1 日 0 点至 2023 年 6 月 19 日 0 点。全店商品满 100 元减 20 元，满 200 元减 40 元，满 300 元减 68 元；消费满 1000 元赠送店铺满 100 元减 25 元优惠券，使用时间为 2023 年 6 月 19 日 0 点至当日 24 点；消费满 1888 元再打 95 折。设置过程保留截图，打包上传至班级邮箱或指定网盘。

（2）将旺季大促的 3 种店铺活动（满减、满赠、满折）的设置过程绘制成流程图，以小组为单位上交教师。

实训评价

本任务的完成评价可从设置店铺活动和流程图绘制两个方面的完成情况进行，如表 5-1 所示。

表 5-1 任务完成评价表

任务完成评价内容	评价得分（100 分制）		
	学生自评（20%）	小组互评（40%）	教师评价（40%）
设置店铺活动			
流程图绘制			

本任务的能力评价可从自我管理能力、合作交流能力、分析解决问题能力、创新能力 4 个方面进行，如表 5-2 所示。

表 5-2 任务能力评价表

任务能力评价内容	评 价 指 标	自测结果（在对应□中打 √）
自我管理能力	1．对分配的任务有责任心 2．能进行时间管理 3．能灵活运用所学知识	□合格 □基本合格 □不合格
合作交流能力	1．尊重他人的观点 2．与其他人有效沟通 3．能获取信息并给予反馈	□合格 □基本合格 □不合格
分析解决问题能力	1．能有效使用信息资源 2．能客观分析事物 3．能发现并解决常规问题	□合格 □基本合格 □不合格
创新能力	1．能提出创新且有价值的观点 2．能不局限于单一思维方式 3．能制订创新方案并实施	□合格 □基本合格 □不合格

第 6 章

网上店铺客户服务与沟通

思政案例导入

售后客服让交易“转危为安”

王先生在某网店购买了一部手机，在收到手机后的一个月里，发现手机经常出现无故死机的情况，几次死机之后，王先生的感受非常糟糕。某天，王先生正要拨打一个重要的工作电话，手机又一次死机了。王先生顿时怒火中烧，马上联系了该店客服，激动地把自己收到手机后遇到的麻烦说了一遍，愤怒地质问当班客服小A准备怎么解决，表示如果解决不好，自己会坚决投诉到底。

在认真了解了王先生的遭遇和不满后，小A诚恳地就该手机使用过程中给王先生带来的麻烦进行了道歉，表示自己可以理解王先生的感受，随后对王先生的情绪进行了安抚，耐心分析并解释了可能导致手机死机的原因，向王先生表示会请示上级主管，在48小时内给出解决方案，承诺会尽自己所能帮助王先生解决问题。

经过两人的沟通，王先生的情绪逐渐平复下来，对小A的处理态度和方式给予了认可，表示愿意等卖家的回复。之后双方进行了友好协商。后来，王先生还为网店介绍了新买家，指名让小A为他服务。

客服本着及时沟通、细致耐心、诚实守信的职业精神为买家排忧解难，获得了买家的信任，也让这场交易“转危为安”。

【思考】

网店客服小A在处理王先生所遇问题的过程中展现出了客服应该具备的哪些素质？

【案例解析】

客服小A在此次售后沟通过程中表现出了良好的职业素养和服务意识，对待买家热情、积极、主动，展现出了客服应该具备的如下素质。

1. 责任心

责任心是职场人必备的良好品质，无论身在哪个岗位，都要把自己的岗位当成重要的岗位。客服是战斗在一线的岗位，可以说客服是一个店铺的形象大使，更要尽职尽责地做好，不能做只会机械应答的“机器人”。

2. 耐心

在网上在线服务买家，客服需要有足够的耐心应对。面对买家提出的较具体的问题，客服需要耐心地倾听并进行解释和解答，打消买家的疑虑，满足买家的需要。

3. 细心

面对店铺中种类繁多的商品和不同的买家，客服需要非常细心地去对待。客服稍有错漏和贻误，都会耗费更多的时间和精力来处理，甚至可能导致客户流失。

4. 同理心

同理心就是指客服要把自己当作买家，设身处地来体会买家的处境和需要，站在买家的角度思考问题，给买家提供更合适的商品和服务。

5. 自控力

自控力就是指客服要控制好自身的情绪。客服要有一个好的心态来面对工作和买家。在交流时，客服良好的情绪也会带动买家。遇到沟通态度不好的买家，客服要控制好自己的情绪，耐心地倾听，有技巧地回应，尤其注意不要把私人情绪带到工作中。

本章学习目标

（1）学会售前、售中、售后客户服务的沟通技巧。
（2）了解售前、售中、售后客户服务的工作内容。
（3）熟悉售前、售中、售后客户服务的沟通模板。

本章思政目标

（1）使学生理解客服岗位工作蕴含的“马克思主义人民观”和“以人为本”思想。
（2）培养学生潜心钻研与匠心磨砺的职业精神。

6.1 售前客户服务与沟通

网上店铺商品的销量和售前客服与买家的前期沟通有着直接关系。良好的前期沟通是促使买卖成交的关键。一般情况下，淘宝店铺的客服岗位中售前客服岗位人数需求最多。在店铺的运营过程中，售前客服扮演着十分重要的角色，尤其是在买家下单的过程中，售前客服不仅要担当买家一对一的咨询师，还要兼任店铺形象塑造的执行者、店铺销量提高的销售员等。本节将从售前客户服务的工作内容、工作流程及沟通模板展开介绍。

6.1.1 售前客户服务的工作内容

售前客户服务的工作内容主要是通过各种沟通手段，如在线聊天、邮件、视频通话、电话等方式，进行商品售前服务工作。售前客服通过和买家交流，推荐恰当的商品给不同买家，引导买家在店铺顺利下单，促成交易；同时，整理买家信息并归类存档，存入买家资料库。售前客服需要充分了解买家的需求，分析总结出能促进店铺发展的信息，并主动与团队其他工作人员及时沟通，提高工作效率。

6.1.2 售前客户服务的工作流程

售前客服是指在买家购买商品之前充分了解在售商品与店铺活动，为买家提供商品信息相关咨询解答，引导买家下单购买商品的网店服务人员。售前客服接触的进店人数较多，为了提高工作效率，需要按照一定的流程来开展工作。售前客户服务的工作流程如图 6-1 所示。合理的工作流程安排可以保证工作有条不紊地进行。以淘宝为例，售前客服登录阿里旺旺进入工作状态，等待买家进店后开始接单咨询，在咨询过程中解决买家的疑惑，引导买家收藏店铺及下单购买。

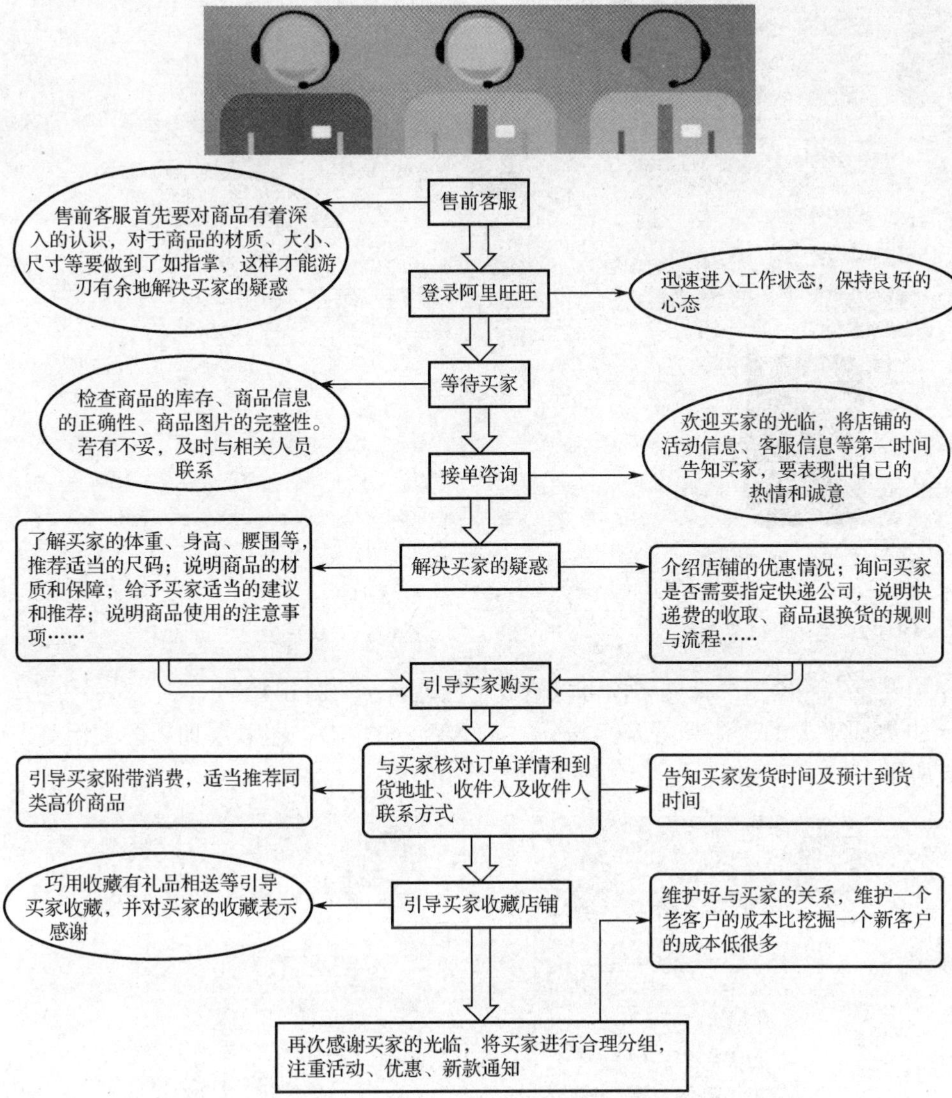

图 6-1　售前客户服务的工作流程

售前客服在服务买家前做好准备工作非常重要。阿里旺旺作为淘宝重要的沟通工具，几乎所有与买家的沟通都离不开它。因此，淘宝店铺客户服务工作流程的第一步就是登录阿里旺旺，要熟悉阿里旺旺的各项基本功能，以便及时有效地通过它与买家进行沟通。

操作阿里旺旺的第一步是设置头像。登录阿里旺旺后为自己选择一个头像，可以以店铺 Logo 或者店内商品作为头像，也可以以客服职业照作为头像，如图 6-2 所示，左上角显示的就是阿里旺旺头像。

单击阿里旺旺头像可以进入如图 6-3 所示的“联系信息”页面，单击头像下方的“修改头像”按钮，可修改头像；在“个性”“联系”“工作”选项卡中可填写相应信息；“便签”选项卡可作为备忘录，用于填写容易遗忘的重要事件；以上这些信息可以选择“完全公开”“对联系人公开”“保密”；完成后单击“确定”按钮，即可保存设置。

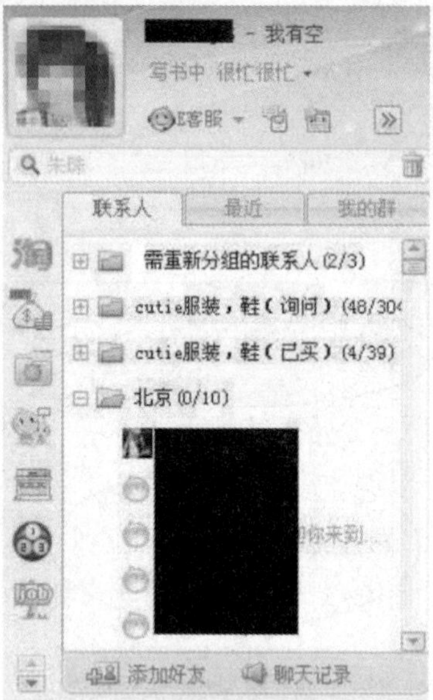

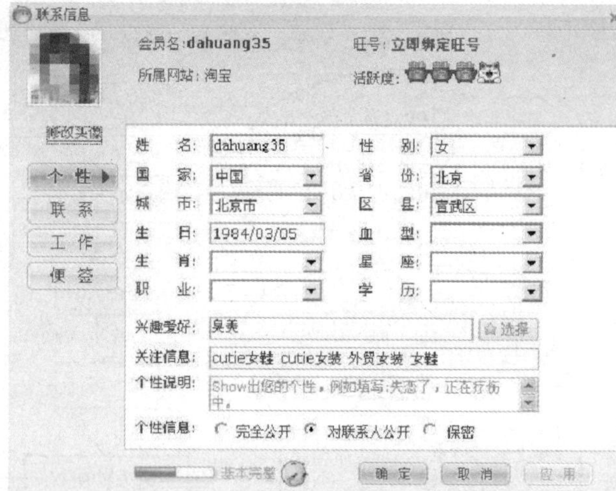

图 6-2　阿里旺旺界面　　　　　　图 6-3　“联系信息”页面

单击头像右侧的第二行文字，可以修改个性签名，如图 6-4 所示。

单击界面下方的“添加好友”按钮，输入对方的 ID，即可添加新的淘宝好友，如图 6-5 所示。

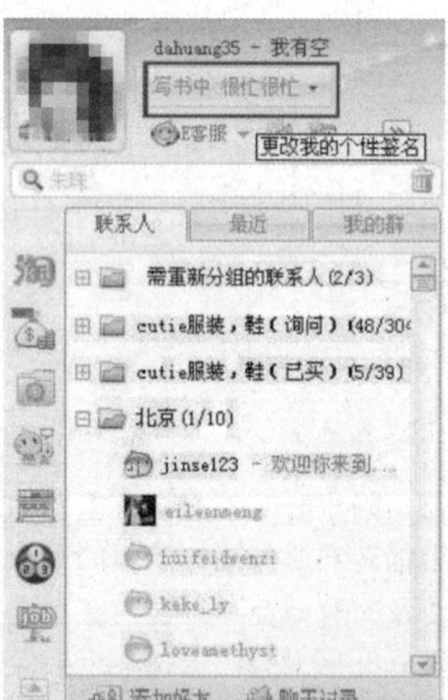

图 6-4　修改个性签名　　　　　　图 6-5　添加好友

6.1.3　售前客户服务的沟通模板

买家进入店铺后，看到种类繁多的商品，不知道如何选择时会向售前客服进行咨询。作为售前客服，如何高效地向买家推荐商品、与买家进行交流，让买家购买到符合需求的商品呢？准备好相应的售前沟通模板，能让客服在回答买家的相似问题时提高工作效率。

下面主要介绍部分基础问候模板、买家询问是否有货模板及遇到买家议价模板。售前客服可以根据实际情况在对应的沟通模板中选择回复用语及设置自动回复。

1. 基础问候

模板 1：亲，您好！欢迎光临本店，请问有什么可以为您效劳的呢？

模板 2：亲，您好！在的哦！请问您看中本店的哪个宝贝了呢？我可以为您介绍的呢！

模板 3：亲，您好！请问有什么可以帮助您的吗？

模板 4：亲，您好！真的非常抱歉，现在是本店客服的休息时间，有什么问题请您留言，我们上班后会第一时间回复您哦！给您带来不便，敬请谅解！

模板 5：亲，您好，××（店铺名）××为您服务！请问有什么可以帮到您的呢？现在我们××（店铺名）在举行“×××”的活动，即日起，在本店任意购买两件即可包邮哟！亲选好宝贝后，用购物车一起拍下联系我修改邮费哦！

模板 6：抱歉，让亲久等了，现在咨询量大，回复比较慢，谢谢亲的耐心等待。

模板 7：现在有多位顾客咨询，小店客服正逐一解答，并非有意怠慢，请亲理解哦！

2. 买家询问是否有货

1）有货及需要查询确认是否有货

模板 1：亲，您好！本店的宝贝可以拍下的都是有货的哦！这个请您放心，如果有看中的宝贝您就可以去拍下了哦！

模板 2：亲，您好！请问您是要哪个款的什么颜色和尺码呢，可以告诉我吗？可以帮您查询看一看宝贝是否有货哦！

模板 3：亲，您好！您看中的这款宝贝本店是有现货的呢！您是可以放心地拍下的哦！

2）无货

模板 1：亲，您好！真的非常抱歉，您看中的这款宝贝本店已经没有现货了呢！您看推荐另外一款跟您想要的这款比较类似的宝贝可以吗？是我们家的热卖款，买家评价都是非常好的哦！

模板 2：亲，您好！真的非常抱歉，您看中的这款宝贝本店已经没有现货了呢！我们现在有预售链接（××××），大约 15 个工作日可以发货，亲可以等吗？另外作为买家等待的补偿，我们会给预售订单随单发一份××，很实用的小礼品呢！亲，您看可以吗？

3. 遇到买家议价

模板 1：亲，小店正在做活动呢，满××元减××元哦！而且现在下单还送一些礼品呢，活动明天就结束了哦！价格恢复原价，就没有这些礼品送了，买到就是赚到。现在下单还能赶上最后一班快递发货呢！

模板 2：亲，价格已经是最优惠的呢！这样吧，给您申请送亲件小礼品，也算是我的一份心意，可以吗？

模板 3：亲，我们开店以来都没卖过这个价格，您也是个爽快人，这样吧，您购买小店商品满 3 件，给您申请 VIP 价格整单 9 折，小店利润不高，这已经是极限价格了，您看可以吗？

模板 4：亲，商品都是优惠价格在售的呢！这样吧，这边给您申请送一张咱们的店内优惠券，这个只是针对老买家的，您领取后再下单付款；另外还给您升级店铺 VIP，以后购买新品就可享受到 VIP 价啦！

售前客服在推荐销售商品时，就是向买家“说”商品、介绍商品。在这个过程中，售前客服要抓住买家心理，针对不同买家的咨询，选择使用不同的回复方式。提前准备应对不同售前咨询的模板，在工作中加以灵活利用，可以帮助售前客服提高一对多沟通的效率。

6.2 售中客户服务与沟通

售中客户服务是售前客户服务的跟进，从买家下单开始，与买家的实际购买行动相伴随，直至买家确认收货。售中客户服务工作是提高店铺成交率的关键环节。本节将从售中客户服务的工作内容、工作流程及沟通模板展开介绍。

6.2.1 售中客户服务的工作内容

售中客户服务的工作内容主要是确认订单及物流跟踪。针对已付款订单，售中客服需要主动联系买家表示订单已收到，告知何时安排发货；针对未付款订单，则需要进行催付。商品发货后，售中客服要跟踪物流情况，提醒买家关注物流状态，与买家确认已签收商品是否满意等。

6.2.2 售中客户服务的工作流程

售中客户服务的工作流程主要分为确认订单、下单发货及订单跟踪。

1. 确认订单

确认订单是商品交易重要的一步，也是没有经验的店铺较容易忽略的一步。买家下单付款后，售中客服需要与买家确认订单信息，包括：订购的商品信息，如颜色、型号、数量等；收件人信息，如收件人的地址、联系电话等；发货信息，如所用快递公司、邮费、发货时间（是当天发，还是 24 小时内发，或是 48 小时内发）等。售中客服与买家确认订单的沟通如图 6-6 所示。

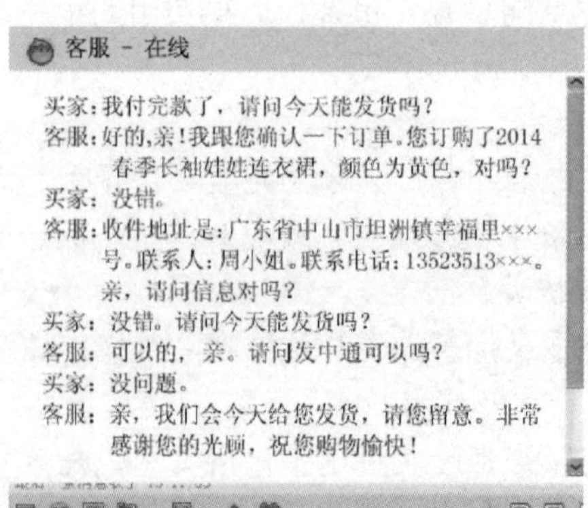

图 6-6　售中客服与买家确认订单的沟通

有的买家下单未付款，售中客服需要及时联系买家，了解未付款原因。如果买家是因为对商品存有疑问而未付款，则售中客服应该及时与买家沟通，打消买家的疑虑。如果买家是因为价格而未付款，则售中客服可以向买家展示店铺实力、商品质量、售后服务等，表示店铺只赚取适当的利润，让买家觉得物有所值。如果买家认可店铺和商品，但依然对价格表示犹豫，则售中客服可以以赠送小礼品、优惠券等方式促使买家付款。

2. 下单发货

对一些订单量多的店铺来说，需要有自己的管理软件。下单发货就是把已经成交的订单录入 ERP 管理系统，进入发货流程。如图 6-7 所示，将相应的订单信息录入 ERP 管理系统，生成快递单。通过 ERP 系统还可以实现跟踪物流信息、短信提醒买家订单情况等。

知识链接

ERP 管理系统

ERP（Enterprise Resource Planning，企业资源计划）管理系统是现代企业管理的运行模式。它是一个在全公司范围内应用的、高度集成的系统，覆盖客户、项目、库存和采购、供应、生产等管理工作，通过优化企业资源达到资源效益最大化。

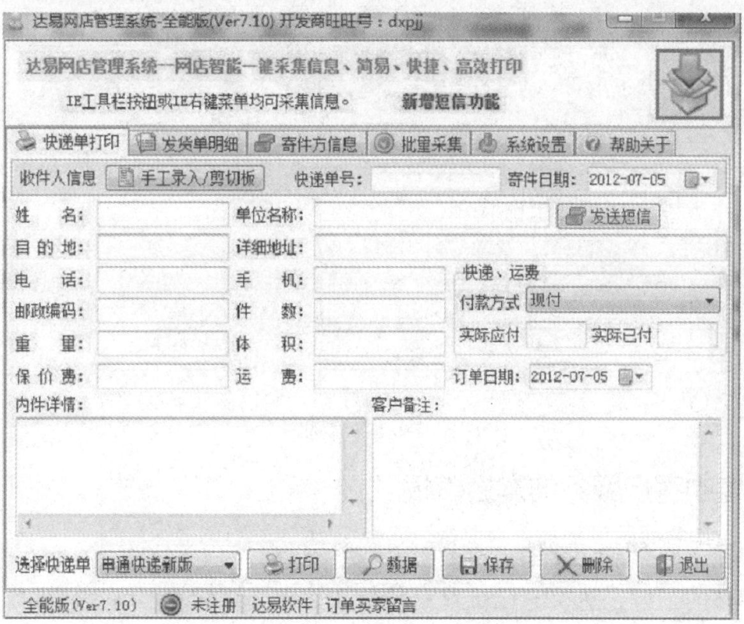

图 6-7　ERP 管理系统录入界面

3. 订单跟踪

发货后要尽快通知买家，商品寄出后要随时跟踪物流，如图 6-8 和图 6-9 所示。如果物流信息显示异常，要尽快查明原因并与买家沟通，说明情况。

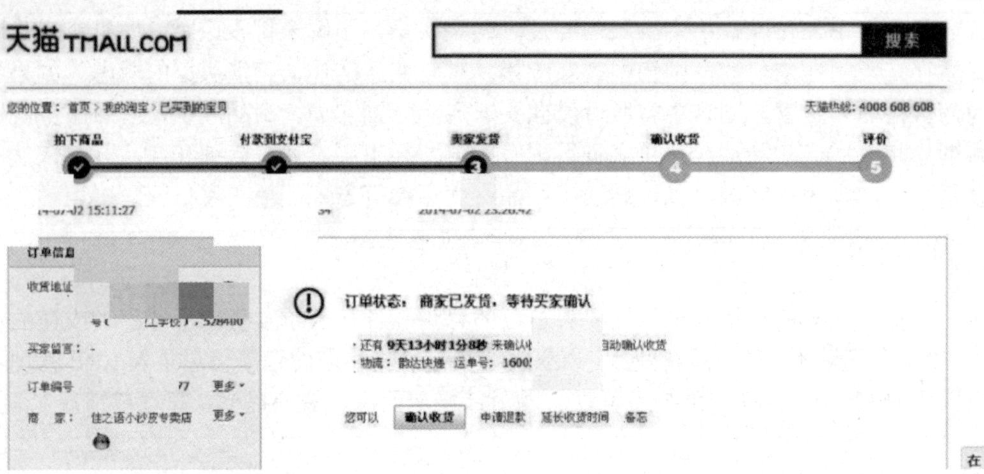

图 6-8 订单跟踪

图 6-9 物流跟踪

6.2.3 售中客户服务的沟通模板

售中客服在上岗之前，同样需要做很多准备工作，如工作心态的调整、对店铺合作快递公司最新通知的了解、对买家已下单商品付款和物流情况的了解等，做好了充分的岗前准备，在工作时才能更快地进入状态，更好地完成工作任务。在与买家交流时，售中客服也可以参考一些常见问题沟通模板进行回复。以下为部分淘宝售中客服常用的沟通模板。

1. 引导付款

模板 1：亲的订单我们收到了，亲下单货号为×××的黄色连衣裙 M 码一件，收货地址是×××，联系人×××，电话×××。亲付款后小店 24 小时内为亲发货哦！我们一般发韵达快递。

模板 2：亲的眼光真不错，下单这款是目前最热销的，刚刚有顾客买了同款。

模板 3：您对我们的商品还有什么不了解或不明白的地方吗？

模板 4：看到亲的订单还未付款，亲对商品还有什么问题吗？

模板 5：您选中的这件是我们最后一件现货哦！亲付款后小店下午 6 点前就能为亲发货啦！

模板 6：我们这几天正好在促销，现在付款优惠××元，折扣今晚 24 点就截止了，之后就恢复原价了。别犹豫哦，亲！

2. 改价及确认订单

模板 1：请稍等，改好价格后我通知您！谢谢您的支持！

模板 2：您好，价格修改好了，一共是××元，请您先核对再支付，谢谢！

模板 3：请问，是按照下面的地址为您发货吗？

模板 4：小店会及时安排您所购买的宝贝发出，3～4 天到亲所在的城市，届时请您使手机处于接通状态，以便快递员将宝贝及时准确地递送到您的手中，谢谢惠顾！

模板 5：您好，已经看到亲支付成功了。我们会及时为亲发货的，感谢购买我们的商品，有需要请随时呼我，我是客服××。

售中客户服务的沟通模板在售中客户服务的沟通过程中能起到一定的辅助作用。沟通回复时注意要既有原则又不乏灵活性，在熟练运用模板的同时做到随机应变，而不是生搬硬套。

6.3　售后客户服务与沟通

网上店铺除了做好售前与售中的客户服务，买家收到商品后，还应进行相应的售后客户服务。买家获得贴心的售后客户服务，能增强店铺与买家之间的感情纽带，为店铺树立良好的形象及促成二次交易。

6.3.1　售后客户服务的工作内容

售后客户服务是指在买家收到商品后卖家所提供的服务。在售后跟踪跟进阶段，售后客服可以适时地进行关联销售，通过售后客户服务来提高店铺的效益。好的售后客户服务能够带给买家非常好的购物体验，让买家成为忠实客户。售后客户服务的工作内容主要包括评价管理与交易纠纷的处理。

1. 评价管理

评价管理是指引导买家评价与做好评价解释。引导买家评价主要有如下两种方法。

（1）第一种方法是通过一些方式隐晦地提醒买家给予好评。可以在商品包裹内放置小卡片，表达对买家选择本店的感激，并提醒买家如果对商品满意可以给本店五星好评，如果对商品或服务有任何不满请联系客服，一定妥善解决。图 6-10 所示为感谢信小卡片，既表达对买家的感激，又提醒买家给予好评。也可以电话回访买家收到的商品情况，以及商品的使用情况，顺便提醒买家给予好评。

（2）第二种方法是店铺进行好评鼓励活动。店铺可以推出“写好评，得大奖”之类的活动。除了在相关页面有活动展示，在买家付款之后，还可以通过阿里旺旺、短信、电话等提醒买家参加好评鼓励活动。

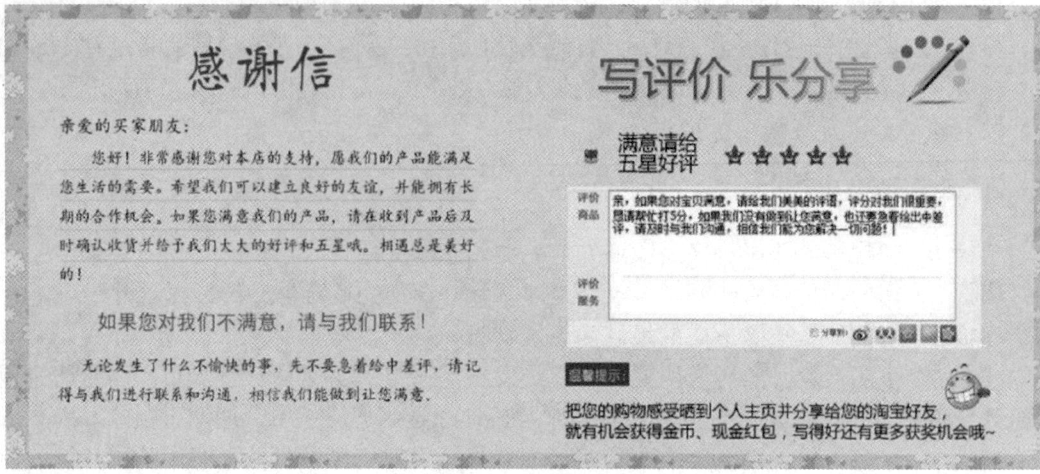

图 6-10　感谢信小卡片

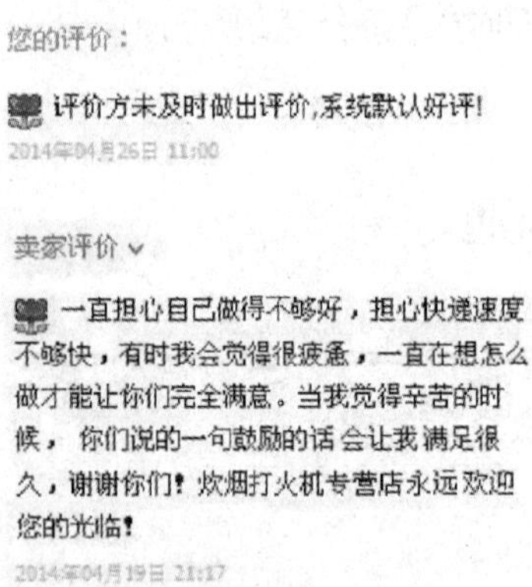

图 6-11　卖家评价

鼓励买家给店铺的商品或者服务好评，原因是这些评价是进店的潜在买家重要的参考信息。一些有质量的评价，包括在买家评价下回复买家评价，更容易给潜在买家留下深刻印象。卖家评价如图 6-11 所示，对无字好评也真诚地袒露心声，更容易赢得新老买家的信任和支持。

2. 交易纠纷的处理

买家收到商品后，可能会由于种种原因而对商品不满意，甚至与卖家产生纠纷。有经验的售后客服会运用专业知识，通过与买家充分沟通解决问题。还有个别买家会给差评，差评会导致店铺被扣分，而店铺评分对店铺运营有直接影响。遇此情况，售后客服应真诚地为买家解决问题，获得买家的谅解并修改差评。如果买家坚持不改，要写好“卖家评价”，做好解释，以免影响日后的交易。对于恶意差评或者买家的一些无理要求，售后客服可以利用平台申诉，维护卖家权益。

在处理交易纠纷时，售后客服应遵从以下 7 个原则。

（1）快速响应：售后客服应在买家呼入 30 秒内及时回复。

（2）耐心倾听：当买家感到不满意时，心里肯定有怨气，客服要耐心倾听。

（3）做出解释：多站在买家的立场考虑问题，必要时给买家一点安抚和解释。

（4）诚恳道歉：不管是卖家的失误还是快递公司的失误，客服都应诚恳地向买家道歉。

（5）提出补偿：如果是快递公司或卖家的失误，客服应有两个以上的补救方法供买家选择。客服主动提出解决方案，效果会比较好。

（6）做出补救：客服除了给出补救方法，还要及时落实，让买家感受到诚意。

（7）跟踪进度：补救方法实施后要及时跟踪进度，及时给予反馈，让买家满意。

6.3.2　售后客户服务的工作流程

售后客户服务是客户服务工作中至关重要的一环，售后客户服务的质量直接关系到店铺运营的各项指标。熟悉售后客户服务的工作流程及具体内容，有助于售后客户服务工作的顺利开展。售后客户服务的工作流程如图 6-12 所示。以淘宝为例，售后客服在阿里旺旺平台上接收到买家的售后要求，通过买家的描述与反馈了解情况，记录问题，针对不同问题产生的原因，客服再提出不同的解决方案直至问题解决。

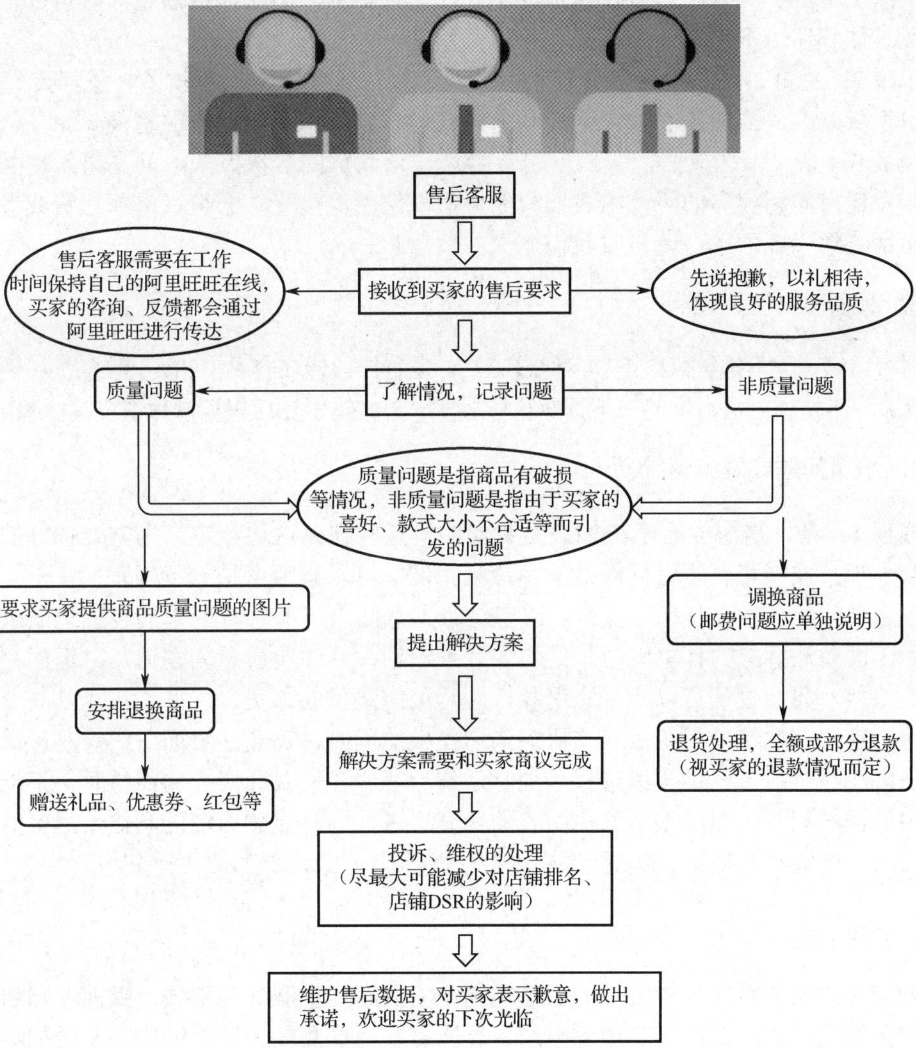

图 6-12　售后客户服务的工作流程

6.3.3　售后客户服务的沟通模板

买家签收后，售后客服要及时跟踪回访，询问买家对商品和服务的意见，以便做好后续工作。常用的售后客户服务的沟通模板如下。

1. 买家收到商品后

模板：亲，感谢您购买我们的宝贝。如果宝贝有质量问题，我们将无条件地为您退换货；如果有其他售后问题，请联系我们的售后客服，还可以拨打我们的电话××××××××，我们会立刻为您解决。再次感谢您的惠顾，期待能与您成为朋友，祝您事事顺利！

2. 买家抱怨或者不满

模板1：您好，商品/服务给您造成不便，十分抱歉，给您添麻烦了！您可以把您遇到的状况具体叙述一下吗？

模板2：您好，商品的××让您不满意吗？很抱歉，给您添麻烦了！我们支持7天无理由退换货。亲，请您放心，无论什么问题我们一定给您一个满意的答复。

模板3：亲，请您放心，我们一定会给您一个满意的解决方式，但是请您也配合一下我们，发送有问题商品的照片给我们。如果瑕疵您不能接受，您可以选择退货或者换货。这个事情给您添麻烦了，请接收我们深深的歉意！

3. 买家对物流有疑问

模板：亲，非常抱歉，最近物流比较繁忙，发货比较慢（容易出错）。您这边先不要着急，我先联系一下快递公司，询问一下具体是什么情况，好吗？然后根据具体情况具体解决。

4. 质量问题或发错退换货

模板1：亲，请您放心哦，如果是我们的质量问题，这边一定会为您处理好的！您需要配合一下，发一张有质量问题处的图片给我们，可以有劳亲拍一下吗？

模板2：亲，您要退是可以的。请您这边先寄回来，在您寄回来的包裹里面放上一张纸条，上面备注好您的订单编号、姓名、联系电话，并注明质量问题退货。退回来的邮费请您先垫付，我们收到货以后为您退款，同时退您垫付的邮费。

售后客服在熟练使用售后客户服务沟通模板的同时，还要注意面对纠纷时，最重要的是提出解决纠纷的方案供买家选择。同时，售后客服在解决和买家的纠纷时，不能片面地只考虑店铺的利益，而应该多站在买家的角度思考，同时兼顾店铺的利益，尽可能争取买家的谅解，才能妥善地解决问题。

本章小结

网店客户服务是网店的一种与买家沟通、为买家提供服务的形式。目前，网店客户服务主要是通过网店的在线买家服务系统，让网店掌柜更高效地管理网店，及时把握商机消息，从容应对繁忙的生意。网店客户服务根据交易流程主要分为售前客户服务、售中客户服务、售后客户服务。售前客户服务的工作内容主要是通过各种沟通手段，如在线聊天、邮件、视频通话、电话等方式，进行商品售前服务工作。售中客户服务的工作内容主要是确认订单及物流跟踪。售后客户服务的工作内容主要包括评价管理与交易纠纷的处理。建议在学习本章的过程中尽量结合实际案例实操，根据售前、售中及售后客户服务的沟通模板在线上促成一笔完整交易。

复习思考题

（1）售前客户服务的工作内容有哪些？
（2）售前客户服务的工作流程有哪些？
（3）售中客户服务的工作内容有哪些？
（4）售后客户服务的工作内容有哪些？

技能训练

实训目的

（1）熟悉网上店铺客户服务的工作内容和工作流程。
（2）熟悉网上店铺客户服务的沟通技巧。

实训组织

学生以 4～6 人为一组，每组设组长一名；以小组为单位进行任务准备、任务实施、任务评价。

实训背景

小 A 和伙伴们准备从事网店运营工作，已经创建好了网店，正在商讨如何正确做好售前客户服务工作。

实训要求

学生分组，安排小组成员分别担任售前客服和买家，利用即时聊天软件进行角色扮演，完成从售前准备、迎客、推荐、促成交易到与买家道别的整套售前客户服务工作流程，讨论可能出现的问题及应对方案，最后制作售前客户服务工作流程图进行总结汇报。

实训评价

本任务的完成评价可从售前客户服务工作流程和沟通技巧的运用两个方面的完成情况进行，如表 6-1 所示。

表 6-1　任务完成评价表

任务完成评价内容	评价得分（100 分制）		
	学生自评（20%）	小组互评（40%）	教师评价（40%）
售前客户服务工作流程			
沟通技巧的运用			

本任务的能力评价可从自我管理能力、合作交流能力、分析解决问题能力、创新能力 4 个方面进行，如表 6-2 所示。

表 6-2　任务能力评价表

任务能力评价内容	评 价 指 标	自测结果 （在对应□中打√）
自我管理能力	1. 对分配的任务有责任心 2. 能进行时间管理 3. 能灵活运用所学知识	□合格 □基本合格 □不合格
合作交流能力	1. 尊重他人的观点 2. 与其他人有效沟通 3. 能获取信息并给予反馈	□合格 □基本合格 □不合格
分析解决问题能力	1. 能有效使用信息资源 2. 能客观分析事物 3. 能发现并解决常规问题	□合格 □基本合格 □不合格
创新能力	1. 能提出创新且有价值的观点 2. 能不局限于单一思维方式 3. 能制订创新方案并实施	□合格 □基本合格 □不合格

第 7 章

网店商品的包装与物流

思政案例导入

绿色包装与环境保护

在网上售卖家电的A公司观察发现，对于家用电器类商品，大多数的垃圾一般都来自包装箱里的减震物。最初使用的是普通的塑料减震材料，这类塑料降解过程需要很长的时间，因而对环境的影响较大。现在，A公司已经开发出用纸板制作的减震材料，取代了普通塑料，纸板更容易再生，废弃后对环境的影响较小。除了型号特别大的液晶电视，几乎全部家用电器类商品都是使用的纸板减震材料。自2003年4月起，A公司为了促进资源有效利用，在其所有商品包装材料上都贴上了相应的标识，并在纸箱上使用“瓦楞状纸板再生循环标记”。A公司对于绿色包装的投入，不仅对于环境保护的意义非凡，而且包装物流成本也得到了控制，并能帮助企业获得良好的企业形象。

【思考】

A公司对于绿色包装投入的案例说明了什么？

【案例解析】

人类生存与社会发展之间矛盾凸显，环境保护已成为世界性重大课题，迫使人们寻找对环境、对人类生存无害的绿色包装材料及相匹配的包装技术。当今社会，绿色包装与环境保护作为一个社会热点，正摆在人们的面前，已成为各国急需解决的问题。由包装产生的废弃物已成为城市垃圾的主要来源，并由此引发了严重的环境问题：资源的大量消耗、城市垃圾处置和管理压力的增加，以及对生态环境和水资源的严重污染。美国《包装》杂志的全国民意测验结果证实，由包装产生的废弃物污染仅次于水质污染、海洋湖泊污染和空气污染，处于第四位。

绿色包装一般是指对生态环境和人体健康无害，能重复使用或再生利用，符合可持续发展原则的包装，也可称为生态包装或可持续发展包装。绿色技术是绿色消费浪潮的产物，也是可持续发展的有效途径，它包括末端治理技术、绿色工艺创新和绿色产品创新。绿色技术创新体系中的最高级别是绿色产品，也就是说绿色产品是绿色技术创新结果的最终载体。绿色产品的获得必须以绿色设计和绿色制造为基础。绿色设计与绿色制造是绿色技术的核心内容。绿色包装技术的提高又是对绿色产品的进一步深化。绿色包装是国际营销的强有力手段之一。对网店运营者来说，研发、寻找适合的绿色包装，不仅能在物流运输中保证商品的安全，更是切实保护环境、节约资源、实现可持续发展的重要举措。金山银山不如绿水青山，绿水青山就是金山银山。

本章学习目标

（1）对包装材料有较深层次的理解，能够选择适合商品的包装。

（2）了解主要的物流方式，能够选择适合的物流运输商品。

（3）掌握设置运费模板的方法，会核算物流费用。

本章思政目标

（1）引导学生树立正确的人生观与专业价值观，培养学生具备站在专业的高度去看问题、解决问题的思维意识和能力。

（2）使学生能辩证地看待问题，冷静地处理问题，进一步弘扬创新创业精神。

7.1　商品的包装

商品的包装一般是指为了有效地保护商品品质的完好和数量的完整，采用一定的方法将商品置于合适的容器之中的一种措施。对网店运营者来说，商品的包装则是指在商品原有销售包装的基础上，为了经物流运输后商品能安全抵达买家手中进行的二次包装。通过这样的包装，通过互联网出售的商品才能更为安全稳妥地进入流通领域，继而起到实现商品价值的作用。经过适当包装的网店商品，不仅便于运输、装卸、存储、清点且不易丢失或被盗，还为买卖双方提供了更多的便利。

知识拓展

商品的内包装与外包装

商品的内包装一般是指销售包装，即实体店售卖商品的包装。商品的外包装一般是指运输包装。概括来说，商品的包装指在流通过程中，为保护商品、方便储运、促进销售，依据不同情况而采用的容器、材料、辅助物及所进行的操作的总称。

在当前十分激烈的市场竞争下，许多网店运营者都把改进包装作为加强竞销的重要手段之一。良好的包装不仅可以保护商品，还能宣传和美化商品，提高商品附加值，吸引买家，扩大销路，增加售价，并在一定程度上显示出该网店的文化。

知识链接

网店文化

网店文化是网店在长期的经营销售中所形成的共同价值观、行为准则、道德规范，以及体现网店精神的人际关系、规章制度、商品与服务等事项和物质因素的集合。网店文化是现代网店发展的基础。网店文化可以影响网店在电子商务时代的生存空间，是决定网店兴衰成败的关键因素之一。

7.1.1　包装的分类

按所用材料来分，商品的包装一般可分为纸质包装、木质包装、金属包装、塑料包装、玻璃与陶瓷包装、纤维制品包装、复合材料包装。

1. 纸质包装

纸质包装是指以纸、纸板等制成的包装，主要有纸箱、纸盒、纸袋、纸管等。图 7-1 所示为瓦楞纸箱。从环境保护和资源回收利用的观点来看，纸质包装有广阔的发展前景。由于纸质包装具有质量轻、成本低、在商品运输过程中好存放等优点，被广泛地用在网络销售物流包装领域。

图 7-1　瓦楞纸箱

2. 木质包装

木质包装是指以木材、木材制品，以及胶合板、纤维板等人造板材制成的包装，主要有木箱、木桶、胶合板箱、纤维板箱和桶、木质托盘等。图 7-2 所示为木架包装。一般会用木质包装加固原有包装，以加强对易损物品（如电器）、大件物品（如家具）的保护。

图 7-2　木架包装

3. 金属包装

金属包装是指以黑铁皮、白铁皮、马口铁、铝箔、铝合金等制成的包装，主要有金属桶、金属盒、马口铁盒、铝罐头盒、油罐、钢瓶等。由于金属的特性及外观，用于销售包装的较多。部分手表的销售包装使用的就是金属材料，如图 7-3 所示。

4. 塑料包装

塑料包装是指以塑料制成的包装。主要的塑料包装材料有聚乙烯（PE）、聚氯乙烯（PVC）、聚丙烯（PP）、聚苯乙烯（PS）等。塑料包装主要有全塑箱、钙塑箱、塑料桶、塑料盒、塑料瓶、塑料袋、塑料编织袋等。其中，气柱袋、气泡膜等在网店物流中使用较多。图 7-4 所示为奶粉气柱袋包装。虽然气柱袋能为灌装奶粉提供较好的防损保护，但从环境保护的观点来看，应注意塑料材料可能造成的白色污染问题。

图 7-3　手表金属包装

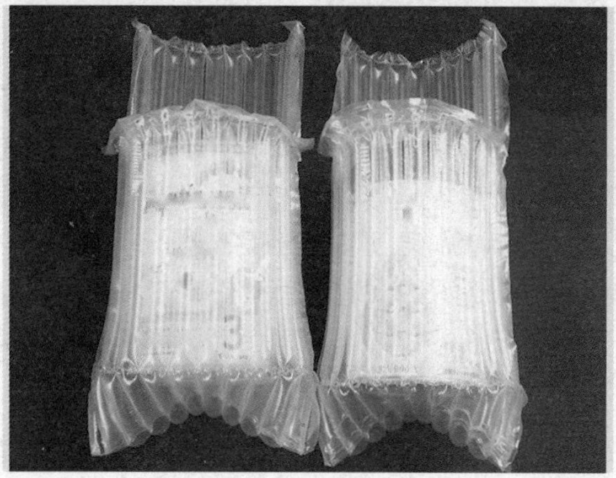

图 7-4　奶粉气柱袋包装

5. 玻璃与陶瓷包装

玻璃与陶瓷包装是指以硅酸盐材料玻璃与陶瓷制成的包装，主要有玻璃瓶、玻璃罐、陶瓷罐、陶瓷瓶、陶瓷坛、陶瓷缸等。鉴于玻璃和陶瓷均有易碎性，在选择此类包装时需要谨慎。

6. 纤维制品包装

纤维制品包装是指以棉、麻、丝、毛等天然纤维，以及人造纤维、合成纤维的制品制成的包装，主要有麻袋、布袋、编织袋等。图 7-5 所示为编织袋包装。纤维制品一般轻盈耐磨，所以一些商品的物流会较为青睐纤维制品包装。

7. 复合材料包装

复合材料包装是指以两种或两种以上材料黏合制成的包装，也称复合包装，主要有纸与塑料、塑料与铝箔和纸、塑料与铝箔、塑料与木材、塑料与玻璃等材料制成的包装。图 7-6 所示为方格铝膜珍珠棉复合冰袋，在网店销售一些需要保温或者冰冻的商品时，会用到这种包装。

图 7-5　编织袋包装

图 7-6　方格铝膜珍珠棉复合冰袋

知识链接

复合包装

复合包装是两种或两种以上材料，经过一次或多次干式复合工艺组合在一起，从而构成一定功能的包装，一般可分为基层、功能层和热封层。基层主要起美观、印刷、阻湿等作用；功能层主要起阻隔、避光等作用；热封层与包装物品直接接触，主要具备良好的适应性、耐渗透性、热封性、透明性、开口性等。

7.1.2 包装的选择

包装种类繁多，优质的商品在精良包装的加持下，会给商家带来更多的利好。因此，包装的选择需要考虑商品本身的需求，不可随意而为之。

1. 结合商品的特点

在为商品选择包装时，应该充分结合该商品的特点。例如，在为洗发水选择包装时，结合其液体流动性强、容易溢出等特点，应选择密封性好且能保护洗发水瓶身不易受挤压的包装。

2. 考虑商品的档次

高档商品或精密仪器的包装应高度注意美观和选材优良，中档商品的包装应注意美观与实用并重，低档商品的包装应以实用为主。

3. 提供有效的保护

包装应有效地保护商品，因此包装应具有一定的强度、韧性和弹性等，以适应压力、冲击、震动等外界因素的影响。

4. 考虑经济环保因素

经济环保包装应尽量选择来源广泛、取材方便、成本低廉、可回收利用、可降解、加工无污染的材料，以免造成公害。

5. 考虑物流因素

除了上述选择包装需要考虑的因素，在店铺出售商品的过程中，物流对包装的要求也要纳入考虑范围。出于对物流成本的考虑，在保证坚固等基本要求的前提下，应尽量不要增加过多质量与体积。

7.1.3 包装的注意事项

包装是否符合要求，对保证商品安全、准确、迅速地运输起着极为重要的作用。恰当的包装可避免商品运输过程中的损坏所造成的金钱损失。尤其当商品为流质或易碎物品时，如果包装不妥，则不仅商品自身容易遭受损坏，还可能污损其他商品。因此，一定要了解如何恰当地为商品进行包装。

为保证网上售出商品经过长途跋涉最终安全地运输到买家手中，包装应足够坚固和密封，防止在运输过程中发生包装破裂、内容物漏出而散失，防止因摆放、摩擦、震动等或因阳光照射、气压变化、气温变化而引起商品的损坏或变质，防止伤害操作人员或污染运输设备、地面设备及其他物品。网上售出商品的包装要适应商品的性质、状态和质量，结构要更加合理；还要整洁、干燥，没有异味和油渍；包装外表面不能有突出的钉、钩、刺等，要便于装卸和摆放。除了选择商品的内包装，还需要根据商品的尺寸、质量和特性选择适宜的外包装及填充物。

快递公司一般提供免费的包装，有卡纸信封和塑料防水袋。如果直接使用这两类包装，则需要注意这两类包装的尺寸。商品一旦装入，封口一定要粘牢。还需要注意这两类包装不能直接装小五金、小电器等带有棱角或易破损的商品。

此外，还要注意物流企业对于包装的要求。体积小的商品包装好后的尺寸不能小于物流企业规定的最小尺寸，否则，可能导致商品运单损坏，运单一旦损坏会影响运单号码的正确读取和快件的正确送达。物流企业还禁止使用一切报刊类物品作为快件的外包装，如报纸、海报、杂志等；严禁使用各种有色垃圾袋和容易破损、较薄的类似垃圾袋的包装物；对于重复利用的旧包装，必须清除原有运单及其他特殊的快件标记后方可使用，以避免因旧包装内容而影响快件的流转。

对于易碎品，需要根据商品的特点，选择相应强度的外包装，如瓦楞纸箱、木箱等。易碎品不能直接放入箱内，必须在箱底垫上缓冲材料，并在商品与商品之间、商品与箱子之间填满缓冲材料，以不晃动为准，然后将箱口封牢。此外，对于怕倒置的商品与易碎品，应在外包装上贴上严禁倒置、易碎品等警示标志，如图 7-7 所示。

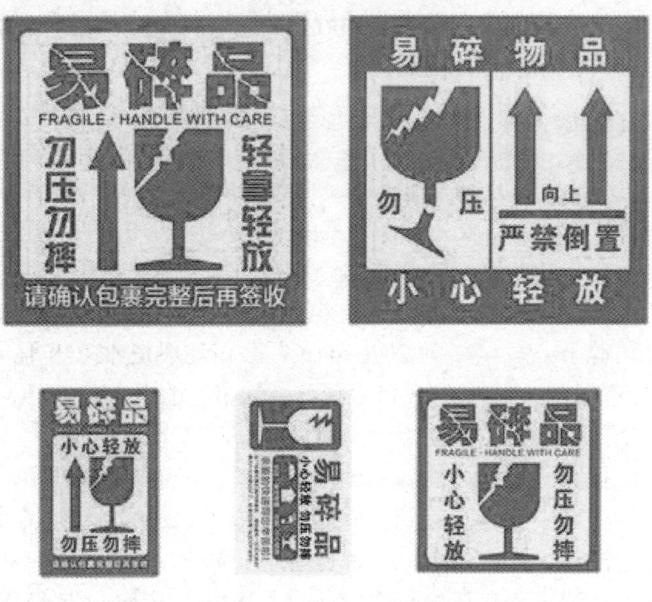

图 7-7　警示标志

7.2　物流的选择

出于对物流成本的控制和物流服务需求，选择高效率、低成本的物流，对网店下一步的发展起着举足轻重的作用。在选择物流时，需要考虑下列因素。

（1）运输方式。货运物流首先要考虑的是货物运输方式。一般情况下，货物运输方式有航空运输、铁路运输、公路运输等。不同运输方式的运量、时效和运费是有差异的。网店运营者需要根据实际情况，选择最恰当的运输方式。

（2）运输时效性。运输时效性是网店运营者应该关注的一个因素。运输时效性是衡量一个物流企业运输能力的重要参考指标。

（3）运输成本。任何网店运营者都想通过最低的成本获得最大化的经济回报，因此网店运营者在选择货运物流承运人时应"货比三家"，选择运费合适的。

（4）运输安全性。托运人委托承运人把货物从一个地方运输到另外一个地方，承运人一定要尽到自己的责任，把货物完好无损地送达。运输安全性是网店运营者选择承运人的重要影响因素。

（5）承运人的服务质量。承运人的服务质量也是网店运营者选择物流时的一个重要指标。承运人的服务态度和服务水平是托运人要考虑的，因为承运人的服务质量将会影响托运人的服务便利性及好感度。

（6）承运人的信誉。选择物流时还需要考虑承运人的信誉。在选择货运物流时，要了解承运人的商业信誉，尽可能选择客户口碑好的承运人负责货物运输。选择和有信誉的承运人合作，可以较大程度地减小日后出现物流纠纷的概率，有益于网店的后续运营和发展。

7.2.1 中国邮政 EMS

EMS（Express Mail Service）是邮政特快专递服务，是万国邮政联盟管理下的国际邮件快递服务，在中国境内是由中国邮政集团有限公司（简称中国邮政）直属的中国邮政速递物流股份有限公司提供的一种快递服务。

1. 中国邮政 EMS 的背景

拥有 EMS 特快专递品牌的中国邮政速递物流股份有限公司（简称中国邮政 EMS）是经国务院批准，中国邮政集团有限公司作为主要发起人于 2010 年 6 月发起设立的国有股份制公司，是中国经营历史最悠久、网络覆盖范围最广的快递物流综合服务提供商。该公司在国内 31 个省（自治区、直辖市）设立分支机构，并拥有中国邮政航空有限责任公司、中邮物流有限责任公司等子公司。截至 2020 年底，公司注册资本 250 亿元人民币，员工近 16 万人，业务范围遍及全国 31 个省（自治区、直辖市）的所有市、县、乡（镇），通达全球 200 余个国家和地区，自营营业网点近 9000 个。

中国邮政 EMS 拥有高效发达的邮件处理中心。它在全国拥有几百个处理中心，其中北京、上海和广州的处理中心分别达到 30000 余平方米、20000 余平方米和 37000 余平方米，同时各处理中心配备了先进的自动分拣设备。亚洲地区规模最大、技术装备先进的中国邮政航空速递物流集散中心也在南京建成并投入使用。中国邮政 EMS 具备领先的信息处理能力，建立了以国内 300 多个城市为核心的信息处理平台，与万国邮政联盟查询系统连接，可实现 EMS 邮件的全球跟踪查询。它还建立了网站、短信、电话三位一体的实时信息查询系统。

2. 中国邮政 EMS 的业务范围

中国邮政 EMS 的业务分为快递服务和物流服务。

1）快递服务

快递服务分为国内业务、国际业务和增值服务。

（1）国内业务包括即日专递、国内特快专递、标准快递、电商标快、快递包裹、政务专递、商务专递、极速鲜、港澳台特快专递、港澳台 e 特快、港澳台包裹、香港 e 邮宝、港澳台小包。

（2）国际业务包括国际（地区）特快专递、中速快件、中速快运、e 邮宝、挂号小包、国际包裹、e 包裹、e 特快、平常小包、中邮商业专线。

（3）增值服务包括保价服务、集中整付、代收货款、国内收件人付费、返单服务、密码投递、一票多件、包装服务。

2）物流服务

物流服务包括仓储服务、运输配送、入厂与生产物流、销售与售后、物流金融、供应链咨询、信息化服务。

3. 中国邮政 EMS 的优势

1）普惠服务优势

中国邮政 EMS 依托中国邮政拥有数以万计的网点，其中绝大部分在农村，是实现了国内网点覆盖所有乡镇的快递企业，乡镇网点覆盖率和建制村通邮率均达 100%，是实现了乡乡设所、村村通邮的企业。中国邮政 EMS 满足了人民日益增长的美好生活快递需求，特别是为农村地区、边远地区、贫困地区、老年人等特殊群体提供了便捷、可靠、安全的快递服务，发挥了不可替代的社会功能和公益作用。

2）寄递物流优势

中国邮政 EMS 依托国际航空邮路、国际邮件互换局、商业口岸、保税中心、多趟次"一带一路"中国邮政号班列、海外仓，寄递覆盖全球 200 多个国家和地区的 100 多个口岸。中国邮政自主航空网络已经覆盖东京、首尔、曼谷、法兰克福、莫斯科、叶卡捷琳堡等口岸。中国邮政 EMS 依托中国邮政拥有陆航一体、运行高效、覆盖全国、通达全球的快递服务网络，现有货运飞机数十架，各类邮政汽车十余万辆，具备多种国际寄递产品的综合运营能力。

3）创新发展优势

中国邮政 EMS 积极适应市场变化，不断推进转型升级，加快建设智能化、信息化、网络化、平台化的现代邮政，打造了一批具有国际竞争力的创新成果。

7.2.2　快递公司

快递公司的英文为 Courier Service 或 Express Service。快递公司通过航空、公路、铁路等运输方式，利用自有交通工具和其他相关设备，或者与航空、公路、铁路等具体承运人合作，并利用特定的信息或软件系统，对国内外的快件进行揽收、录入、封装、分拨、转运、投递、查询、疑难件处理等一系列活动，以较快的速度在承诺的时效内将承运物品送达收件人手中。

1. 国内主要快递公司

1）顺丰速运

顺丰速运创建于 1993 年，总部设在深圳，是一家主要经营国内、国际快递及相关业务的服务型企业。经过多年的发展，顺丰速运已成为国内领先的快递物流综合服务商。

2）圆通速递

圆通速递创建于 2000 年，是国内大型民营快递品牌企业，致力于成为“引领行业发展的公司”，以“创民族品牌”为己任，以实现“圆通速递——中国人的快递”为奋斗目标。

3）申通快递

申通快递创建于 1993 年，是国内较早经营快递业务的品牌之一。经过多年的发展，申通快递在全国范围内形成了完善、流畅的自营速递网络，基本覆盖全国地市级以上城市和发达地区县级以上城市，尤其在江浙沪地区，基本实现了派送无盲区。

4）韵达速递

韵达速递创建于 1999 年，是集快递、物流、电子商务配送和仓储服务为一体的全国网络型品牌快递企业。

5）中通快递

中通快递创建于 2002 年，是一家集快递、物流及其他业务于一体的大型集团公司。

2. 国际主要快递公司

1）UPS

UPS（United Parcel Service, Inc.，美国联合包裹运送服务公司）成立于 1907 年，总部设于美国佐治亚州亚特兰大市，是一家全球性的公司，其商标是世界上的知名商标之一。UPS 是全球领先的物流企业，提供包裹和货物运输、国际贸易便利化、先进技术部署等多种旨在提高全球业务管理效率的解决方案。UPS 的最大优势就是配送速度，时效性有保证。

2）FedEx

FedEx（联邦快递）是一家国际性速递集团，提供隔夜快递、地面快递、重型货物运送、文件复印及物流服务，总部设于美国田纳西州孟菲斯市，隶属于美国联邦快递集团（FedEx Corp）。FedEx 配送大货有优势，时效快，价格比较优惠，运费还可以到付。

3）DHL

DHL（中文名为敦豪）是全球著名的邮递和物流集团 Deutsche Post DHL 旗下公司，主要包括以下几个业务部门：DHL Express、DHL Global Forwarding、DHL Supply Chain 和 DHL eCommerce Solution。

DHL 是全球快递、洲际运输和航空货运的领导者，也是全球第一的海运和合同物流提供商。DHL 为客户提供从文件到供应链管理的全系列的物流解决方案。

DHL 的小件配送在价格上、时效上都有优势；相对而言，发大件货时价格较高，缺乏价格优势。

3. 快递公司的优劣势对比

快递公司的优势有管理制度比较完善、网点较为密集、多班派送更加准点、相对安全、快递丢失极少、服务较灵活、速度快、提供独立的免费包装袋等。

快递公司的劣势有价格偏高、运送物品体积受限、与中国邮政 EMS 相比网点不够全面、部分乡村不能送达、员工流动性大且素质参差不齐等。

国内主要快递公司与中国邮政 EMS 优劣势对比如表 7-1 所示。网店运营者在选择国内快递合作商（物流服务商）时，可以视实际情况选择合作。

表 7-1 国内主要快递公司与中国邮政 EMS 优劣势对比

公司名称	优势	劣势
顺丰速运	服务好，态度好 采用全国统一服务电话，监督机制好 快递速度有保证 因为不是加盟形式的，而是由总部统一管理的企业，所以各地的服务水准都保持基本统一	很多稍微偏远的地方还没有网点 虽然提供打包服务，但材料需要额外收费 运费比其他公司高
三通一达 （圆通速递、中通快递、申通快递、韵达速递）	运费相对低廉 服务较为快速、安全、准确、周到 加盟网点采用统一的客户服务规范，确保客户服务质量 各网点采用计算机系统，所有信息在一个系统中完成扫描、上传和查询 应需而变，提供个性化服务	时效性不够稳定 有部分地区不可送达 偶尔有丢件等情况 员工素质因人而异
中国邮政 EMS	目前中国配送范围最广的企业，能到乡镇 网络强大，服务网点众多 EMS 限时速递业务速度相当快 货物安全性较高 法定节假日均保持营业，全年无休	定价灵活性不足，在与民营快递价格竞争方面竞争力不强 运费比普通民营快递稍高 部分员工服务意识偶有不足

7.2.3 物流托运

物流托运简称托运，是物流的一种形式，指托运人委托具有托运资质的公司将货物运输到指定地点，交给指定收货人的服务。

1. 物流托运的分类及优缺点

根据托运方式的不同，物流托运可分为空运托运、陆路托运、铁路托运、水路托运等。

1）空运托运

空运托运就是常说的空运，是使用飞机进行物流运输的一种方式。空运托运的优点是速度快、不受地形的限制，在火车、汽车都达不到的地区可依靠空运托运；缺点是价格相对较高。

2）陆路托运

陆路托运主要是利用汽车进行物流运输的方式。陆路托运较灵活方便，可以直接将货物送到目的地，适合短距离、小批量运输。陆路托运的优点是灵活性强、公路建设期相对短、投资较低、易于因地制宜、对设施要求不高；缺点是运输成本比铁路托运和水路托运高、运输单位小、交通事故及公害问题多、运行持续性较差、运输能耗很高、劳动生产率相对低。

3）铁路托运

铁路托运主要承担长距离、大批量的物流运输。在没有水路托运条件的地区，几乎所有的大批量货物都依靠铁路托运。铁路托运是在干线物流运输中起主力作用的物流运输方式。铁路托运的优点是速度较快、物流运输不大受自然条件限制、载运量大、物流运输成本较低；缺点是灵活性较差、只能在固定线路上实现物流运输、需要与其他物流运输方式配合和衔接。

4）水路托运

水路托运也主要承担长距离、大批量的物流运输，是在干线物流运输中起主力作用的物流运输方式。水路托运的优点是能进行低成本、大批量、长距离的物流运输；缺点是物流运输速度慢，受港口、水位、季节、气候影响较大，因而一年里中断物流运输的时间较长。

2. 物流托运与快递的区别

物流托运是针对体积、质量相对较大的货物的运输，一般不提供免费的上门提货服务，货物到达目的地后一般是到货运站，需要收货人自己提货，如果需要延伸服务，则会额外收费，时效性与快递相比较差。

快递则是兼有邮递功能的门对门物流活动，即快递公司通过火车、汽车和飞机等交通工具，对客户货物进行快速投递。除了较快送达目的地及必须签收，很多快递公司均提供快件追踪功能、送达时间的承诺及其他按客户需要提供的服务。快递货物的体积受限，较大的货物无法享受快递服务。

7.3 物流的设置

随着全球经济环境的变化，消费者的需求变得更加多样化、个性化。这就需要运营者集中更多的资源用于自己的核心业务，提供满足消费者需求的商品和服务，同时将其他业务转包给专业企业，其他企业也专注于自己的核心竞争力。在这种需求的推动下，物流企业近年来发展迅猛。随着市场需求的变化和物流企业的发展，物流作为交易过程中至关重要的一个环节，成为网店运营者重点考量的战略问题。

7.3.1 物流服务商设置

以淘宝 PC 端为例，物流服务商设置的具体操作步骤如下。

（1）登录淘宝账号后进入淘宝网首页，如图 7-8 所示，单击右上角的“千牛卖家中心”登录卖家中心。

图 7-8　单击“千牛卖家中心”登录卖家中心

（2）单击“交易”→“物流管理”→“物流工具”，可以看到右侧出现“服务商设置”图标，如图 7-9 所示。

图 7-9　“服务商设置”图标

（3）单击“服务商设置”图标，进入申请服务商页面，如图 7-10 所示，选择要开通的服务商，按要求填写开通服务商信息，如图 7-11 所示。

图 7-10　申请服务商页面

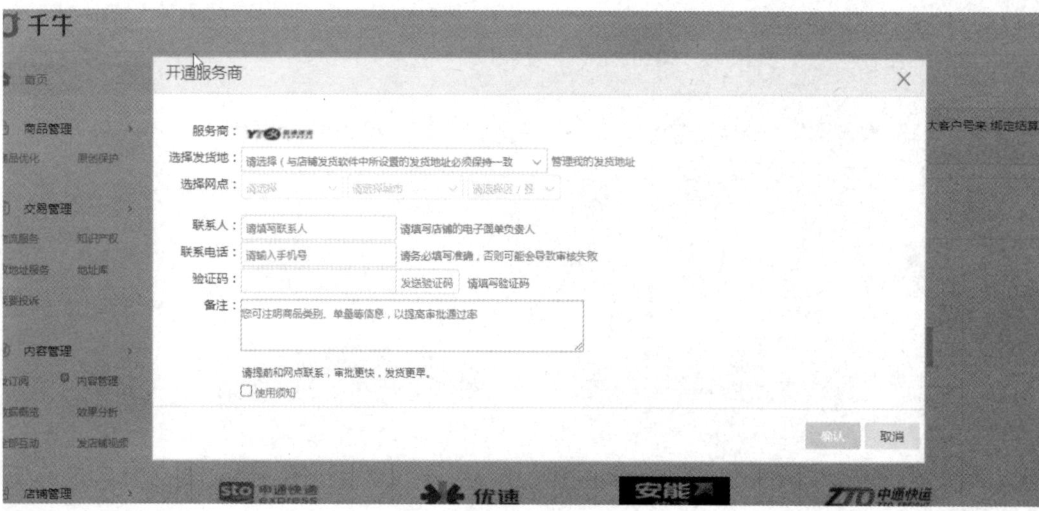

图 7-11　填写开通服务商信息

7.3.2　运费模板设置

运费模板设置的具体操作步骤如下。

（1）登录卖家中心，单击“交易”→“物流管理”→“物流工具”，在右侧出现“运费模板设置”图标，如图 7-12 所示。

（2）单击“运费模板设置”图标，在弹出的“新增运费模板”页面中设置“模板名称”“发货地”“是否包邮”“计价方式”“运送方式”等，如图 7-13 所示。

在设置“模板名称”时，可以根据不同地区设置不同的模板名称，用于区分不同的运费模板。

“发货地”是指商品的所在地。

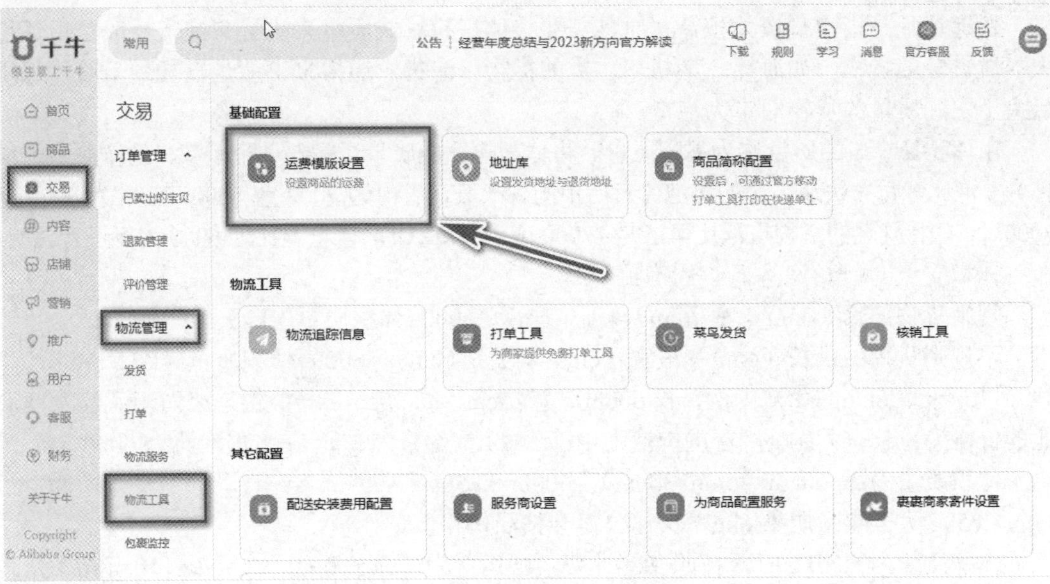

图 7-12 “运费模板设置”图标

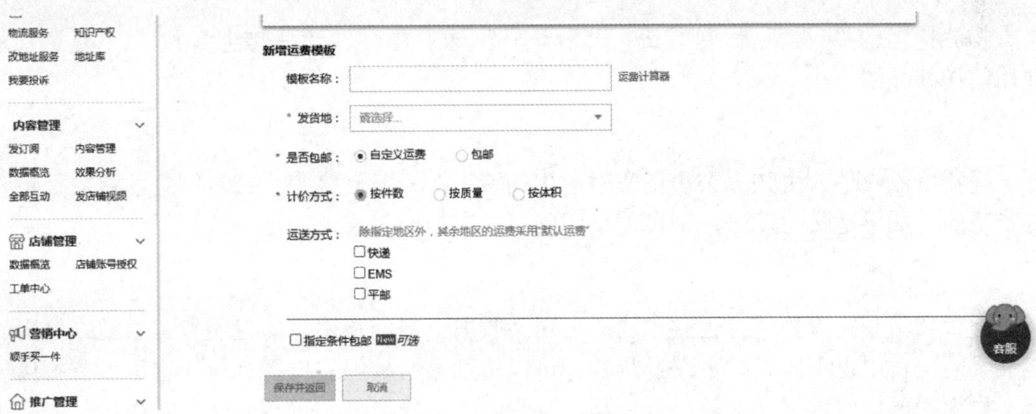

图 7-13 “新增运费模板”页面

“是否包邮”是指商品是否由卖家承担运费。

“计价方式”有多种。商品运费的计算方式分为按件数、按质量、按体积。如果商品运费按质量或按体积进行计算，则需要在商品的发布页面中将运费模板属性中的质量或体积信息填写完整。

7.3.3　物流运费核算

1．快递运费核算

按照货物实际质量计费时，快递运费的计算公式为：快递运费=（总质量−首重）×续重价格+首重价格。例如，一个准备从湖北寄到杭州的快递重 5kg，首重为 1kg，首重价格为 8 元，续重价格为 3 元/kg。这个快递的运费按照公式计算为（5kg−1kg）×3 元/kg+8 元=20 元。因此，这个湖北寄到杭州的快递运费是 20 元。

快递计泡是指泡货按体积计费时，需要将体积换算成质量来进行。泡货一般是指体积大而质量轻的货物，如海绵、塑料箱之类的货物。泡货，通俗来讲就是轻货。一般体积质量大于实际质量的货物即定为泡货。

由体积换算成的质量称为体积质量。将体积换算成质量还需要一个系数，这个系数一般称为重泡比，每家快递公司的重泡比有所不同。一般，省内为7000或8000，省外为6000或7000。一些特别轻的货物重泡比可能是12000或15000。下面以重泡比为6000为例进行说明。

体积质量=（长×宽×高）÷重泡比

规则货物：长（cm）×宽（cm）×高（cm）÷6000=体积质量（kg）

不规则货物：最长（cm）×最宽（cm）×最高（cm）÷6000=体积质量（kg）

以一床重6kg的冬被为例，长60cm，宽25cm，高35cm，一般快递公司由武汉发往河北的价格为：首重为1kg，首重价格为10元，续重价格为3元/kg，重泡比为6000。

体积质量为：（60cm×25cm×35cm）÷6000=8.75kg

8.75kg大于实际质量6kg，快递公司会按照体积质量计费。

体积质量为8.75kg时，按照9kg计费，则运费为（9kg−1kg）×3元/kg+10元=34元。

2. 物流托运运费核算

物流托运运费=提货费+包装费+干线运输费+送货费+保价费+其他费用，以下是这几项费用的详细介绍。

1）提货费

提货费是收件人去物流公司提货时产生的费用。一般大宗货物或者固定的客户是免收提货费的。如果是临时发送，则可能按照网点到客户的距离增加提货费。

2）包装费

当货物需要物流公司打包时，物流公司会收取一定的费用，即包装费。通常，使用的包装不同，费用也不同。对于普通货物，可以用纸箱、编织袋自行打包，这可以节省包装费。如果需要使用木架、木箱进行包装，则最好交给物流公司进行包装。此类包装费用相对较高，但是包装较结实，对货物能起到较好的保护作用。一般情况下，家电、家具和其他易损类货物最好使用木架包装，以保证货物安全。

3）干线运输费（也称主运费）

干线运输费是从始发城市到目的城市网点的费用，到达不同的城市有不同的收费标准。这个费用一般按照以下几种方法计算。

（1）按照质量计费：指按照寄送货物的毛重来计算运输费用，前提是货物的体积在规定范围内。

（2）按照体积计费：指按照寄送货物的体积来计算运输费用，前提是货物的质量在规定范围内。

（3）按照选择计费：指对于货物的质量和体积都难以辨别的，从以上两种方法中选择一种合适的计费方法。

（4）综合质量和体积计费：指分别按照货物的毛重和体积计算运输费用，选择其中运输费用最高的。

（5）按照件数计费：指按照寄送货物的实际件数来计算运输费用，这种计费方法一般适用于比较贵重的货物。

（6）按照议定计费：指按照托运人和承运人事先议定的价格来计算运输费用，如运输大型机械设备等。

4）送货费

货物到达目的城市的网点之后，物流公司会有固定的配送范围，如果收货地点在这个范围之内，物流公司是可以免收送货费的，如果超出这个范围，物流公司就会收取一定的送货费。

5）保价费

一般，物流公司收取保价金额的 1%～5%作为保价费。在实际运作过程中，大多数物流公司对于保价费有一定的议价空间。

6）其他费用

其他费用包括信息服务费、燃油附加费、其他增值服务费等。

例如，一件配件重 60kg，长 90cm，宽 80cm，高 70cm，要由北京托运到广州，A 物流公司的托运主运费报价：2.64 元/kg、554 元/m^3。托运主运费计算如下。

按照质量计算的主运费=质量×单价，即 60kg×2.64 元/kg≈158 元。

按照体积计算的主运费=体积×单价，即 0.9m×0.8m×0.7m×554 元/m^3≈279 元。

取大计费，279 元大于 158 元，故主运费为 279 元。

物流公司可能还会收取保价费、信息服务费和燃油附加费，其他增值服务费等也会根据需要产生，如果需要送货，则会产生送货费等。

为了方便计算运费，淘宝卖家中心还提供了便捷的运费计算功能。在“新增运费模板”页面（见图 7-13）的“模板名称”文本框后即可见“运费计算器”入口，单击后可进入如图 7-14 所示的运费计算页面，输入相应信息后，系统会自动计算该商品所需运费。如果该商品体积较大或者质量大于 5kg，则系统还会在计算结果前面显示大件物流的报价。

图 7-14　运费计算页面

本章小结

包装在物流系统中具有十分重要的作用。包装是生产的终点，同时又是物流的起点。包装在很大程度上影响着物流系统的运行状况。对商品按一定数量、形状、质量、尺寸大小配套进行包装，并且按商品的性质采用适当的材料和容器，不仅制约着装卸搬运、堆码存放、计量清点是否方便高效，而且关系着运输工具和仓库的利用效率。网店运营的重要环节之一就是包装与物流的选择。电子商务的发展带动了商品包装与物流的发展，加速了物流网络的形成，而包装与物流的快速发展，则提高了网店运营工作的效率。

复习思考题

（1）按照材料划分，常见的包装有哪些种类？

（2）根据托运方式的不同，有哪些物流托运？

（3）什么是泡货？

技能训练

实训目的

（1）熟悉常见的包装。

（2）熟悉物流运费常用的计算方法，能够独立完成商品运费的核算。

（3）了解易碎品包装设计的相关知识及方法，能用普通快递包装材料、胶带等物品设计制作易碎品的包装。

（4）树立踏实严谨的职业风格，强化团队精神。

实训组织

学生以 4～6 人为一组，每组设组长一名；以小组为单位进行任务准备、任务实施、任务评价。

实训背景

小 A 准备在淘宝网店出售鸡蛋和苹果，现在需要给这两种商品设计运输包装，以保障它们在运输途中的安全；还需要核算运费并选择适合的物流服务商提供配送服务。

实训要求

（1）每个小组课前准备好两个熟鸡蛋、两个苹果、不同材质的快递旧包装若干、胶带、卷尺等，教师准备电子秤一台。

（2）以小组为单位，为两个熟鸡蛋和两个苹果选择包装材料并分别进行包装。

（3）测量包装完成后的包裹尺寸、质量，在淘宝卖家中心的运费计算页面输入数据，核算不同物流服务商收取的运费。

（4）为小 A 网店选择最适合的物流服务商，并将选择该物流服务商的理由形成书面作业，以小组为单位上交教师。

实训评价

本任务的完成评价可从商品的包装、运费的核算、物流服务商的选择 3 个方面的完成情况进行，如表 7-2 所示。

表 7-2　任务完成评价表

任务完成评价内容	评价得分（100 分制）		
	学生自评（20%）	小组互评（40%）	教师评价（40%）
商品的包装			
运费的核算			
物流服务商的选择			

本任务的能力评价可从自我管理能力、合作交流能力、分析解决问题能力、创新能力 4 个方面进行，如表 7-3 所示。

表 7-3　任务能力评价表

任务能力评价内容	评 价 指 标	自测结果（在对应□中打 √）
自我管理能力	1. 对分配的任务有责任心 2. 能进行时间管理 3. 能灵活运用所学知识	□合格 □基本合格 □不合格
合作交流能力	1. 尊重他人的观点 2. 与其他人有效沟通 3. 能获取信息并给予反馈	□合格 □基本合格 □不合格
分析解决问题能力	1. 能有效使用信息资源 2. 能客观分析事物 3. 能发现并解决常规问题	□合格 □基本合格 □不合格
创新能力	1. 能提出创新且有价值的观点 2. 能不局限于单一思维方式 3. 能制订创新方案并实施	□合格 □基本合格 □不合格

第 8 章

网店运营数据分析

思政案例导入

数据分析助力店铺运营

小 C 在一家主营女装的店铺从事运营工作。最近店铺主推几款新款针织连衣裙，上架后店铺的自然流量却出现了下滑。小 C 所在的运营部给这些新款用了淘宝直通车推广，但是推广效果依然不理想。从销售额来看，店铺每天的销售额在 4000 元左右徘徊，连续数日没有新的突破。

根据公式销售额=流量×转化率×客单价，小 C 首先对店铺的流量情况进行了数据分析。从流量数据来看，整体的支付转化率偏低。由于店铺的整体流量最终是通过每款商品的流量组成的，所以看完店铺整体的数据，小 C 开始对新款商品数据进行分析。通过对商品 7 天的数据进行分析发现，新款商品主要的流量来自搜索，基本没有付费推广的流量，搜索流量基本上每天为 400 次左右，搜索流量不是很高，而且主要的流量来源于毛衣裙相关的关键词流量。店铺目前的主打商品新款针织连衣裙本应可以通过“连衣裙”“针织连衣裙”“过膝长款连衣裙”等关键词搜索到，而这些关键词却没有成为店铺流量关键词。通过查验，小 C 发现负责上架的人员把这些商品放在了毛衣类目下。小 C 又验证了关键词类目匹配问题。通过女装—连衣裙行业大盘数据对比发现，流量比较大的几个核心关键词都在连衣裙类目下。小 C 接着通过数据验证了商品类目问题。从数据可以看到，新款商品搜索流量受限的主要原因之一就是类目选择错误。接着小 C 又进行了直通车推广数据分析。通过数据分析发现，店铺在创意方面测试比较多，女装点击率还算可以；但是在关键词的选择上不太精准，并且用的是广泛匹配；在人群的选择上也是杂乱无章的，没有根据店铺的购买人群数据进行精准化测试，基本上是全地域投放，导致很多不必要的花费。

经过细致分析，小 C 就店铺数据目前暴露出的问题给出了以下建议。

在商品发布方面，店铺新款商品类目发布错误，建议以后在发布商品时，先分析商品的核心关键词是哪些，然后分析发布到哪个类目比较合适，毕竟通过商品类目带来的自然流量对店铺来说是非常重要的。但是，对当前新款商品不建议直接修改类目，因为会有一定的风险。

在直通车推广方面，针对新款商品针织连衣裙，前期建议围绕核心关键词来进行推广，如围绕毛衣裙、针织连衣裙等核心关键词及其拓展关键词进行推广，并且根据数据反馈考虑是否用精准匹配，整个推广策略用低出价、高溢价。在人群溢价过程中，结合生意参谋的访客分析，对人群进行精准组合。对于不确定是否属于溢价的人群可以进行测试，一旦测试数据不理想可以及时调低出价或放弃选择这部分人群。在地域选择的过程中，建议前期根据大盘提示选择在主要成交区投放商品，后期再根据数据反馈针对相关指标进行优化。例如，可以根据直通车报表，选择放弃零产出的地域。

进行上述调整后，新款针织连衣裙的流量及销售情况有了明显的改善，小 C 也因为出色的表现得到了运营部的嘉奖。

【思考】

数据分析对网店运营有什么意义？

【案例解析】

数据分析是一门严谨的科学，它通过适当的统计方法对收集来的大量数据进行分析，以求最大化地开发数据的功能，发挥数据的作用。通过运用科学的思维，可以把隐没在看似杂乱无章的网店数据中的有用信息集中、萃取和提炼出来，发现网店运营过程中存在的问题。数据分析有助于网店运营者做出判断，以便采取适当的行动优化网店运营策略。

本章学习目标

（1）了解数据分析的重要指标和重要工具。

（2）掌握网店数据分析方法。

（3）能够通过生意参谋进行基本的网店数据分析。

本章思政目标

（1）通过数据收集，培养学生认真严谨、耐心细致的职业精神。

（2）通过对网店数据的分析，培养学生的科学思维。

8.1 数据分析的重要指标和重要工具

8.1.1 数据分析的重要指标

网店运营中用于数据分析的重要指标主要有如下 4 类。

1. 流量指标

浏览量（PV）：指一段时间内买家访问网店页面的次数总和。浏览量是可以累计的，买家每访问一个页面就计一次浏览量，同一个页面刷新一次也计一次浏览量。

访客数（UV）：指一段时间内访问网店的买家人数。一段时间内重复访问的买家只能算一个访客数。

访问量（VV）：指一段时间内访问某款商品页面的买家人数。

实时在线人数：指 15 分钟内在线访客数。

平均在线时间：指一段时间内平均每个买家访问页面停留的时间。

日均流量：指一段时间内平均每天的访客数。

跳失率：指一段时间内只浏览了一个页面就离开的买家人数在访问网店的买家人数中所占的百分比。

2. 转化指标

会员转化率：指一段时间内注册成为网店会员的人数在访问网店的买家人数中所占的百分比。

客服咨询转化率：指一段时间内通过向客服咨询最终下单的买家人数在进行客服咨询的买家人数中所占的百分比。

收藏转化率：指一段时间内网店商品被收藏的次数在该商品的访问量中所占的百分比。

加购转化率：指一段时间内网店商品被添加到购物车中的次数在该商品的访问量中所占的百分比。

成交转化率：指成交的买家人数在访问网店的买家人数中所占的百分比。

渠道转化率：指从某渠道来的成交买家人数在该渠道来的买家人数中所占的百分比。

3. 会员指标

活跃会员数：指一段时间内有消费或者登录行为的会员人数，时间周期一般有 30 天、60 天、90 天等。

活跃会员比例：指一段时间内有消费或者登录行为的会员人数在会员总数中所占的比例。

会员复购率：指一段时间内有两次消费或者两次以上消费的会员人数在会员总数中所占的百分比。

会员平均购买次数：指一段时间内网店下单的会员的人均订单数量。

会员回购率：指在上一个统计时间段内有消费且在下一个统计时间段内也有消费的会员人数在上一个统计时间段内有消费的会员人数中所占的百分比。

会员留存率：指一段时间后有消费的会员人数在会员总数中所占的百分比。

会员流失率：指一段时间后没有消费的会员人数在会员总数中所占的百分比。

4. 财务指标

新客成本：指新增买家的人均获客成本。

单客成本：指访问网店的买家的人均营销成本。

单笔订单成本：指营销成本除以总订单数后得出的单笔订单的营销成本。

费销比：指营销成本除以订单金额得到的百分比。

8.1.2 数据分析的重要工具

数据分析工具的种类比较多，场景不同使用的工具也有所不同，一款好的数据分析工具可以提高网店运营的效率。数据分析方法是理论，而数据分析工具就是实现理论的利器。网店运营的数据分析离不开数据分析工具。下面要介绍的重要工具为生意参谋。作为阿里巴巴商家端统一数据产品平台，生意参谋集数据作战室、市场行情、装修分析、来源分析、竞争情报等数据产品于一体，是大数据时代赋能商家的利器。

1. 生意参谋首页

图 8-1 所示为生意参谋首页。生意参谋可以帮助网店运营者获取今日和昨日的网店数据，如访客数、浏览量、支付买家数和支付子订单数等。在右上角的“店铺概况”中可以看到近 30 天支付金额排行及所处层级，还能在此处配置本月销售目标。图 8-2 所示为“目标配置”页面，可以通过单击右上角的“新增目标”按钮，完成每个月的业绩目标配置、

流量目标配置、推广预算配置和客服销售目标配置。目标设置完毕，返回首页，可以在右上角看到当前各目标的完成进度。

图 8-1　生意参谋首页

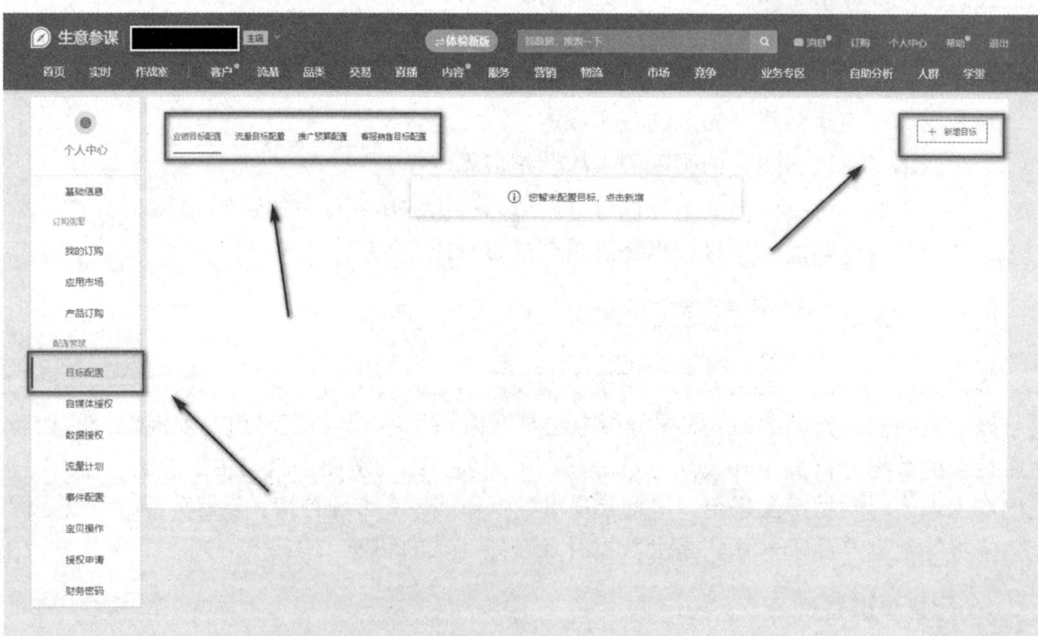

图 8-2　“目标配置”页面

2. 实时模块

如图 8-3 所示，在实时模块中，通过页面左侧的导航栏可以依次查看到网店的“实时概况”“店铺人气”“实时来源”“实时榜单”“实时访客”等数据，且通过单击页面右上角的“刷新”按钮，还可以实时更新这些数据。实时模块还支持实时趋势显示，将今日数据与任选一日数据进行对比。导航栏中的“实时催付宝”支持网店运营者联系下单且未支付买家，助力提高成交转化率。

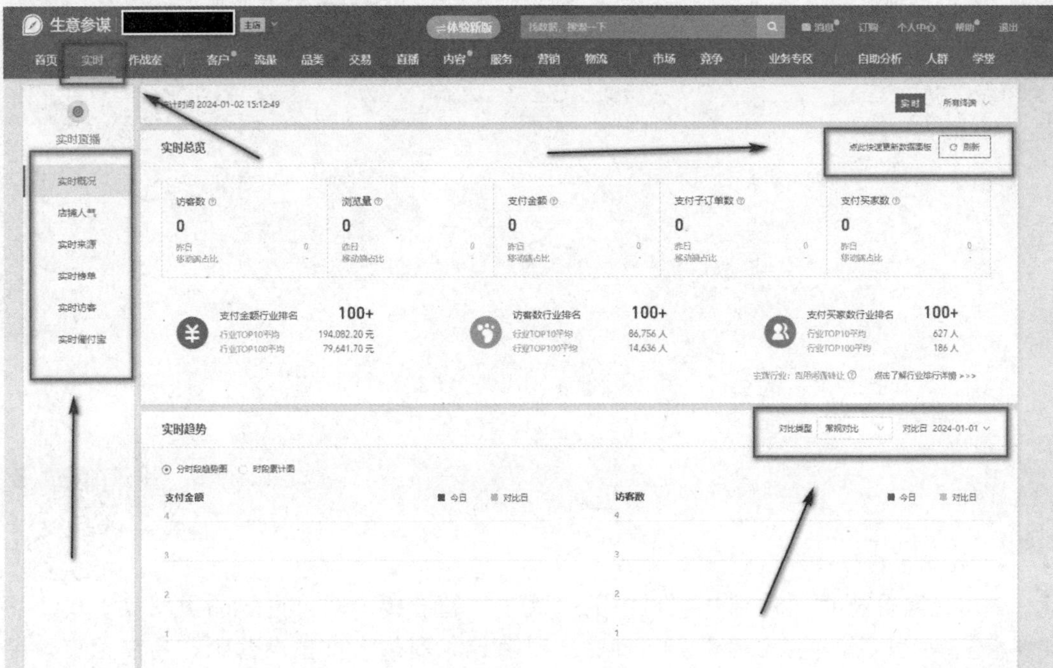

图 8-3　实时模块

3. 经营分析模块

生意参谋的经营分析模块旨在提供客户、流量、品类、交易、直播、内容、服务、营销、物流等全方位的店铺数据。图 8-4 所示为经营分析页面，页面顶部导航栏中的超链接对应相应的板块。进入其中一个板块后，从该板块左侧的导航栏中可以根据需要选择要查看的相关数据。

1）客户板块

单击经营分析页面顶部导航栏中的“客户”超链接，即可进入客户板块。客户板块旨在帮助网店运营者直观地了解网店客户概况，并提供客户旅程分析、粉丝分析、会员分析、关注分析及人群管理等功能。

2）流量纵横板块

单击经营分析页面顶部导航栏中的“流量”超链接，即可进入流量纵横板块。流量纵横板块旨在解决网店生意背后流量的数据化运营问题，并为网店运营者提供一站式全媒介、全链路、多维度的流量数据分析平台。专业版在标准版的基础上新增人群特征洞察和淘外媒介效果监控，并整合装修分析，结合渠道消费者画像，帮助网店运营者多维度分析渠道效果，建立以消费者为驱动的流量运营体系。

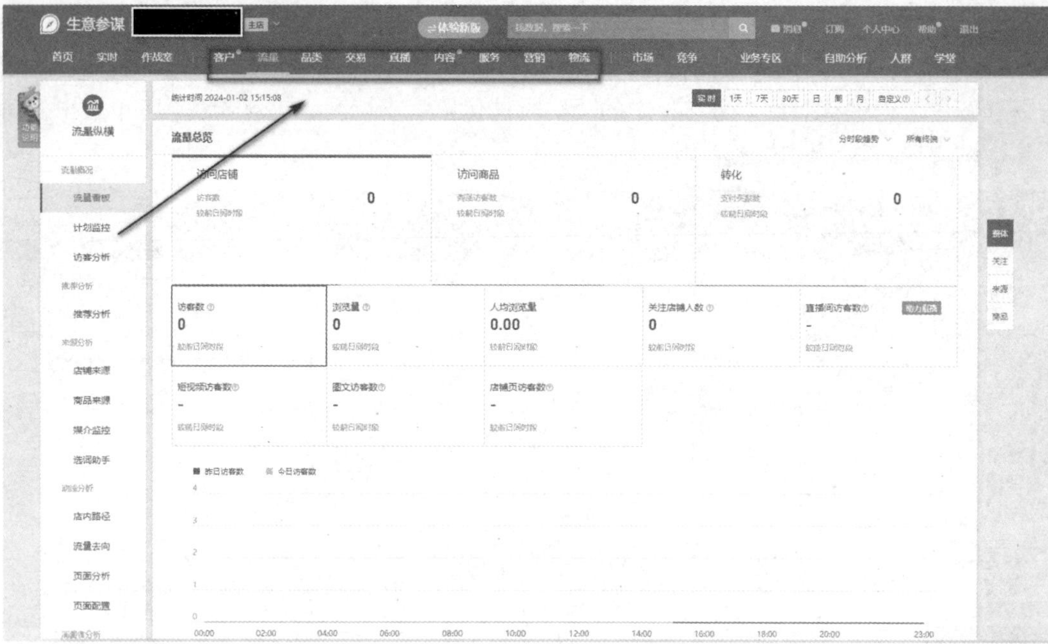

图 8-4　经营分析页面

3）品类罗盘板块

单击经营分析页面顶部导航栏中的“品类”超链接，即可进入品类罗盘板块。品类罗盘板块为网店运营者提供全店商品实时监控、商品人群精准营销、新品上市效果追踪、异常商品问题诊断等丰富的商品运营场景服务，重要功能包括 360 度宝贝和品类分析、标题异常诊断优化、竞品实时监控对比、连带营销推荐、新品专题分析，可帮助网店运营者制订商品和品类的精细化运营策略，助力商品有效管理，全方位提升网店整体成交转化率。

4）交易分析板块

单击经营分析页面顶部导航栏中的“交易”超链接，即可进入交易分析板块。交易分析板块包括交易概况、交易构成和交易明细三大功能，其作用是详细地展示网店交易情况，以便网店运营者及时发现网店交易问题，并为网店提供资金回流行动点。

5）直播板块

单击经营分析页面顶部导航栏中的“直播”超链接，即可进入直播板块。直播板块主要为进行直播带货的网店提供店播及合作直播间的直播概况、直播间业绩、本店商品成交情况和货品分析 4 个方面的数据。同时，该板块还有直播智能诊断、同行同层排名等功能，帮助网店运营者全方位地掌控直播数据。

6）内容分析板块

单击经营分析页面顶部导航栏中的“内容”超链接，即可进入内容分析板块。内容分析板块分为内容供给、内容专区、商业内容和粉丝沉淀 4 个部分，提供内容整体概况、内容单条效果、内容营销及行业榜单等数据，帮助网店运营者了解什么内容、什么渠道可以有效增加网店流量并刺激买家购买，从而帮助网店打造有效的商品布局。

知识链接

内容营销

内容营销是指通过不同的形式来宣传网店的商品，常用的内容营销方式有直播、短视频、图文等。

7）服务洞察板块

单击经营分析页面顶部导航栏中的“服务”超链接，即可进入服务洞察板块。服务洞察板块主要提供新客定向邀约试用，提供零售电商客服团队工作的轻量级和全链路工具（重点面向店长、客服主管、运营主管等角色），提供数据监测分析、客服管理协同、客服辅助支持 3 个方面的服务，帮助网店运营者提升客服管理与执行能力，全方位优化服务体验。

8）营销分析板块

单击经营分析页面顶部导航栏中的“营销”超链接，即可进入营销分析板块。营销分析板块主要包括营销推广、营销玩法和营销工具三大功能，旨在帮助网店运营者进行精准的营销推广，提高网店销量。

9）物流分析板块

单击经营分析页面顶部导航栏中的“物流”超链接，即可进入物流分析板块。物流分析板块通过对物流链路的全方位洞察分析，并结合网店物流数据的典型应用场景，沉淀了物流实时监控、异常预警、时效分析、体验诊断等多个方面的数据服务，提供场景化、定制化的数据解决方案。该板块可以帮助网店降低负向风险，提升时效体验质量，让物流数据化运营更高效地落地。

4. 市场模块与竞争模块

生意参谋的市场模块与竞争模块的主要作用是查看当前市场行情及竞争对手的相关数据。网店运营者可以根据需要选择是否订购这些模块或者这些模块中的部分功能。在市场模块中可以进行市场监控、供给洞察、需求洞察、客情洞察、机会洞察等。在竞争模块中可以查看竞争店铺、竞争商品、竞争品牌、竞争动态等相关数据，还可以进行竞争配置。

5. 自助分析模块

自助分析模块为自定义的数据分析系统，网店运营者可以从这个模块获取长达 6 个月的网店历史数据，包括店铺经营、店铺流量结构、店铺类目结构、店铺服务质量和店铺物流效率等关键数据。同时，该模块还可以提供多种可视化图表及场景化模板，支持自定义数据分析与多模块指标融合。自助分析模块帮助网店运营者解决运营数据需要频繁下载、自定义分析无从下手等问题，提高网店运营的效率。

6. 人群模块

人群模块是生意参谋联合数据银行推出的消费者运营工具，可围绕店铺、单品、大促、内容、服务等维度，一键圈选潜力人群，并通过钻展广告、短信、优惠券、店铺千人千面等渠道对其进行精准运营与洞察追踪。人群模块的核心功能如下。

1）潜力人群一键圈选

爆款潜力人群、询单流失人群、大促敏感人群、内容种草人群、渠道高潜人群等众多维度潜力人群，均可实现一键圈选。

2）目标人群全场景触达

目标人群全场景触达支持选择的目标人群同时应用至多个触达通道，包括但不限于钻展广告、短信、优惠券、店铺千人千面，帮助网店全方位覆盖目标人群，加速销售转化。

3）人群画像深度描绘

深度洞察目标人群画像与行为偏好，帮助网店针对不同人群制订差异化的运营策略，千人千面，有的放矢更省力。

4）人群应用效果回流沉淀

人群应用效果回流沉淀支持追踪指定人群应用后最长 30 天的转化效果，帮助网店复盘不同人群运营策略，挖掘更有效的运营方案。

7. 学堂模块

瓴羊学堂即阿里巴巴数据学院，于 2015 年 3 月成立，是生意参谋团队致力培养网店运营者数据化运营能力的学习互动平台。瓴羊学堂针对不同层级的网店运营者研发了对应的培训课程，通过线上图文、直播、点播课程赋能的同时，也通过合作机构组织线下沙龙、公开课讲解数据产品和网店运营者应用场景，助力网店运营者快速了解生意参谋产品功能，理解数据意义，提升数据化运营能力。瓴羊学堂提供的部分课程如图 8-5 所示。

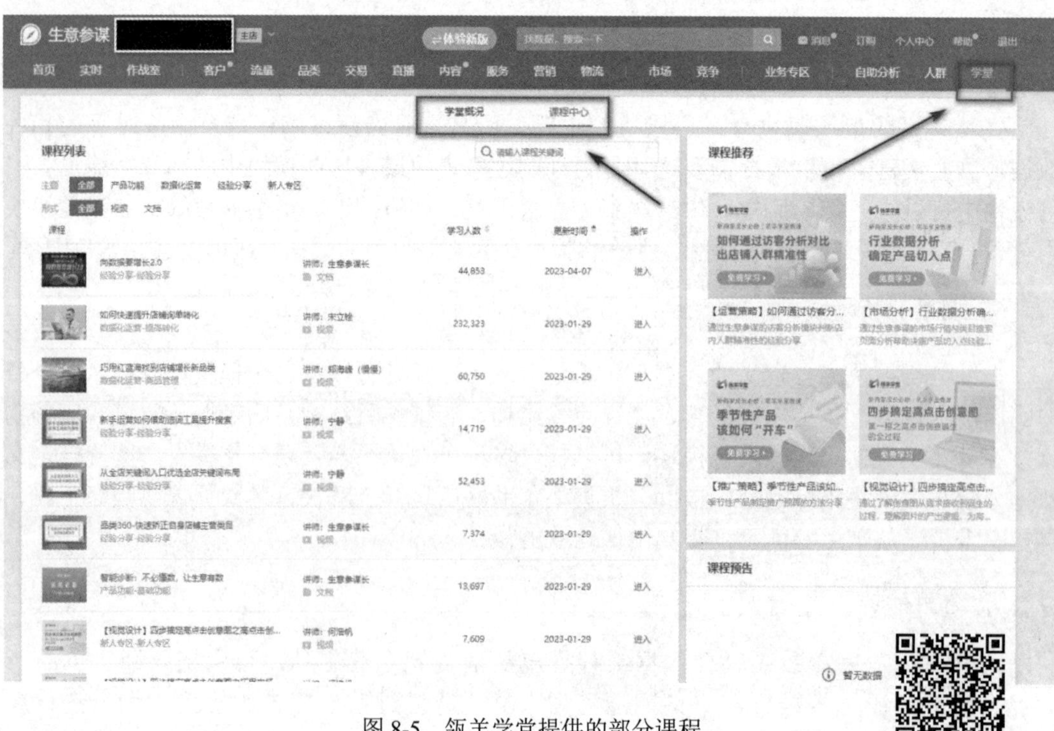

图 8-5　瓴羊学堂提供的部分课程

8.2 网店数据分析

数据分析对于网店运营的影响是非常直接的，当前网店运营方案的制订和调整都离不开网店的数据表现。如果说运营是一种“战略”，那么数据分析就是具体的“战术”。通过对网店数据的收集、整理和分析，运营者可以对网店各部门的工作效果进行评估，精准地定位运营中存在的问题并提出解决方案。

8.2.1 网店数据构成

每个网店背后都有一个巨大的数据库，其中包含各种各样的数据。传统零售的数据分析侧重于对商品的分析，而网店的数据分析则侧重于对买家和流量的分析。根据网店运营流程的各个环节，可以把网店数据划分为如下 6 类。

1. 交易数据

订单笔数：指统计时间内，买家成功提交订单的笔数。

下单人数：指统计时间内，成功提交订单的买家人数。

下单金额：指统计时间内，买家成功提交订单的总金额。

付款金额：指统计时间内，买家成功下单并完成付款的总金额。

复购人数：指不少于 2 次在网店购买商品的买家人数。

订单状态分布：指不同的订单状态的分布情况（如待支付 50 单、待发货 60 单、已发货 40 单等）。

订单金额分布：指订单金额在多个区间范围内的分布情况（如订单金额为 300～500 元的有 500 单，订单金额为 500～1000 元的有 200 单等）。

订单渠道分布：指不同渠道来源的订单的分布情况。

订单地域分布：指订单的收货地址区域的分布情况。

订单转化率：指买家付款的订单数在订单笔数中所占的百分比。

复购率：指复购人数在下单人数中所占的百分比。

支付率：指付款的买家人数在下单人数中所占的百分比。

支付方式：指买家在网店下单支付的方式（如支付宝支付、微信支付等）。

支付币种类型：指买家在网店消费支付的币种类型（如现金、积分、消费券等）。

2. 商品数据

SKU 是 Stock Keeping Unit 的缩写，意思是库存量单位。SKU 是一种表示库存进出计量的单位，是分配给商品的唯一的数字或字母数字代码。SKU 可以件、盒、个、托盘等为单位。SKU 是用来定价和管理库存的，如一款商品有多色，则有多个 SKU，这样便于识别商品，避免混淆与发错货。

SPU 是 Standard Product Unit 的缩写，意思是标准化产品单位。SPU 是商品信息聚合的最小单位，是一组可复用、易检索的标准化信息的集合，该集合描述了一个商品的特性。通俗地讲，属性值、特性相同的商品就可以称为一个 SPU。例如，iPhone 14 就是一个 SPU，与颜色、内存等无关。SKU 是从属于 SPU 的。

SKU 数量：指网店商品的库存量单位数量。

SKU 销量：指网店商品的库存量单位销量。

SPU 数量：指网店商品的标准化产品单元数量。

一级类目数量：指网店商品一级类目的数量。

二级类目数量：指网店商品二级类目的数量。

三级类目数量：指网店商品三级类目的数量。

品牌数据：指商品所属品牌的数据情况，包括该商品品牌的市场数据、用户行为数据、社交媒体数据、主流媒体数据等。

3. 买家数据

下单买家数：指在网店下单的买家人数。

付款买家数：指在网店下单并完成付款的买家人数。

会员数据：指网店的会员数据，包括会员数量、会员画像等。

买家留存率：完成订单一段时间后仍然访问网店的买家称为留存买家，而买家留存率则是指一段时间内，留存买家人数在访问网店的买家人数中所占的百分比。

店铺收藏量：指收藏网店的买家人数。

4. 流量数据

流量数据除 8.1.1 节介绍的访客数、浏览量以外，还包括以下数据。

浏览次数：从买家开始访问网店到浏览结束离开网店计为 1 次浏览次数。若买家访问网店后连续 30 分钟没有访问新页面、刷新页面或者直接退出网页（如关闭浏览器等），则定义为本次浏览结束。

浏览时长：指买家浏览网店的平均时长。

访问时段：指买家访问网店的时间段。

访问品类：指买家访问网店时浏览的商品品类。

买家分享次数：指买家分享网店或网店商品的次数。

5. 营收数据

营业额：指网店营业的成交金额总和。

待结算金额：指网店等待结算到账的金额（有的平台会将资金控制在平台内，等待到结算期后才到账）。

待退款金额：指网店已进入退款流程但尚未完成退款的金额。

已退款金额：指网店已成功退款的金额。

已到账金额：指网店已到账的金额（一般指网店完成交易后获得的且可以提现的金额）。

退款率：指一定时间内，网店退款的订单数在该网店买家成功下单支付的订单数中所占的百分比。

6. 物流数据

待发货数：指买家已完成支付但网店还未发货的订单数。

已发货数：指网店已经发货的订单数。

已收货数：指买家已经签收的订单数。

平均发货时长：指从买家付款到网店发货的平均时长。

快递公司分布：指网店发货所使用的不同快递公司的分布情况。

未签收数：指买家未签收的订单数。

已签收数：指买家已签收的订单数。

已拒签数：指买家拒签的订单数。

待退回数：指买家已申请退款但包裹还未退回的包裹数。

已退回数：指买家已经完成退货的包裹数。

平均签收时长：指从订单发出到买家签收的平均时长。

8.2.2　网店数据分析方法

1. 逻辑树分析法

逻辑树分析法的目的是把复杂的问题变得简单。逻辑树分析法是指把一个问题当成树干，然后找出所有充当树枝的子问题，并以此类推，逐步找到一个个具体而直接的简单问题，从而找到解决复杂问题的方法。图 8-6 所示为逻辑树分析法示意图。

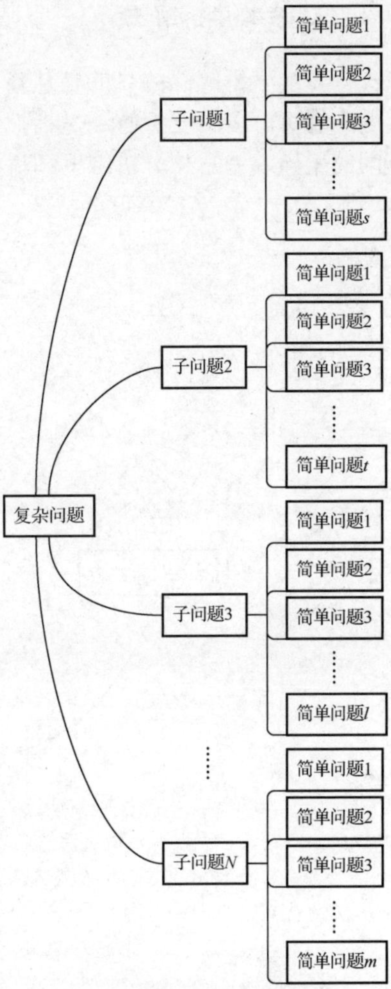

图 8-6　逻辑树分析法示意图

2. PEST 分析法

PEST 分析法是指通过政治（Politics）、经济（Economy）、社会（Society）和技术（Technology）4 个因素来分析宏观环境，其应用领域有网店的战略规划、市场经营规划、网店商品发展规划、市场调研报告的撰写等。图 8-7 所示为 PEST 分析法示意图。

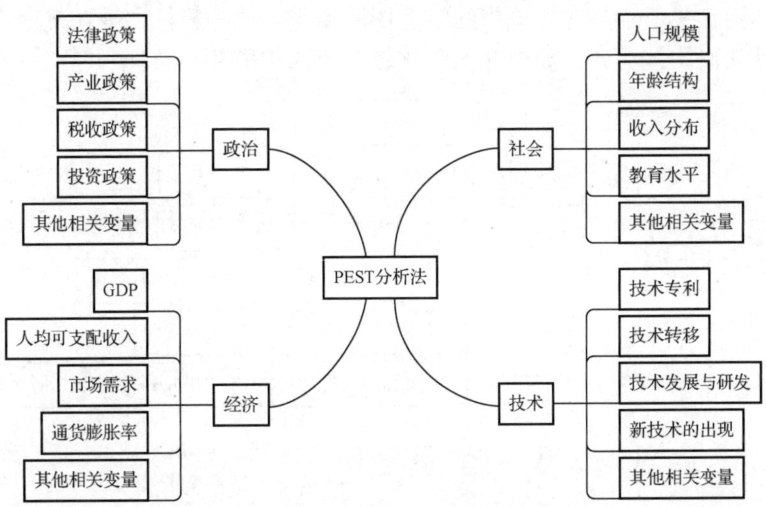

图 8-7　PEST 分析法示意图

3. 多维度拆解法

多维度拆解法的目的是从多个维度思考问题，把一个复杂问题拆解成多个简单的子问题去解决。多维度拆解法是指把问题整体拆解成多个部分，通过对比可以看出不同部分之间的差异，通常从分析维度和拆解维度两个方面入手，如图 8-8 所示。

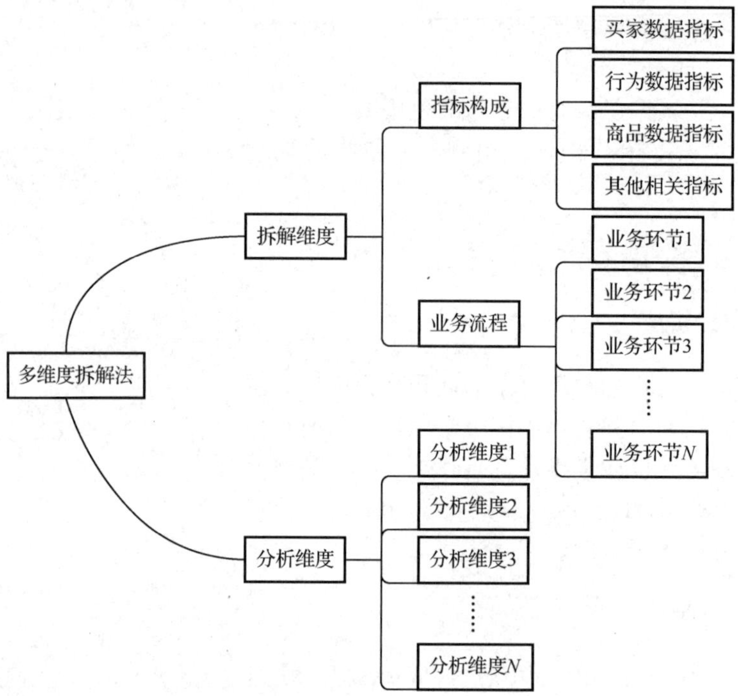

图 8-8　多维度拆解法示意图

4. 对比分析法

对比分析法的目的在于对比。对比分析法是通过对比找差异，从而追踪业务是否存在问题的方法。图 8-9 所示为对比分析法示意图。使用对比分析法，要明确两个问题：一是和谁比，二是如何比。另外，要注意的是比较对象的规模要一致。

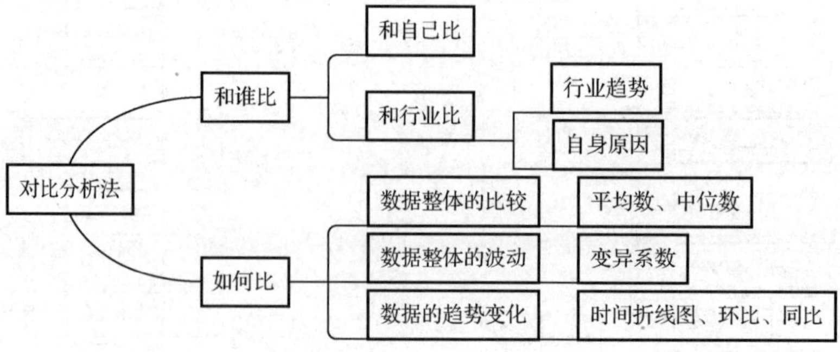

图 8-9　对比分析法示意图

知识链接

变异系数、环比、同比

变异系数：也称离散系数，是概率分布离散程度的一个归一化量度，其定义为标准差与平均值之比。

环比：统计学术语，是表示连续两个统计周期（如连续两个月）相比。

同比：是表示本年第 n 月与过去某年第 n 月相比。

5. 假设检验分析法

假设检验分析法是归因分析，即分析问题发生的原因，其底层逻辑是逻辑推理，包括 3 个步骤：提出假设、收集证据、得出结论。在使用假设检验分析法时，经常要用到多个其他的分析方法。图 8-10 所示为假设检验分析法示意图。

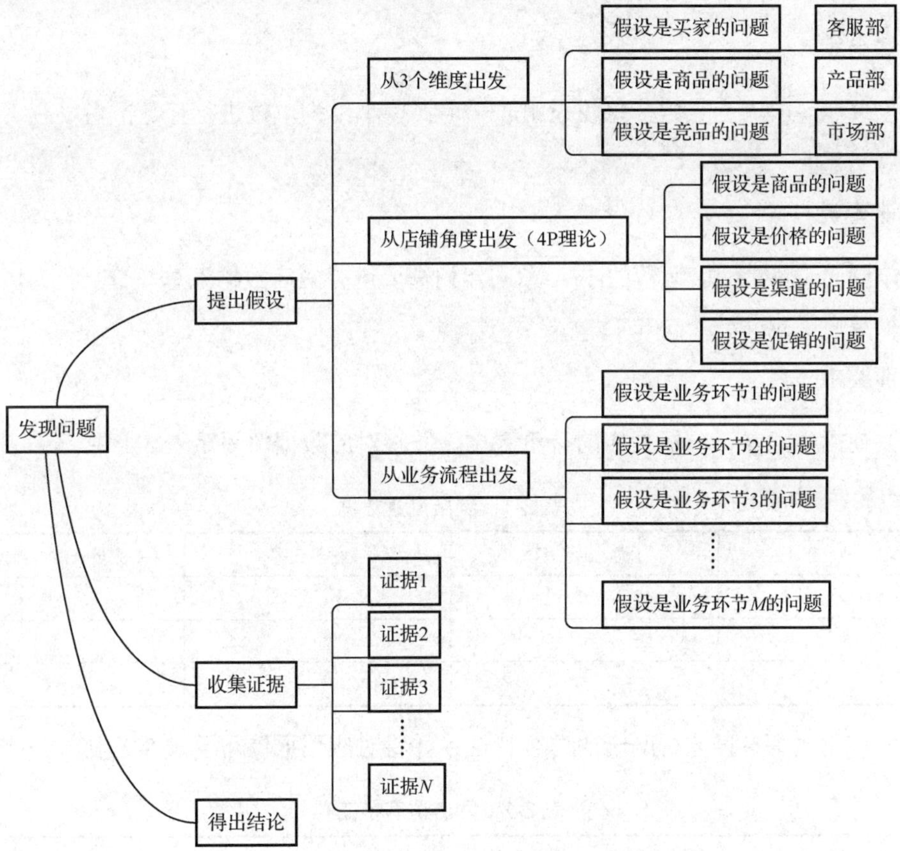

图 8-10　假设检验分析法示意图

本章小结

数据分析在网店运营过程中是必不可少的一项工作。借助网店运营数据分析工具，可以把隐没在大量运营数据中的有用信息集中、萃取和提炼出来，帮助网店运营者发现问题、分析问题，找出网店运营的内在规律；通过跟踪监控和评估推广效果的相关数据，网店运营者能及时提出整改意见并指导网店的日常维护更新等，提供网店决策支持。

复习思考题

（1）网店运营中常用于数据分析的重要指标有哪些？

（2）网店数据由哪 6 类构成？

（3）常用于网店数据分析的方法有哪些？

技能训练

实训目的

（1）了解网店数据的构成并能对数据进行分析。

（2）能够使用生意参谋分析网店的流量、访客特征等。

实训组织

学生以 4～6 人为一组，每组设组长一名；以小组为单位进行任务准备、任务实施、任务评价。

实训背景

月末到了，负责网店运营的小 A 和同伴们需要进行网店数据汇总与分析，为店铺下个阶段的运营做准备。

实训要求

（1）使用生意参谋分析网店的流量数据，并将对应数据填写至表 8-1 中。

表 8-1　网店流量数据

访客数	跳出率	支付转化率	流量来源（占比）

（2）使用生意参谋分析网店的访客特征，并将对应数据填写至表 8-2 中。

表 8-2　网店访客特征

地域分布	性别	行为分布	消费层级	新老客（比例）

（3）就网店的流量数据和访客特征进行分析，提出网店运营相关优化建议，形成书面作业，按小组上交。

实训评价

本任务的完成评价可从网店流量数据分析、网店访客特征分析、运营优化建议 3 个方面的完成情况进行，如表 8-3 所示。

表 8-3　任务完成评价表

任务完成评价内容	评价得分（100 分制）		
	学生自评（20%）	小组互评（40%）	教师评价（40%）
网店流量数据分析			
网店访客特征分析			
运营优化建议			

本任务的能力评价可从自我管理能力、合作交流能力、分析解决问题能力、创新能力 4 个方面进行，如表 8-4 所示。

表 8-4　任务能力评价表

任务能力评价内容	评 价 指 标	自测结果（在对应□中打√）
自我管理能力	1．对分配的任务有责任心 2．能进行时间管理 3．能灵活运用所学知识	□合格 □基本合格 □不合格
合作交流能力	1．尊重他人的观点 2．与其他人有效沟通 3．能获取信息并给予反馈	□合格 □基本合格 □不合格
分析解决问题能力	1．能有效使用信息资源 2．能客观分析事物 3．能发现并解决常规问题	□合格 □基本合格 □不合格
创新能力	1．能提出创新且有价值的观点 2．能不局限于单一思维方式 3．能制订创新方案并实施	□合格 □基本合格 □不合格

第 9 章

移动网店运营

思政案例导入

帮助农户卖葡萄，小小微店大用途

“我们走的是‘互联网+’的路线。”Z 大爷说。70 多岁的 Z 大爷是石盘村一家葡萄园的负责人，他和返乡创业的儿子小刚在石盘村建了一个葡萄园，还开了一家农家乐。Z 大爷主要负责种植，由于经验丰富、技术过硬，葡萄园年产量达数万斤。小刚主要负责葡萄的销售和农家乐的经营。

前几年，他们主要把葡萄供给实体商超，但商超的收购价格偏低，回款也比较慢，经营收益一直不太理想。今年 5 月，葡萄成熟前一个月，小刚就在网上发布了团购葡萄的信息，并在微信上开了一家微店，实行网上预售葡萄。2 万斤左右的葡萄从 6 月 6 日开园到 6 月底，就按照市场价全部卖完了。由于葡萄新鲜、质量好，许多微店客户都给了好评，表示来年还要续购。在听说 Z 大爷家有农家乐后，还有不少微店买家慕名来体验。年底时父子俩发现今年的收益和去年相比，直接实现了翻番，Z 大爷高兴得合不拢嘴。

【思考】

农户通过微店销售葡萄的案例给了我们什么启示?

【案例解析】

在电子商务助农的过程中，由于中小农户出售农产品的数量规模有限，想要卖出理想的价格，不大适宜走规模化的价格竞争或大平台化电子商务路线。这些渠道往往要求全年稳定供应，通常还会压低供应价，并且有账期要求。这类农户更适合通过线上将顾客引到相对独立的特定场景中售卖农产品，如通过微店等移动网店形式进行销售。在相对封闭的私域中销售产品，相比在竞争激烈的大平台中通过比拼价格的销售而言，更有助于农户获益。

本章学习目标

（1）了解移动网店的主要形式。

（2）掌握通过 PC 端和手机端搭建微店的方法。

（3）能够进行微店设置、微店装修、微店商品管理、微店数据分析、微店订单管理、微店客户管理。

（4）掌握微店的营销推广与分销。

本章思政目标

（1）培养学生的家国情怀，鼓励学生用双手创造美好生活，实现人生价值。

（2）培养学生成为专业技能高超与品德高尚的高素质人才。

9.1　移动网店的主要形式

移动网店也称移动电子商务，是由电子商务的概念衍生而来的。传统的电子商务以在

PC 端界面操作为主，主要是指有线的电子商务。移动电子商务则是指通过智能手机、平板电脑这类移动终端进行操作的电子商务形式。因此，移动网店就是指利用智能手机、平板电脑等无线移动终端进行 B2B（Business to Business，企业对企业电子商务）、B2C（Business to Consumer，企业对顾客电子商务）、C2C（Consumer to Consumer，顾客对顾客电子商务）或 O2O（Online to Offline，线上线下商务）的一种电子商务形式。它通过将互联网、移动通信技术及其他信息处理技术相结合，使人们可以在任何时间、任何地点进行贸易活动，实现随时随地便捷交易。

移动网店的形式主要有 3 种，包括企业自建移动商城 App、零售电子商务平台 App 及第三方移动网店平台 App。

知识链接

App

App 是 Application 的简称。随着智能手机的流行，现在的 App 一般是指智能手机端的第三方应用程序。

9.1.1 企业自建移动商城 App

图 9-1　华为商城 App 首页

随着移动互联网的不断发展，传统实体店已无法满足大多数消费者的需求。一些拥有实体店的企业进行了移动商城 App 开发，让消费者通过手机端 App 就可以在商城购买到自己所需要的商品，使购物变得更加便捷。这些拥有了自建移动商城 App 的企业也实现了线上与线下相结合的全方位市场战略。

传统企业在涉足互联网的初期，一般会搭建自建的电子商务平台。随着移动互联网的兴起，这些企业在原有电子商务平台的基础上推出自己的移动商城 App。例如，华为商城（VMALL）是华为公司旗下的官方电子商务平台，在此基础上，华为公司推出了针对手机端客户的华为商城 App。华为商城 App 首页如图 9-1 所示。秉承着“上华为商城，享智慧生活”的理念，华为商城 App 为手机端客户提供华为手机、平板电脑、智能穿戴设备等产品，坚持高标准的质量管理和选品流程，为热爱科技、追求品质生活的客户打造一站式的购物体验。华为商城 App 与线下华为体验店共同作用，实现了线上线下全方位的市场覆盖。

小米公司针对现在移动购物的趋势，也在小米商城电子商务平台的基础上推出了针对手机端客户的小米商城 App。小米商城 App 首页如图 9-2 所示。通过小米商城 App，客户可以购买小米官方正品，了解最新的商品信息，查询附近的小米之家实体店，同时还可以享受小米公司提供的高品质客户服务和售后支持。

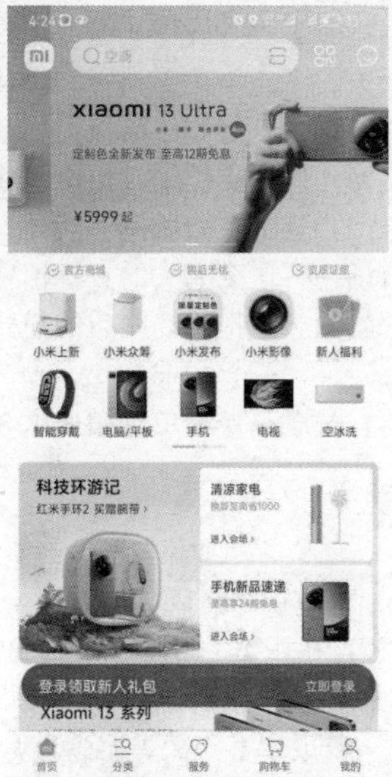

图 9-2　小米商城 App 首页

9.1.2　零售电子商务平台 App

以淘宝、京东、拼多多等为代表的国内主流零售电子商务平台，很早就涉足手机端的零售领域，开发了手机端 App。

以淘宝为例，针对手机端客户分别推出了淘宝 App、手机天猫 App 和 WAP 淘宝。京东、拼多多等零售电子商务平台也推出了同名的 App。这些零售电子商务平台 App 对原平台的依赖度很高，卖家的网店运营主要还是通过原平台完成的。因此，这些 App 只是原平台的一种补充和拓展，暂时无法通过它们实现全面的移动网店运营。

知识链接

淘宝 App 与 WAP 淘宝

淘宝 App 是淘宝官方推出的软件，WAP 淘宝是手机版淘宝网站。两者相比，淘宝 App 的功能比 WAP 淘宝更多。

WAP 手机网站是通过手机浏览器进行访问的，而手机 App 需要开发一个客户端。从操作方便性来看，手机 App 更直接方便，但是需要用户下载使用。从面向用户来看，WAP 手机网站更利于面向使用手机浏览器或搜索引擎的用户。

9.1.3　第三方移动网店平台 App

第三方移动网店平台 App 是指为中小企业及个人卖家提供移动零售网店的入驻、经营、商品管理、订单管理、物流管理、客户管理等服务的移动应用程序。目前，最为常见的第三方移动网店平台 App 都是基于微信搭建的微信商城平台 App。这种提供开微店的平台是微信兴起后的产物，是借助微信的规则和机制提供移动电子商务的平台。

微店是一种私域开店模式，本质上就是提供让微商玩家入驻的平台，类似于 PC 端建站的工具，其不同于移动电子商务的 App，主要利用 HTML 5 技术生成店铺页面，更加轻便，商家可以直接通过手机端 App 装修店铺，上传商品信息，还可通过自主分发链接的方式与社交结合进行引流，完成交易，操作更便捷。由于微店是基于微信平台的，所以微信用户就是微店主要消费人群的来源。基于微信所拥有的用户资源和巨大影响力，微店销售的商品就拥有了一个非常大的市场。有这么庞大的目标消费人群存在，在微店上销售商品的前景是非常可观的（此处所说的微店是指移动网店的模式，区别于市场上一种名为“微店”的第三方开店平台）。

下面分别介绍微信小商店、有赞微商城和口袋微店这 3 种比较常见的基于微信公众平台的第三方移动网店平台。

知识链接

私域

私域是互联网私有数据（资产）积蓄的载体。这个载体的数据权益私有，且具备用户规则制订权，受社会法律约束与保护。同时，私域可以与公域、它域相互进行自由连接。私域是指品牌拥有可重复、低成本甚至免费触达用户的场域。

知识链接

HTML5

HTML5 是构建 Web 内容的一种语言描述方式。HTML5 是互联网的新一代标准，是构建及呈现互联网内容的一种语言方式，被认为是互联网的核心技术之一。HTML5 是 Web 中核心语言 HTML 的规范，用户使用任何手段进行网页浏览时看到的内容原本都是 HTML 格式的，在浏览器中通过一些技术处理将其转换成为可识别的信息。

1. 微信小商店

微信小商店的前身微信小店是基于微信公众平台打造的原生电子商务模式，包括添加商品、商品管理、订单管理、货架管理、维权等功能，开发者可使用接口批量添加商品，快速开店，并实现便捷的店铺管理与维护。2020 年 7 月 10 日，微信团队宣布由于微信小店不再维护，后续将全面下线微信小店。同年，微信团队推出了微信小商店。

知识链接

微信公众号

微信公众号是个人或企业在微信公众平台上申请的应用账号。微信公众号可与 QQ 账号互通。通过微信公众号，个人或企业可在微信公众平台上实现和特定群体的文字、图片、语音、视频的全方位沟通、互动，形成一种主流的线上与线下微信互动方式。

微信小商店是微信团队提供的一项新能力，无须开发，免费开店，帮助商家快速生成卖货小程序。微信小商店降低了商家在微信经营和卖货的门槛，让更多中小微企业和个体创业者可以低门槛地进入小程序生态尝试经营，开展电子商务业务。目前平台开店免费，仅收取订单的交易手续费，为每笔订单实际支付金额的 0.6%。

微信小商店的类型主要有以下 4 种。

1）企业/个体店

企业/个体店主要是指可以提供相应营业执照的店铺。其中，企业店需要提供的企业营业执照上的类型为有限责任公司、股份有限公司、合伙企业、个人独资企业。个体店需要提供的个体营业执照上的类型为个体工商户。同一个主体下，对于个体工商户最多支持开通 5 个小商店，对于企业最多支持开通 50 个小商店。

2）个人店

个人店主要是指按电子商务法规定不需要进行市场主体登记的个人主体开设的店铺。一个微信号仅能申请 1 个个人主体的微信小商店。

3）事业单位店

事业单位店的开店主体是国家为了社会公益目的，利用国有资产设立的，从事教育、科技、文化、卫生等活动的社会服务组织，如报社、杂志社、学校等机构。同一个主体下，对于事业单位最多支持开通 50 个小商店。

4）其他组织店

其他组织店是指不属于个体户、企业、政府/事业单位的组织机构（如民办非企业、社会团体、基金会、合作社等组织）开设的店铺。同一个主体下，对于其他组织最多支持开通 50 个小商店。

企业/个体店、事业单位店、其他组织店与个人店的区别如下：对于前 3 种，一个微信号能申请 3 个“企业”、“个体”、“事业单位”或“其他组织”主体的小商店；而对于最后一种，一个微信号仅能申请 1 个“个人”主体的小商店。目前，企业店功能更加完善，支持直播、优惠券、数据中心等功能；个人店的功能正在同步完善中，部分功能还不具备。

个体/个人店正常日收款上限额度为 10 万元。若交易记录良好，则自动提升至 20 万～30 万元/日；若交易记录异常，则自动下降至 5 万元/日。企业店日收款上限没有限制。信用卡单日收款不超过 1000 元，信用卡单月收款不超过 1 万元。

2. 有赞微商城

有赞是一个商家服务公司，于 2012 年 11 月在杭州贝塔咖啡馆孵化成立。有赞目前拥有社交电子商务、新零售、美业、教育及有赞国际化五大业务体系，通过旗下的社交电子商务、门店管理和其他新零售 SaaS 软件产品、解决方案及服务，全面帮助商家解决在移动互联网时代遇到的推广获客、成交转化、客户留存、复购增长、分享裂变等问题。面对商家与开发者的定制化服务需求，有赞推出了 PaaS 服务平台“有赞云”，全面支持商家和开发者定制各类个性化解决方案；针对商家的“流量”难题，有赞拥有有赞推广、有赞分销等服务与平台，帮助商家定向解决引流获客、搭建分销体系等难题；有赞还推出了放心购、有赞精选、有赞微小店等一系列保障消费者权益的服务，旨在增强消费者与商家间的信任与连接。

知识链接

SaaS 与 PaaS

SaaS（Software as a Service，软件即服务）是一种通过互联网提供软件的模式。PaaS（Platform as a Service，平台即服务）是把服务器平台作为一种服务提供的商业模式。IaaS（Infrastructure as a Service，基础设施即服务）是指将基础设施（包括处理能力、存储、网络和其他计算资源）作为一种服务提供给用户使用。以上是云计算的 3 种服务模式。

有赞微商城有 App 版和 PC 版，旨在帮助商家快速搭建店铺，在网上卖货、营销、分销、成交、管理客户。有赞微商城提供在线开店、客户管理、营销推广和经营分析工具。商家通过有赞微商城可以一键完成授权有赞托管，自动生成微商城店铺小程序并提交给微信审核，简单快捷。

可以入驻有赞微商城开店的主体包括以下 5 类。

（1）个人商家：根据法律法规和相关规定免于办理工商登记、无营业执照的商家。

（2）个体户商家：营业执照上的类型一般为个体工商户。

（3）企业商家：营业执照上的类型一般为有限责任公司、股份有限公司、合伙企业、个人独资企业。

（4）政府及事业单位商家：主体一般为国内各类政府、事业单位，如公安、市政、党团等。

（5）其他组织商家：主体一般为社会团体、民办非企业、合作社、基金会等。

商家选择主体类型和经营类目后，准备相关材料，接下来填写主体信息、法定代表人信息、经营信息等，完毕后等待审核一个工作日，审核通过即可获得入驻认证。

在有赞微商城开店是要收取年费的，商家可以根据网店规模和需求选择对应不同功能的版本。其中，专业版年费为 16800 元，适合成长型电子商务、门店商家，满足推广获客、成交转化、客户留存、复购增购、分享裂变等核心经营需求；旗舰版年费为 32800 元，适合规模化扩张、经营场景需求升级的成熟型电子商务商家，提供针对性解决方案；至尊版年费为 59800 元，适合多场景经营的综合型电子商务，提供多场景私域经营的全套经营解决方案，助力深度运营私域。

有赞微商城提供订购高级营销插件等增值服务，按单项服务的服务规则单独收费；短信充值、同城配送、渠道推广产生的费用，需要支付给相关方，由有赞微商城代收统付。

通过有赞微商城交易的订单会收取 0.6%的手续费，如果入驻了供货商，当供货商平台产生订单时，则会收取 1%的平台服务费。如果加入了有赞放心购服务，则需要承担 0.5%的有赞放心购服务费。当订单金额等于或高于 25 元时，每笔收取 0.5 元的云服务费；当订单金额低于 25 元时，收取 2%的云服务费，最低每笔订单收取 1 分钱。

3. 口袋微店

口袋微店（简称微店）由北京口袋时尚科技有限公司开发。2014 年 1 月，微店 App 正式上线。如今，微店拥有超过 9000 万个小微店主。通过微店 App 和微店店长版 App，微店已经从小微店主首选的开店工具转型为助力创业者发展兴趣、创立品牌、完成事业的系统及基础设施。

微店主要面向企业/公司商户、个体工商户和小微商户。

（1）企业/公司商户：营业执照上的名称或类型包含有限责任公司、股份有限公司、有限责任公司（自然人独资），收入仅可提现至对公账户。

（2）个体工商户：营业执照上的类型为个体工商户，收入可提现至法人个人银行卡或对公账户。

（3）小微商户：按电子商务法规定不需要进行市场主体登记的个人商户，收入可提现至个人银行卡。

知识链接

不需要进行市场主体登记的情况

（1）个人销售自产农副产品、家庭手工业产品。

（2）个人利用自己的技能从事依法无须取得许可的便民劳务活动和零星小额交易活动。

（3）依照法律、行政法规不需要进行登记的情况。

9.2　微 店 运 营

本节以微店 App 移动网店为例，分别介绍微店的开通、设置、装修、日常管理、营销推广等（注：下文出现的“微店”均指口袋微店）。

9.2.1　微店的开通与设置

在第三方移动网店平台 App 开店流程差别不大，通常通过 PC 端和手机端都可以实现店铺的注册开通。

1. PC 端微店的搭建

1）PC 端微店的开通

首先，登录微店网站，单击“免费开店”按钮，如图 9-3 所示。

图 9-3　微店网站首页

然后，填写相关信息，完成账号注册，注册页面如图 9-4 所示。

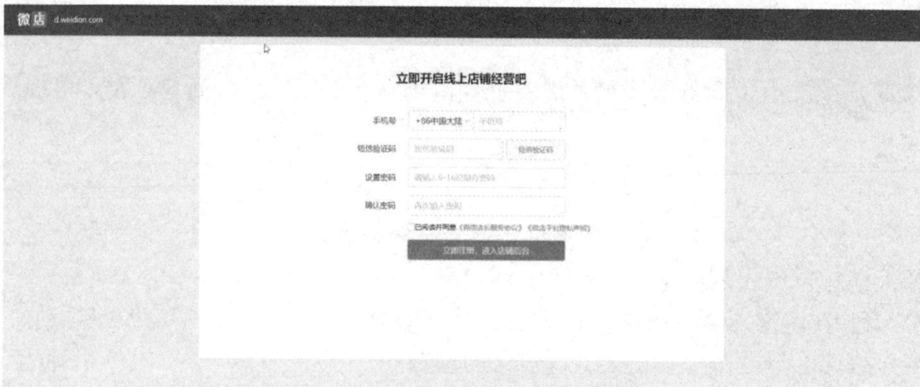

图 9-4　微店账号注册页面

如图 9-5 所示，选择要开设的微店版本（单店版或连锁版），再依次完成店铺 Logo 上传（200×200 像素的图片最佳），输入店铺名称（建议店铺名称在 12 个字以内，否则可能显示不全）即可。

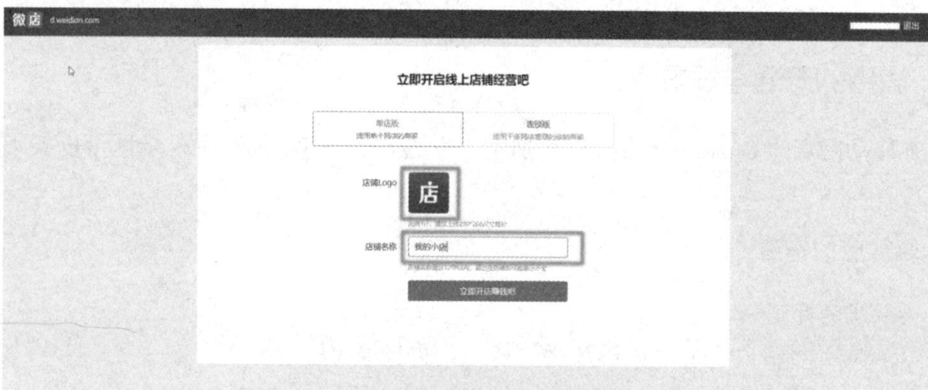

图 9-5　店铺基本信息设置

知识拓展

单店版与连锁版

1. 单店版

单店版适用于单个店铺商家，可一站式管理店铺装修、商品、订单、营销、推广、会员、收入等数据。

2. 连锁版

连锁版适用于多店铺管理的连锁商家。一般由总部统一管理，店铺自主经营；支持直营、加盟、联营等店铺类型；具有商品智能结算、会员智能营销、直播等核心功能。

进入如图 9-6 所示的页面，选择店铺的主体类型。根据页面提示，从“小微商户”“个体工商户”“企业/公司”3 种类型中选择适合的类型，并完成相应的认证。需要注意，开店主体类型一经确定，后续如果再进行变更，则所需操作较为烦琐，初次认证请谨慎选择。

以开通小微商户为例，上传身份证正反面图片并填写认证信息后，经 2～5 个工作日的审核，审核通过即可完成微店的主体认证。

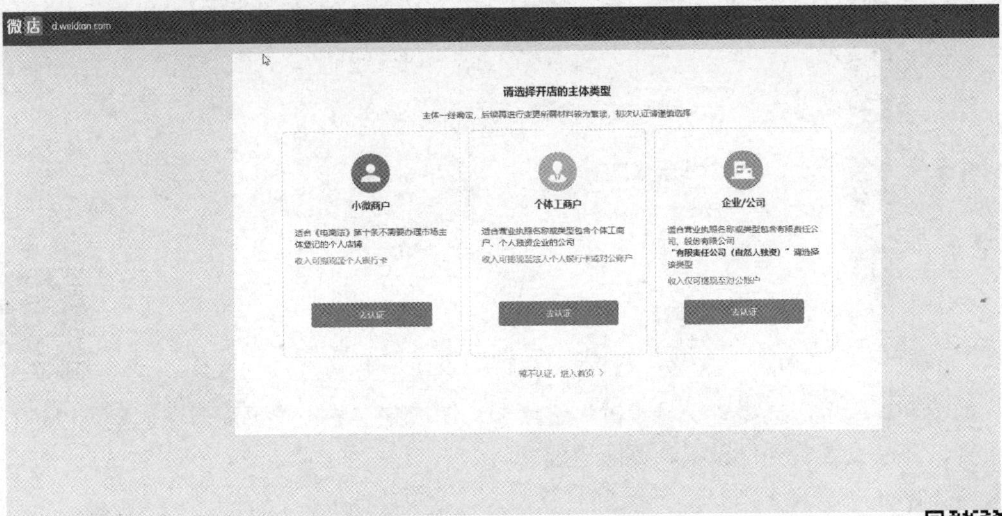

图 9-6　主体类型设置页面

PC 端微店开通后，通过在微店网页版登录，即可进入 PC 端微店后台页面，如图 9-7 所示，可以通过单击左侧导航栏中的按钮进行店铺日常维护。例如，单击“店铺”按钮，则可以进入店铺装修页面；单击“订单”按钮，则可以进入订单管理页面；单击“客户”按钮，则可以进入客户运营与会员管理页面；单击“营销”按钮，则可以找到营销工具。

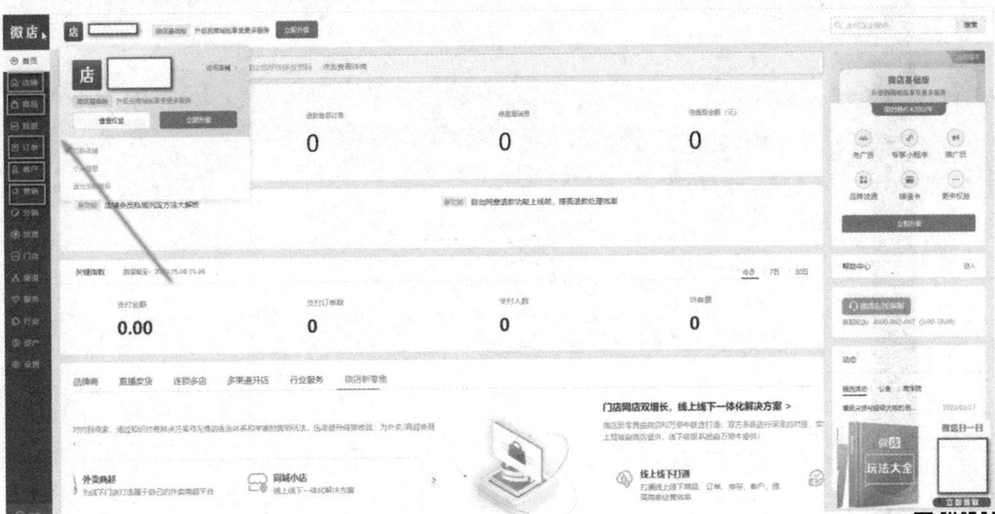

图 9-7　PC 端微店后台页面

2）PC 端微店的设置

PC 端微店开通后，单击 PC 端微店后台页面左侧导航栏中的最后一个按钮“设置”，就可以进入“设置中心”，在这里可以对店铺进行设置。如图 9-8 所示，通过这里的操作，可以查看并修改店铺 Logo 和店铺名称，进行店铺名+V 认证，编辑店铺公告，查看店铺等级，查看及变更店铺负责人及客服电话，注销店铺，查看店铺认证信息等。

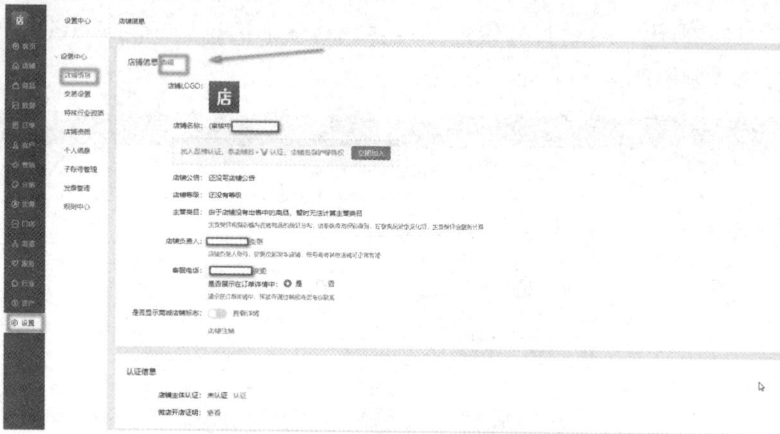

图 9-8　店铺信息设置页面

如图 9-9 所示，选择“交易设置”选项卡，切换到交易设置页面，在这里可以进行店铺设置、商品设置、支付设置、页面设置。

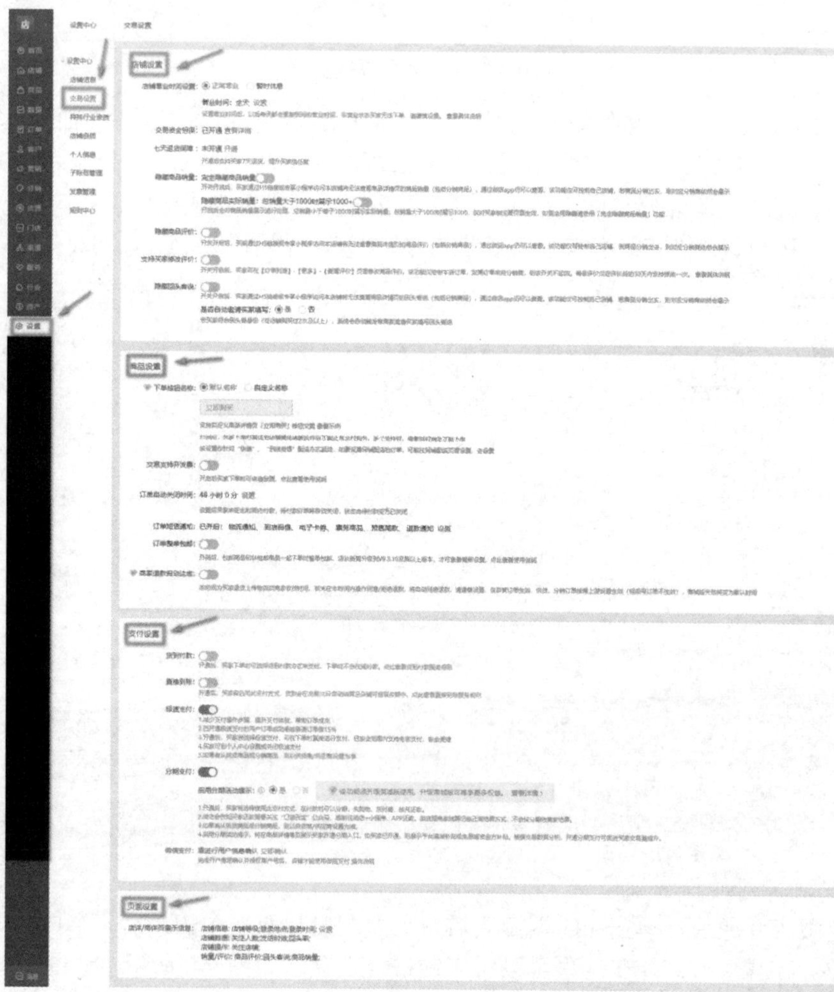

图 9-9　交易设置页面

此外，在“设置中心”还可以进行特殊行业资质认证、店铺资质认证、个人信息编辑、子账号管理、发票管理。

知识拓展

微店需要认证的特殊行业资质

1. 电话卡资质认证

适用范围：出售电话卡类商品。

2. 预包装和散装食品认证

适用范围：售卖预包装食品或散装食品。

3. 普通出版物认证

适用范围：售卖国内发行的出版物类商品。

4. 演出票务经营资质认证

适用范围：演出门票售卖。

5. 二类医疗器械资质认证

适用范围：售卖二类医疗器械。

6. 农药资质认证

适用范围：售卖农药相关商品。

7. 境外结算开户认证

适用范围：希望开通跨境结算贸易。

8. 实体店经营资质认证

适用范围：需要使用实体店收款码功能。

9. 餐饮制售类食品认证

适用范围：售卖餐饮类商品。

10. OTC 药品资质认证

适用范围：售卖非处方药。

11. 境外主体认证

适用范围：希望开通跨境结算贸易。

12. 疫苗代订咨询服务认证

适用范围：提供疫苗预订服务。

13. 三类医疗器械资质认证

适用范围：售卖三类医疗器械。

14. 健康服务资质认证

适用范围：售卖健康服务类商品。

15. 兽药资质认证

适用范围：售卖兽药相关商品。

16. 境外出版物认证

适用范围：售卖正规引进的国外出版物类商品。

17. 海关单位注册登记证书认证

适用范围：希望开通跨境结算贸易。

18. 初级农产品认证

适用范围：售卖未经加工过的农产品。

知识拓展

微店的店铺资质认证要求

1. 旗舰店

旗舰店有以下两种类型。

1）经营1个自有品牌的官方旗舰店

《商标注册证》或自申请日起已满6个月的《注册申请受理通知书》，若办理过变更、转让、续展，需要一并提供。

若商标权人为法人，则需要同时提供其亲笔签名的身份证件复印件。

店铺命名规则：品牌名+官方旗舰店。

2）经营1个由商标权人提供品牌独占授权的旗舰店

《商标注册证》或自申请日起已满6个月的《注册申请受理通知书》，若办理过变更、转让、续展，需要一并提供。

商标权人出具的开设微店品牌旗舰店的独占授权，授权文件不得有地域限制。

若商标权人为个人，则需要同时提供其亲笔签名的身份证件复印件。

店铺命名规则：品牌名+旗舰店。

2. 专卖店

经营1个由商标权人提供品牌授权的专卖店。

《商标注册证》或自申请日起已满6个月的《注册申请受理通知书》，若办理过变更、转让、续展，需要一并提供。

商标权人出具的品牌授权，授权文件不得有地域限制。

若商标权人为个人，则需要同时提供其亲笔签名的身份证件复印件。

店铺命名规则：品牌名+企业商号+专卖店。

3. 专营店

同一主营类目下经营两个及以上自有品牌或品牌授权的专营店。

《商标注册证》或自申请日起已满6个月的《注册申请受理通知书》，若办理过变更、转让、续展，需要一并提供。

若品牌为授权品牌，则需要提供由商标权人出具的品牌授权，授权文件不得有地域限制且授权链路不超过两级。

若商标权人为个人，则需要同时提供其亲笔签名的身份证件复印件。

店铺命名规则：企业商号+主营类目+专营店。

2. 手机端微店的搭建

1）手机端微店的开通

首先，从手机应用商店下载微店店长版App并安装，如图9-10所示，点击“0元快速开店”按钮，完成账号注册。也可以选择下方的“微信登录”。

然后，注册完毕即进入如图9-11所示的“选择店铺”界面，这时选择“我的小店”选项，可以进入手机端微店后台界面，如图9-12所示，可以进行店铺管理、客户管理、商品管理、订单管理、数据分析、营销推广等。

在“选择店铺”界面中点击右上角的“创建”按钮，如图9-13所示，可进入店铺信息设置界面，如图9-14所示。在这里可以依次填写店铺名称（12个字以内），选择店铺Logo图标，选择创建的店铺类型（单店版或连锁版），勾选“开通交易资金担保”复选框后，点击“完成”按钮，就完成了店铺信息设置。

图 9-10　微店店长版 App 注册界面

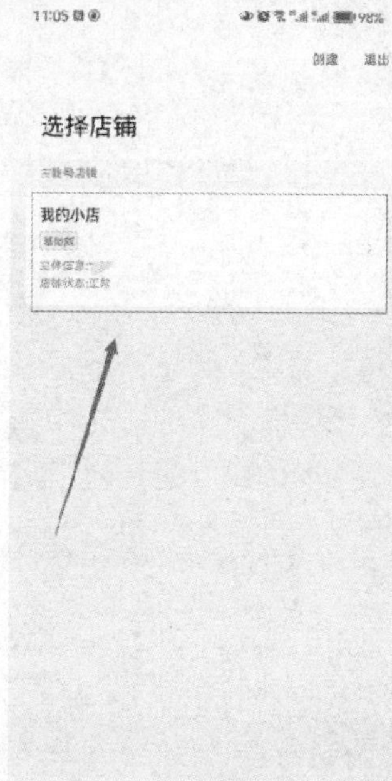

图 9-11　“选择店铺”界面

图 9-12　手机端微店后台界面

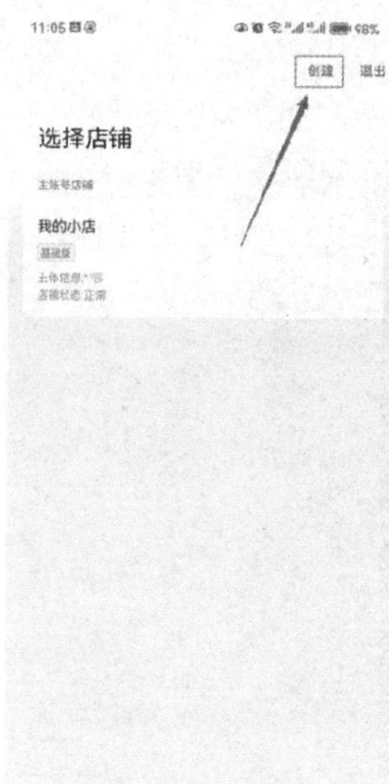

图 9-13　点击“创建”按钮

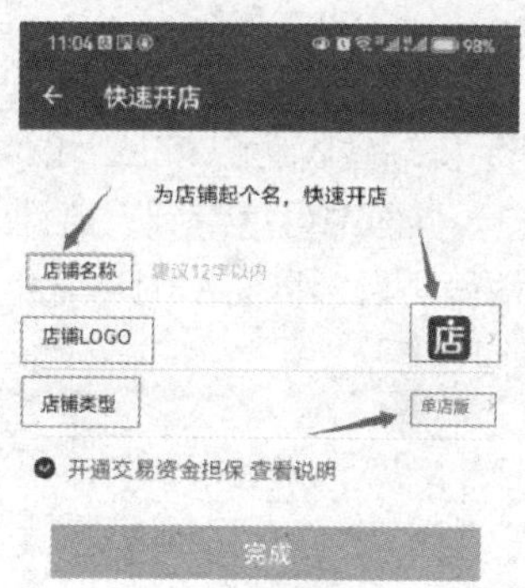

图 9-14　店铺信息设置界面

2）手机端微店的设置

要完成手机端微店的设置，可以在手机端微店后台界面中找到“店铺管理”按钮，如图 9-15 所示。点击“店铺管理”按钮，进入如图 9-16 所示的“店铺管理”界面，可以分别进行店铺装修、自定义页面、装修市场、搜索页面、进店弹窗、底部导航等设置，也可以进行私域工作台、交易设置、主体认证、店铺认证、子账号管理等操作。

图 9-15 “店铺管理”按钮

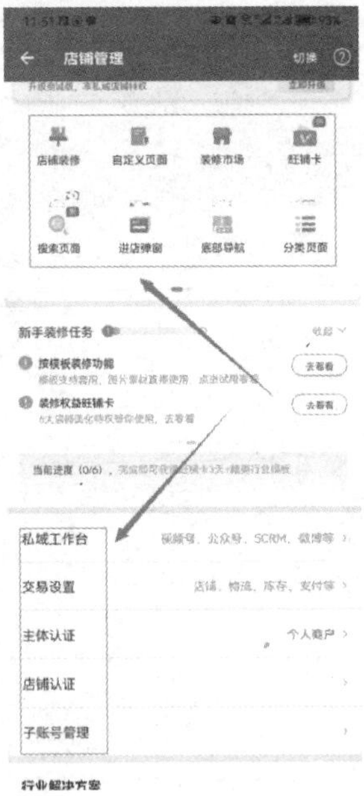

图 9-16 “店铺管理”界面

9.2.2 微店的装修与管理

1. 微店的装修

通过手机端微店后台和 PC 端微店后台均可进行店铺装修。登录微店账号后，在手机端的“店铺管理”界面中可以看到“店铺装修”按钮，点击后进入如图 9-17 所示的界面。在 PC 端则在 PC 端微店后台页面左侧导航栏中找到并单击“店铺”→“店铺装修”按钮，进入如图 9-18 所示的页面。

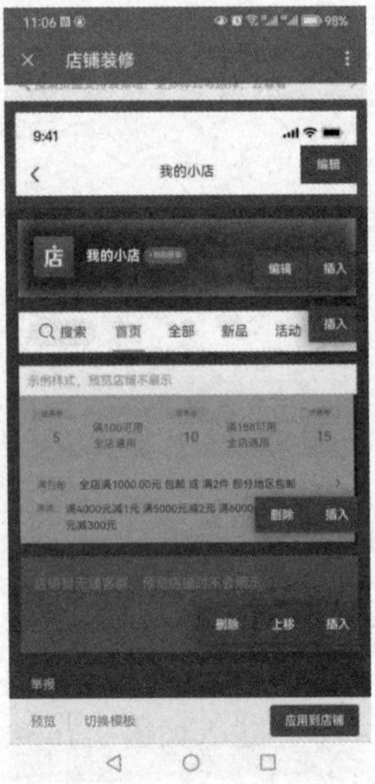

图 9-17 手机端“店铺装修”界面

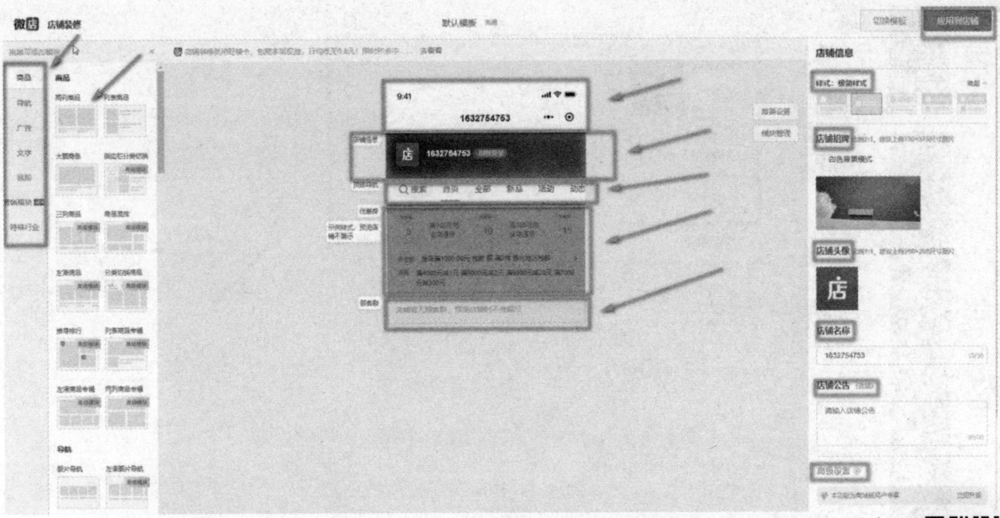

图 9-18　PC 端“店铺装修”页面

在手机端通过点击“编辑”或“插入”按钮，再选择或填写相应的信息即可实现微店的装修。在 PC 端则通过页面右侧信息的选择和录入，以及将页面左侧的商品、导航、文字、涨粉、营销模块、特殊行业等模块拖动到页面中间可以插入的部分来实现店铺的装修。在拖动模板的过程中，可以插入模板的部分会显示“释放鼠标将模块添加到此处”字样。

2. 微店的日常管理

1）微店的商品管理

单击 PC 端微店后台页面左侧导航栏中的“商品”按钮，再单击“商品管理”按钮，即可进入如图 9-19 所示的“商品管理”页面。在这里首先可以完成商品基本信息编辑，需要编辑的商品基本信息包括商品类型、基本信息、型号价格、物流配送、售卖设置和其他设置。单击“下一步”按钮进入如图 9-20 所示的页面，在这里可以设置商品图文详情。此外，还可以通过左侧的功能按钮完成相应的商品管理操作。

图 9-19　“商品管理”页面

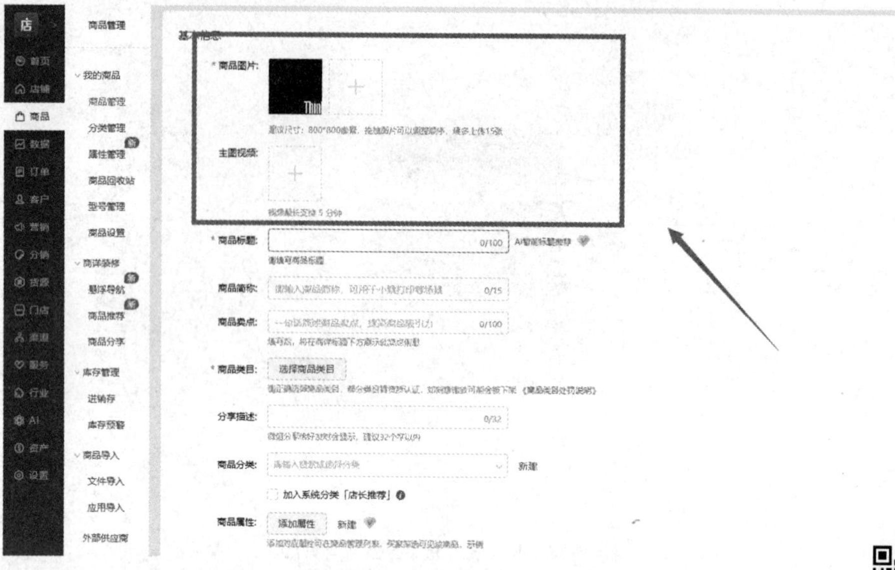

图 9-20　设置商品图文详情

2）微店的数据分析

单击 PC 端微店后台页面左侧导航栏中的“数据”按钮，可以进入如图 9-21 所示的“数据分析”页面，在这里提供的数据包括当前实时数据的数据概况、交易分析、商品分析、营销分析、流量分析、客户分析、市场洞察、数据大屏、供货分析、分销分析，并提供报表下载服务。

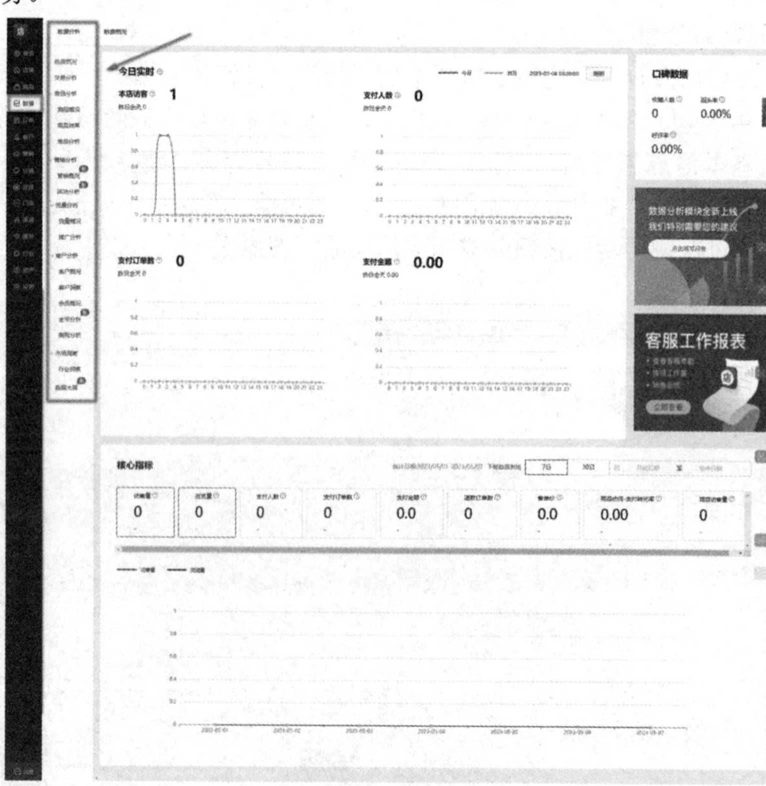

图 9-21　“数据分析”页面

3）微店的订单管理

单击 PC 端微店后台页面左侧导航栏中的“订单”按钮，可以进入如图 9-22 所示的“订单管理”页面，在这里可以进行订单管理和配送服务的相关设置。订单管理包括查看不同状态的订单情况、批量发货操作、订单打印、退款管理、券码核销、评价管理、微信支付投诉和订单对账等。配送服务包括物流监控、线上发货、同城外卖、到店自提、运费设置、物流时效模板、小票打印及必拍品的设置。

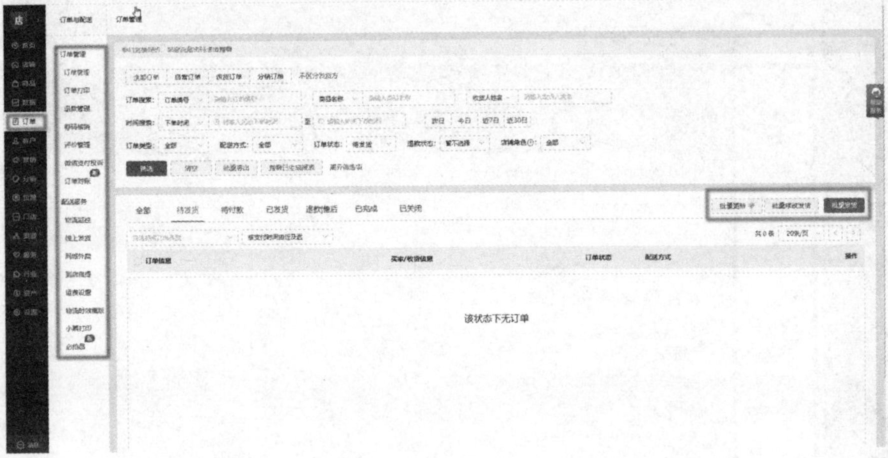

图 9-22 “订单管理”页面

4）微店的客户管理

单击 PC 端微店后台页面左侧导航栏中的“客户”按钮，可以进入如图 9-23 所示的“客户管理”页面。在“客户管理”的“全部客户”页面，支持进行客户分群、客户标签管理、客户导入，以及查找和导出客户资料等操作。在“客户管理”的“客户运营”页面，支持向指定手机号对应客户进行权益发放，同时还可以向通过客户导入模块导入的买家人群、店铺现有会员体系内的客户、付费会员卡定向发放营销活动。在“客户管理”的“会员管理”页面，支持设置开通店铺会员和超级店铺会员，根据会员购买的情况设置会员等级、权益，吸引会员复购；同时，还提供付费会员卡、店铺省钱卡、权益卡、权益管理、会员营销、跨平台权益等功能设置；此外，还提供储值卡、礼品卡和店铺金币等功能设置，满足微店吸引客户、增强客户黏性等需求。

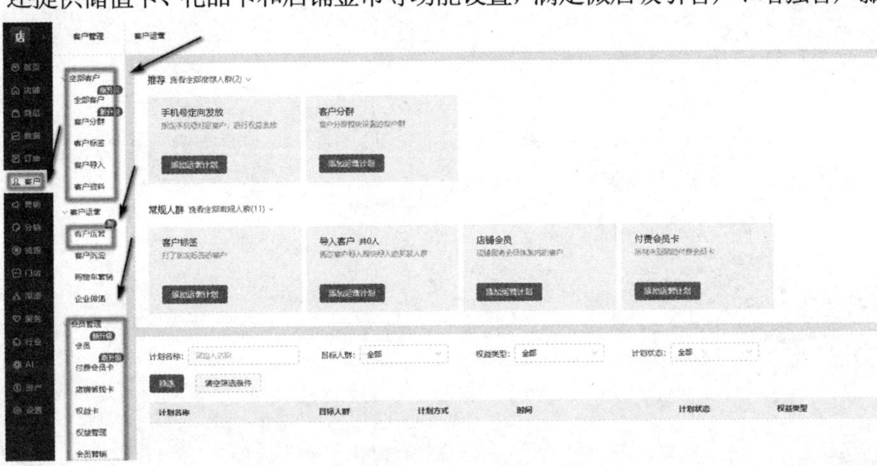

图 9-23 “客户管理”页面

9.2.3 微店的营销推广与分销

1. 微店的营销

营销对于网店的重要性不言而喻。微店后台提供了丰富的营销工具，可以助力店铺的运营。单击 PC 端微店后台页面左侧导航栏中的“营销”按钮，可以进入如图 9-24 所示的“营销推广”页面，下面将选取部分营销工具进行介绍。

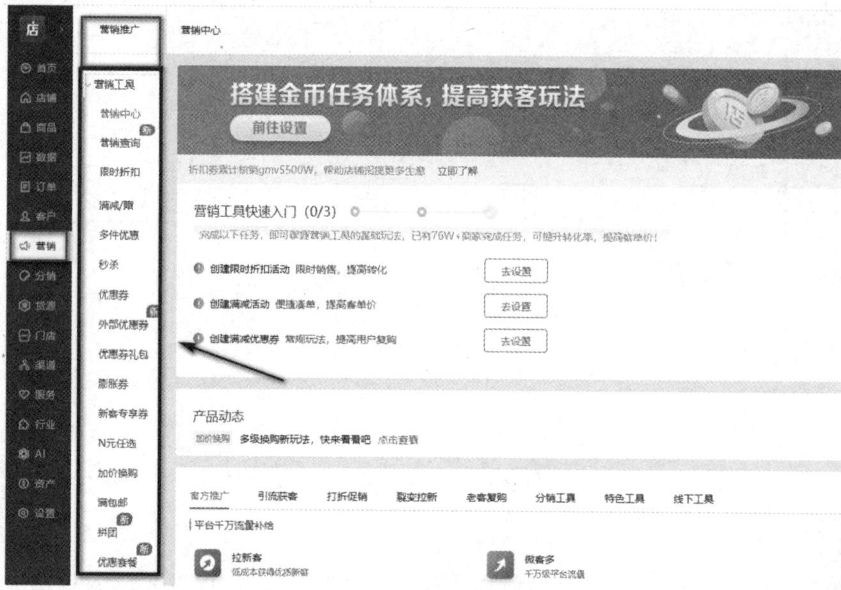

图 9-24 “营销推广”页面

1）限时折扣

进入 PC 端微店后台后，单击“营销”→“营销工具”→“限时折扣”按钮，可以进入如图 9-25 所示的页面，依次填写或选择限时折扣活动的“活动名称”“活动时间”“循环周期”“每人限购”“适用渠道”“折扣价抹零”“优惠叠加”“活动预约”等基本信息后，再添加打折商品，单击“保存”按钮，即可完成限时折扣的营销设置。

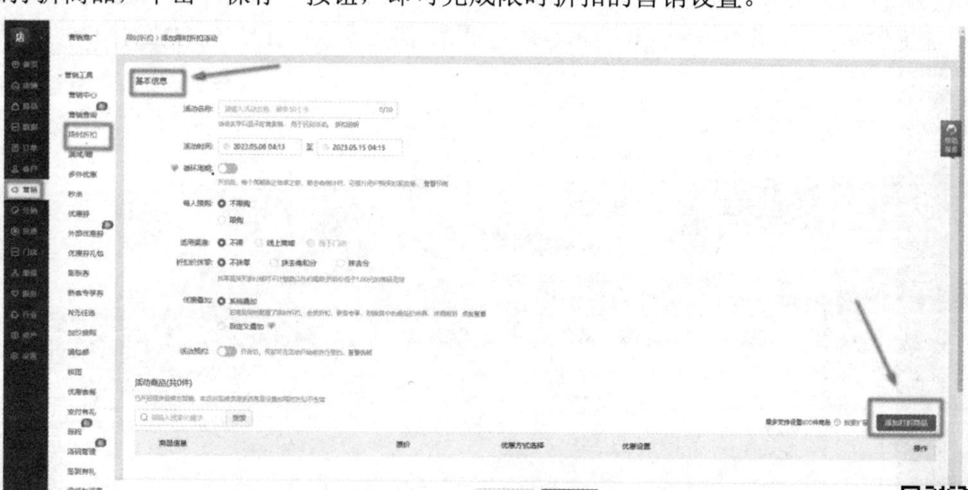

图 9-25 “限时折扣”页面

2）满减/赠

进入 PC 端微店后台后，单击“营销”→“营销工具”→“满减/赠”按钮，可以进入如图 9-26 所示的页面，在这里可以选择“满金额减/赠”或“满件数减/赠”。两者的营销效果各有千秋，“满金额减/赠”便于商家控制成本，“满件数减/赠”便于提高店铺的销量和客单价。

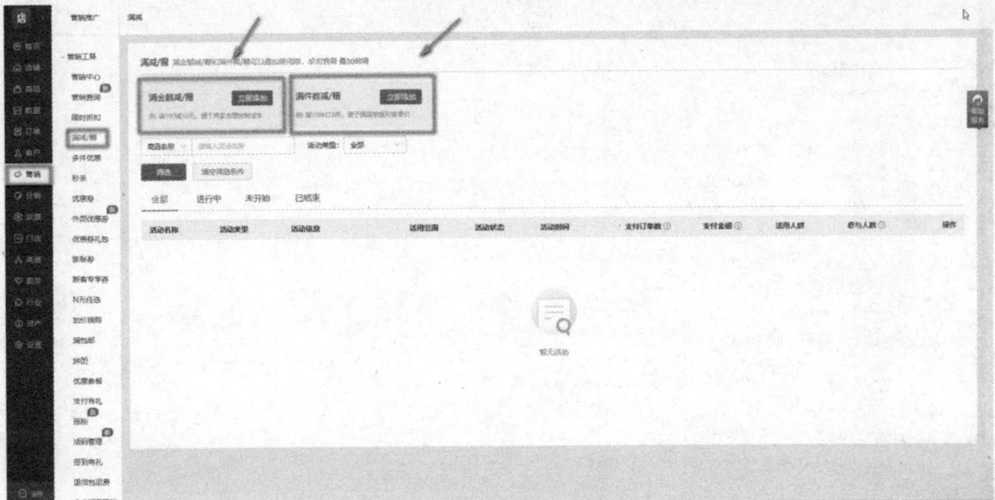

图 9-26 “满减/赠”页面

3）多件优惠

进入 PC 端微店后台后，单击“营销”→“营销工具”→“多件优惠”按钮，可以进入如图 9-27 所示的页面，在这里可以选择“第 2 件半价”、“第 2 件 0 元”或“自定义第 *N* 件优惠”。“第 2 件半价”是指：如果购买同一种商品的数量为 2，则第 2 件享受半价；如果购买了 2 件不同商品，则价格较低的一件享受半价。这有助于店铺提高销量。“第 2 件 0 元”是指：如果购买同一种商品的数量为 2，则第 2 件享受 0 元；如果购买了 2 件不同商品，则价格较低的一件享受 0 元。这有助于店铺清库存。“自定义第 *N* 件优惠”则给了商家灵活设置优惠活动的空间。需要注意的是，“第 2 件 0 元”和“自定义第 *N* 件优惠”两个工具目前只能对付费的商城版微店专享，普通店铺只能使用“第 2 件半价”这个营销工具。

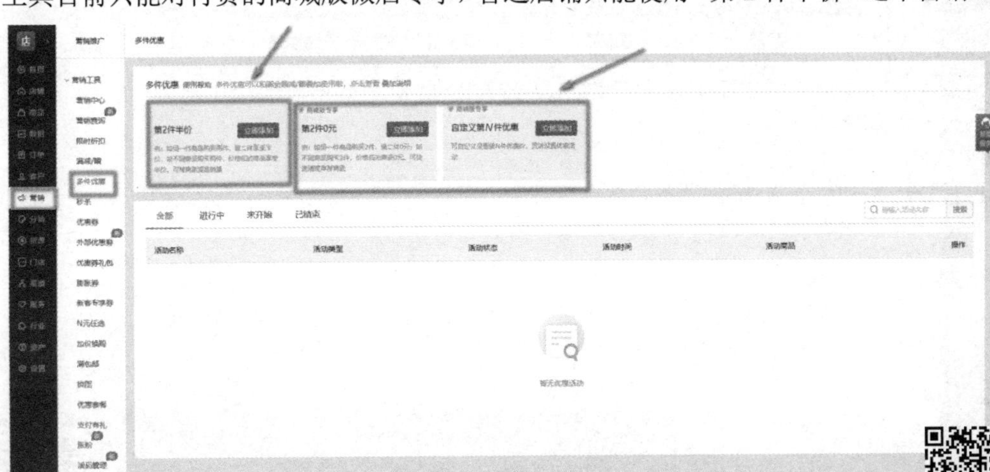

图 9-27 “多件优惠”页面

4）秒杀

进入 PC 端微店后台后，单击“营销”→“营销工具”→“秒杀”按钮，可以进入如图 9-28 所示的页面，在这里可以在进行活动信息设置后，选择添加活动商品，最后单击“完成”按钮即可。

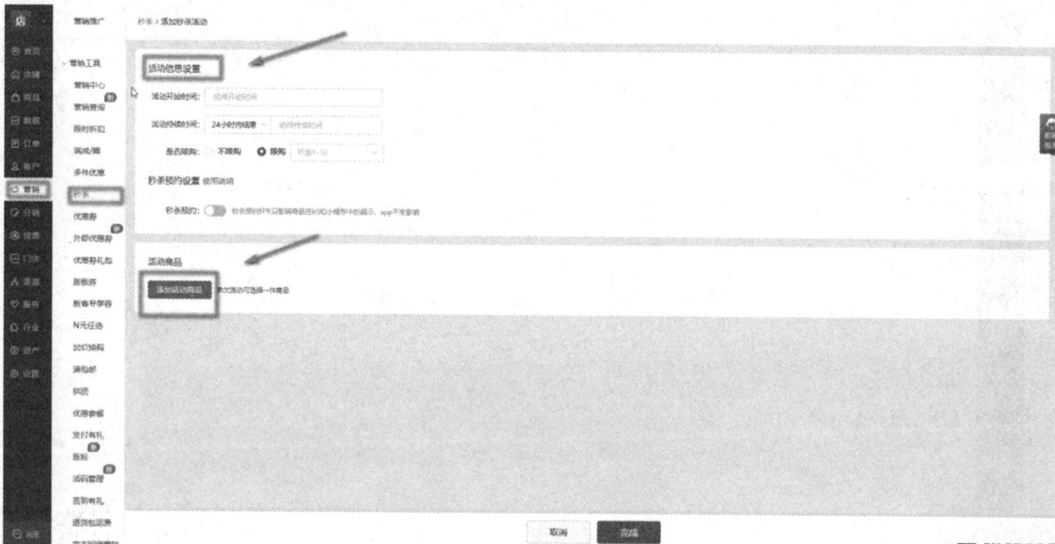

图 9-28 “秒杀”页面

5）优惠券

进入 PC 端微店后台后，单击“营销”→“营销工具”→“优惠券”按钮，可以进入如图 9-29 所示的页面，这里提供的优惠券共有 4 种，分别是满减券、折扣券、随机金额券和兑换券。满减券便于商家控制成本，折扣券便于提高店铺的销量和客单价，随机金额券有助于增强营销活动的趣味性，兑换券有利于增强客户黏性。后 3 种优惠券仅针对付费的商城版微店开放，普通店铺只能使用满减券。

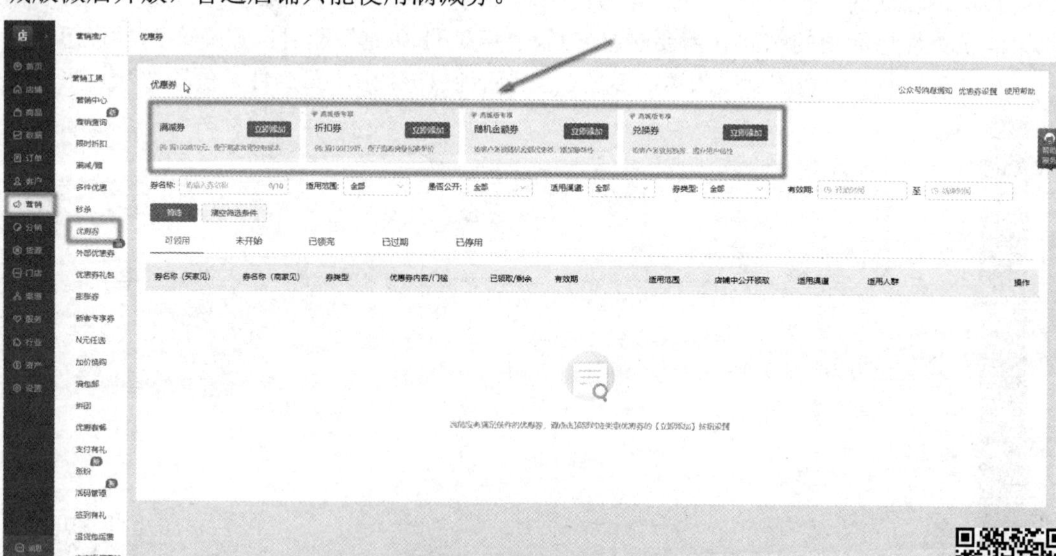

图 9-29 “优惠券”页面

6）外部优惠券

目前，付费的商城版微店仅可使用一种外部优惠券，即支付宝商家券。要使用支付宝商家券，首先要登录支付宝开放平台，选择绑定微店店铺的小程序后，通过路径“开发”→“产品绑定”→“绑定产品”→“商家券”，单击“确定”按钮，绑定商家券。

进入 PC 端微店后台后，单击“营销”→“营销工具”→“外部优惠券”按钮，可以进入如图 9-30 所示的页面，找到“支付宝商家券”后，单击“立即添加”按钮，按照页面要求填写商家券的基本信息即可。注意：若券类型设置为无门槛，则券名称（买家见）默认显示为“全场通用减××元券”；若券类型设置为有门槛，则券名称（买家见）默认显示为“满××减××元券”。设置完成的商家优惠券如图 9-31 所示。

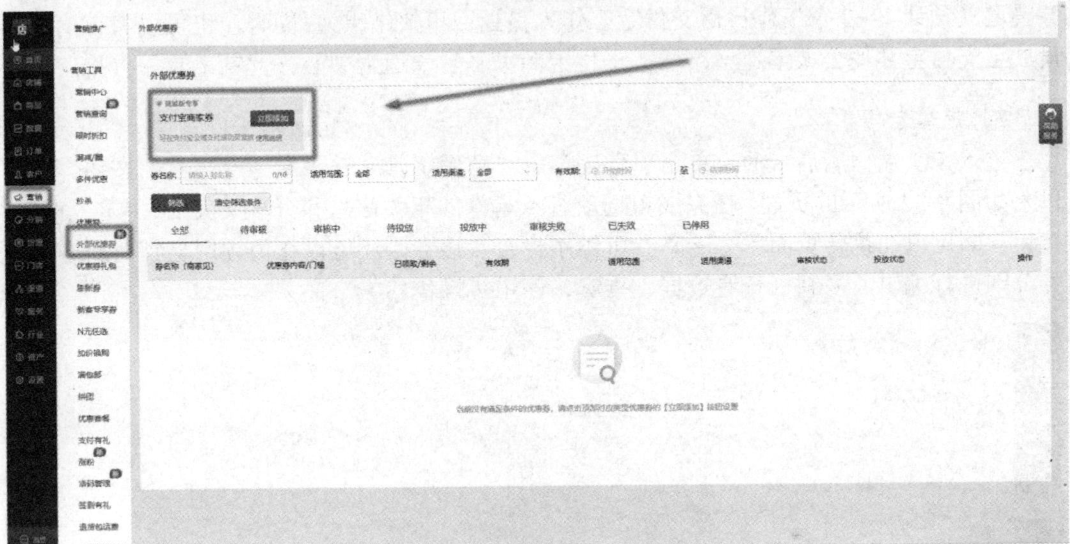

图 9-30　“外部优惠券”页面

图 9-31　商家优惠券

因支付宝限制，目前库存数单次仅可选择 1000～5000，若券库存需要大于 5000，则可在商家券创建之后，单击“追加”按钮进行库存追加。为了快速将商家券推广到支付宝公域日常推广的优惠券渠道，需要按照支付宝图片规范上传商家券推广素材主图（要求如下：600×600 像素，小于 200KB，支持的格式有 PNG、JPG、JPEG、BMP）。买家在支付宝渠道领券之后，可以在商家设置的核销渠道核销该商家券。一般默认在支付宝小程序内核销，商家也可以设置在微店 App、微信的微店专享小程序等其他支付宝环境外核销。

在商家券创建成功后，单击“提交审核”按钮。审核结果在 1～5 分钟后返回商家。商家券审核成功后，单击“投放”按钮，则将该商家券投放至支付宝公域日常推广的优惠券渠道（预计 1～2 个工作日后支付宝工作人员返回审核结果）。同时，也可以将该商家券投放至支付宝其他公域渠道（路径：支付宝商家平台→运营中心→营销工具→去推广）。

7）新客专享券

进入 PC 端微店后台后，单击“营销”→“营销工具”→“新客专享券”按钮，可以进入如图 9-32 所示的页面，在完成填选新客专享券的相关信息和分享文案后，单击“保存”按钮，即可以在跳转页面新客专享券可领用栏查看该券，还可以在可领用栏针对新客专享券分别进行编辑、复制、查看数据、推广、停用等操作。

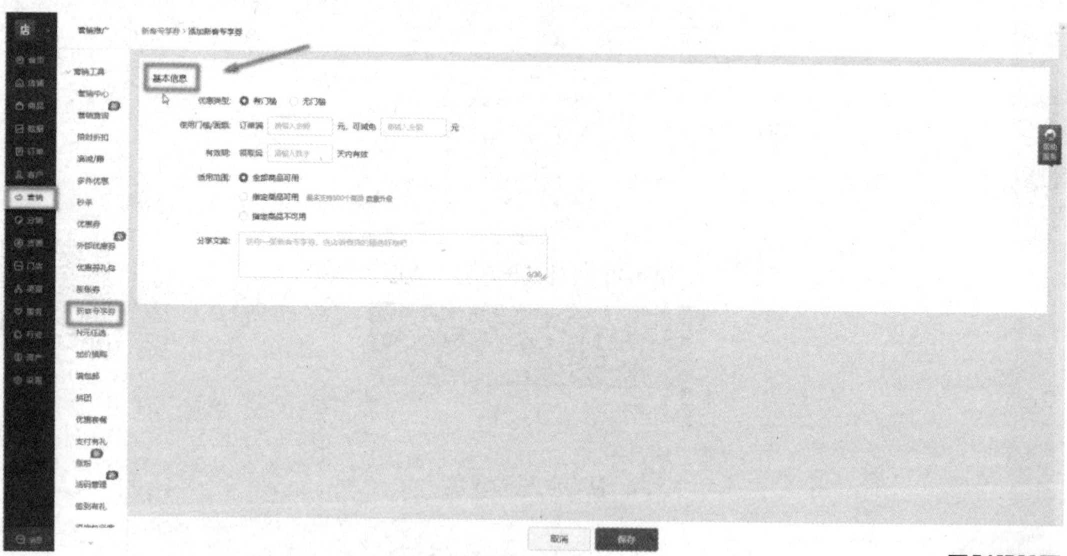

图 9-32 “新客专享券”页面

8）满包邮

进入 PC 端微店后台后，单击“营销”→“营销工具”→“满包邮”按钮，可以进入如图 9-33 所示的页面，在这里可以选择“满金额包邮”或“满件包邮”。“满金额包邮”方式有助于提高店铺的销量和客单价；“满件包邮”方式有助于提高店铺的销量，帮助店铺快速出货。

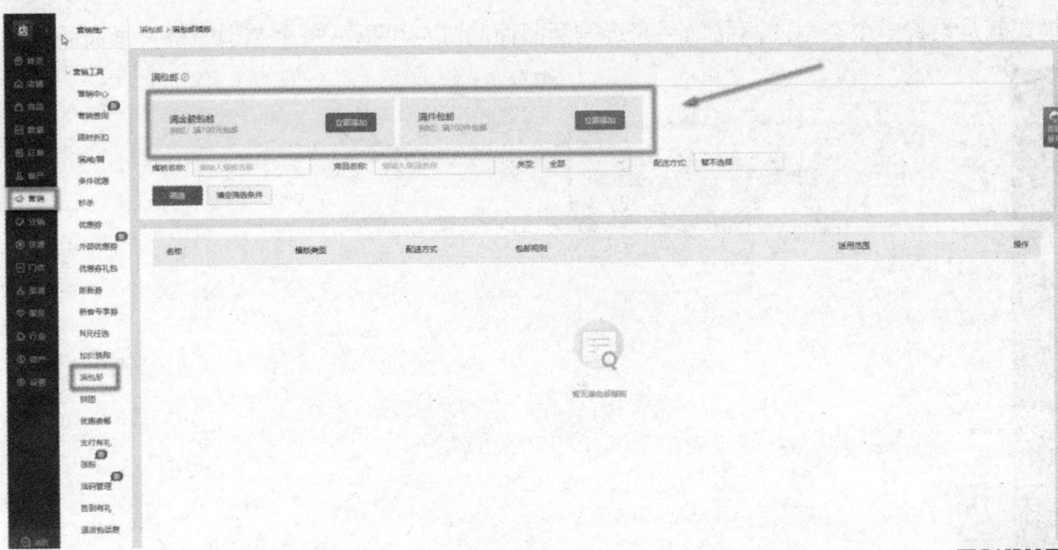

图 9-33 “满包邮”页面

9）拼团

进入 PC 端微店后台后，单击“营销”→“营销工具”→“拼团”按钮，可以进入如图 9-34 所示的页面，这里有两种模式供店铺选择。

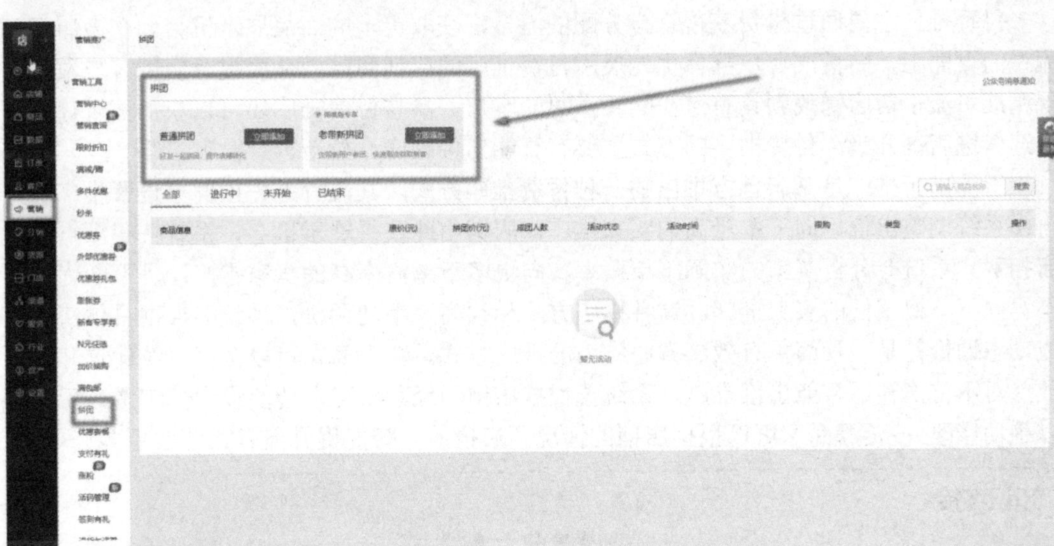

图 9-34 “拼团”页面

10）优惠套餐

商家可以通过优惠套餐设置将几种商品打包成一个套餐，以此提高相关商品的曝光量，也可以吸引买家购买更多商品，从而提高店铺的客单价，增加营业收入。

进入 PC 端微店后台后，单击“营销”→“营销工具”→“优惠套餐”按钮，可以进入如图 9-35 所示的页面，这里有两种模式，其中普通店铺只能使用第一种模式。固定套餐模式就是把指定的商品打包成一个整体套餐，买家必须购买套餐中的所有商品。搭配套餐模式就是设置多个类型的商品，买家选购套餐商品时，可以从每个类型中挑一个商品。

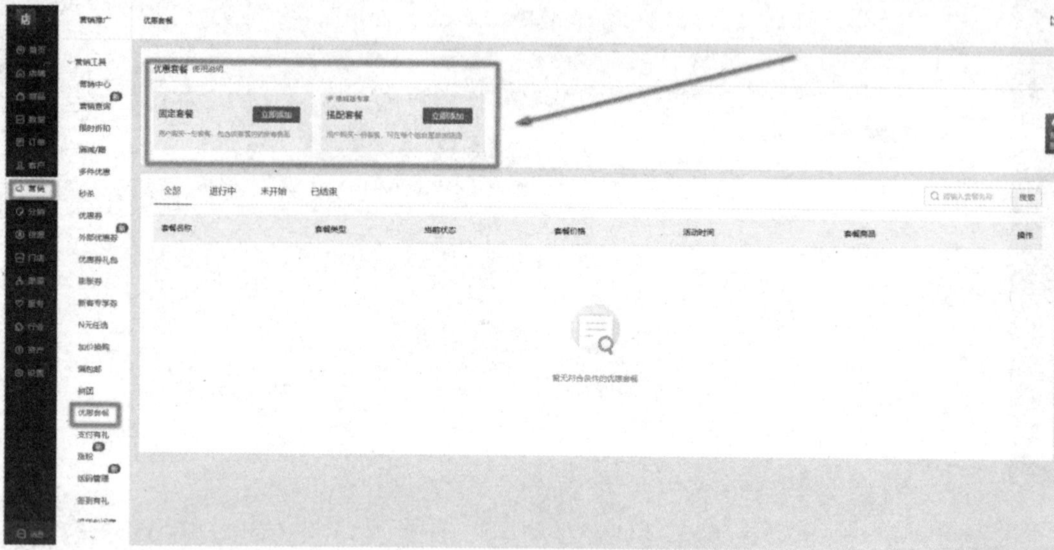

图 9-35 “优惠套餐”页面

2. 微店的付费推广

付费推广主要通过付费获得官方分配的流量，获取更多的商品展示机会。在微店百万流量的页面上，向精准客户群体优先展示付费推广的店铺商品，从而提升店铺客户数，实现精准引流，帮店铺找到具有潜在购买意愿的客户。参与付费推广还可以获得更多订单，快速促进店铺升级。付费推广的方式主要有智能出价推广、拉新客、微客多等。

智能出价推广是微店官方推出的一种付费推广方式。其流程是先由商家设置推广费，再由系统调整出价，向下单量高的买家推广，店铺由此获得展示机会，系统按买家点击进店扣费。系统会分析买家的实际下单概率，向更多下单概率高的买家推广，且不断优化，不再向下单概率低的买家推广。这种推广方式无须商家手动调价，系统会根据具体情况完成动态调价，是一种简单有效、省心省力的推广方式。新手商家可以按照系统建议开启投放（对于首次开通智能出价推广，系统会根据店铺的经营状况，智能设置推广费，后期可以手动修改）；资深商家可以根据店铺的情况开启投放，智能提升流量，获取更多订单。

知识链接

设置推广费

推广前需要设置期望每笔订单的推广费，根据系统给出的每次点击基础价，推广时按点击付费。

拉新客属于效果付费广告，是一种 CPS 推广，通过低成本获得优质新客，是一种优质推广资源。参与拉新客的店铺将在微店首页、搜索、推荐、小程序等位置优先展示。开通拉新客后可享受官方红包补贴，助力提高订单转化率。拉新客按成交付费，先成交、再付费，没有订单不收钱。拉新客只对新客首单成交收费，老客户、新客户后续交易全免费。如果店铺提高佣金，则可获得更多客户，佣金比例由店铺来定（5%～70%），可随时调整。

知识链接

CPS

CPS（Cost Per Sales）：以实际销售商品的提成来换算广告刊登金额。

微客多是第三方 App，它的管理后台维护便捷，商家可自行快速维护商品信息，发布优惠、促销等动态信息，同时提供给商家较强的客户分析功能和 BI 工具，便于精准地推送营销信息。

知识链接

BI 工具

BI（Business Intelligence，商业智能）工具能够让决策层对企业目前的运营情况通过数据进行深入剖析，并且根据这种商业软件计算出的理性分析结果来做出正确的决策。

3. 微店分销

微店分销是指用微信通过互联网将供应商与经销商有机地联系在一起，为企业的业务经营及与贸易伙伴的合作提供了一种全新的移动分销模式。在微店分销中，供应商、分支机构和经销商之间可以实现实时提交业务单据、查询商品供应和库存状况，并获得市场、销售信息及客户支持，实现了供应商、分支机构与经销商之间端到端的供应链管理，有效地缩短了供销链。通俗理解，微店分销就是通过设置一定的分销提成或者分销奖励，形成一定的分销机制，然后引导尽可能多的客户，帮助商家去卖商品或服务。在这个过程中，客户既是消费者又是生产者，既是需求者又是供给者，能很好地利用客户的社交圈，不断裂变，推广商品和服务，使其迅速形成刷屏之势。微店分销可以实现商品销售和推广，提高品牌知名度和会员忠诚度，从而提升店铺的销售业绩。微店分销提供灵活的分销工具，为货源和流量赋能，帮助商家快速扩大生意规模。

“分销管理”页面如图 9-36 所示，微店官方向店铺提供了有店分销、推广员和供货系统三大主要分销管理功能。

1）微店分销的模式

微店分销的模式主要有以下两种。

（1）基础分销：包含单品分销和全店分销。单品分销指的是独立店铺定位，总店可发布代理的商品，分销商自主选品，也就是分销部分商品，同一家店铺卖的商品可能是来自不同供应商的。全店分销指的是店铺继承总店的品牌资产、等级、商品和装修，实现品牌统一运营和营销，也就是分店模式，相当于线下的加盟店铺。基础分销支持一级分销、二级分销。

（2）推广员：也就是无店分销模式，无须开店，只需要分享店铺、商品等即可绑定关系。这是线下无法实现的轻量推广新模式，让粉丝、客户、员工帮商家卖货，也能自购省钱，有效解决私域流量裂变留存的问题。推广员不仅支持一级分销、二级分销，还提供更灵活的分销玩法。

2）微店分销的优势

微店分销的优势有如下 3 个。

（1）微店分销能快速触达客户，吸引精准群体。商品在传统推广的过程中，一般通过广告投放的方式进行品牌搭建，通过渠道推广、线下推广等方式吸引客户，后续再有针对性地进行留存。微店分销一般以各类邀请奖励、分佣奖励来吸引分销商去不断拓客，通过分销体系中的“扫码”及“购买”便能成为分销下线，简单便捷，快速有效。

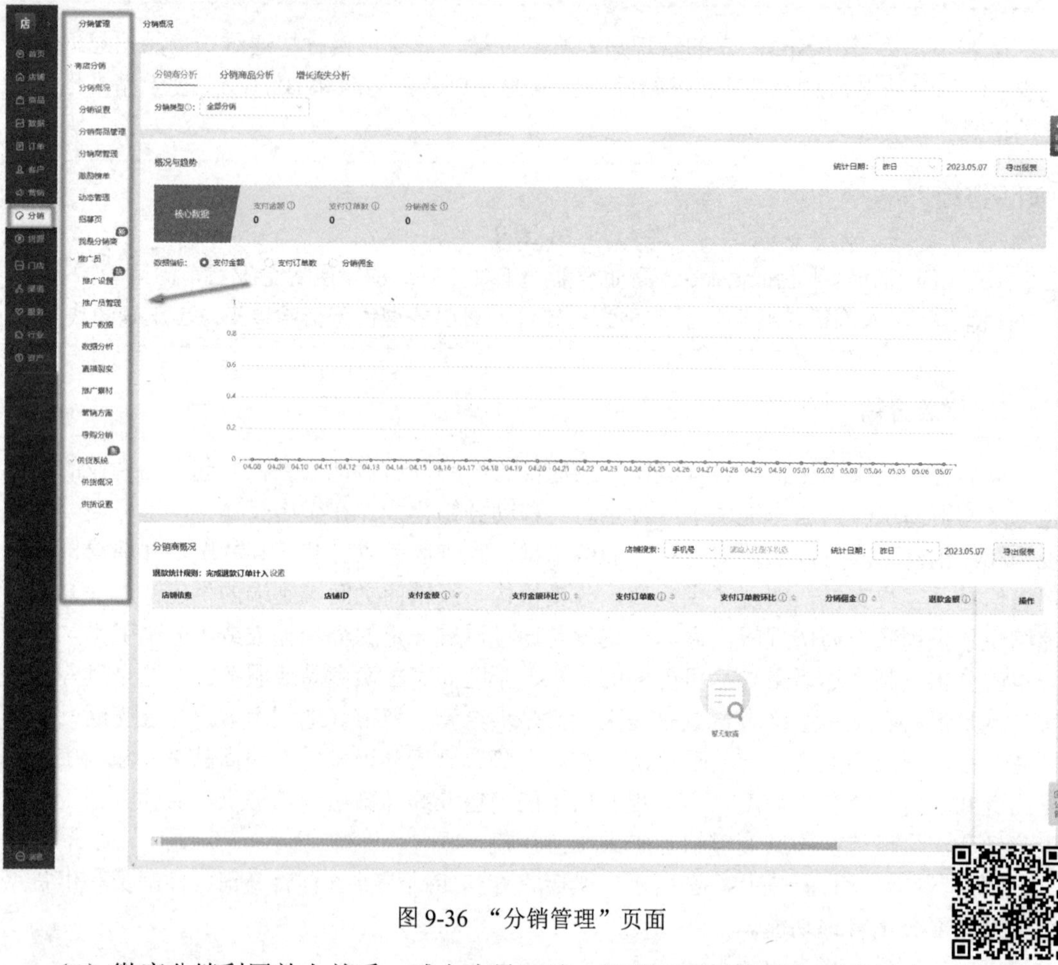

图 9-36 “分销管理”页面

（2）微店分销利用熟人关系，减少流量开销。随着互联网流量红利的过去，获客难、流量贵成为传统分销推广的痛点。微店分销基于平台各大分销商自身的流量，在体系比例设置得当的前提下，达到客户形成自增长的闭环的目的，能够降低获客成本。同时，由于分销商自身的流量部分来源于熟人（亲戚、朋友等），获取精准客源的概率大。

（3）微店分销提高营收。在绝大多数电子商务平台中，流量资源和扶持政策往往向一线品牌或者知名度高的品牌或店铺倾斜，“马太效应”愈发明显，导致小众品牌或者知名度低的品牌或店铺曝光量低且利润空间不断被挤压。有了微店分销之后，每个客户都有可能成为店铺推广员，不断地帮助触达更多客户，销售更多商品，从而提高营收。

本章小结

随着移动互联网的蓬勃发展，移动网店作为移动端电子商务形式，相较传统的 PC 端电子商务形式有很多优势，有较为广阔的发展空间。本章主要介绍了移动网店的主要形式，并以口袋微店为例，详细介绍了微店的开通、设置、装修、日常管理、营销推广等内容。

复习思考题

（1）什么是移动网店？
（2）移动网店的主要形式有哪些？
（3）口袋微店的主要营销工具有哪些？

技能训练

实训目的

（1）掌握微店开店的步骤和注意事项。
（2）能够进行微店设置、微店装修、商品管理。
（3）能进行微店营销推广。

实训组织

学生以 4～6 人为一组，每组设组长一名；以小组为单位进行任务准备、任务实施、任务评价。

实训背景

小 A 的网店在运营团队的共同努力下，淘宝店铺的发展趋于稳定，经过商议，运营团队准备扩展业务，再开设一个微店。

实训要求

（1）完成微店账号注册并开通一个小微商户微店。
（2）完成微店设置和装修。
（3）上传 3 种商品到微店，并为它们设定营销推广活动。

实训评价

本任务的完成评价可从账号注册与微店开通、微店设置与装修、商品上传、商品营销推广 4 个方面的完成情况进行，如表 9-1 所示。

表 9-1　任务完成评价表

任务完成评价内容	评价得分（100 分制）		
	学生自评（20%）	小组互评（40%）	教师评价（40%）
账号注册与微店开通			
微店设置与装修			
商品上传			
商品营销推广			

本任务的能力评价可从自我管理能力、合作交流能力、分析解决问题能力、创新能力 4 个方面进行，如表 9-2 所示。

表 9-2　任务能力评价表

任务能力评价内容	评价指标	自测结果 （在对应□中打√）
自我管理能力	1. 对分配的任务有责任心 2. 能进行时间管理 3. 能灵活运用所学知识	□合格 □基本合格 □不合格
合作交流能力	1. 尊重他人的观点 2. 与其他人有效沟通 3. 能获取信息并给予反馈	□合格 □基本合格 □不合格
分析解决问题能力	1. 能有效使用信息资源 2. 能客观分析事物 3. 能发现并解决常规问题	□合格 □基本合格 □不合格
创新能力	1. 能提出创新且有价值的观点 2. 能不局限于单一思维方式 3. 能制订创新方案并实施	□合格 □基本合格 □不合格

参 考 文 献

[1] 李玉海. 网上创业[M]. 重庆：重庆大学出版社，2013.

[2] 林海. 网店客服[M]. 北京：清华大学出版社，2014.

[3] 肖伟民. 网上创业实训[M]. 北京：中国铁道出版社，2016.

[4] 中国就业培训技术指导中心. 电子商务师国家职业资格培训教程（国家职业资格二级）[M]. 北京：中央广播电视大学出版社，2014.

[5] 葛存山. 电商运营与推广：操作实战+案例分析+策略技巧[M]. 北京：人民邮电出版社，2017.

[6] 渠成. 全网营销实战：开启网络营销 4.0 时代[M]. 北京：清华大学出版社，2021.

[7] 许应楠. 移动电商基础与实务[M]. 北京：人民邮电出版社，2018.

[8] 赵阳. 公众号运营与推广[M]. 北京：中国水利水电出版社，2017.

[9] 张向南，勾俊伟. 新媒体运营实战技能[M]. 2 版. 北京：人民邮电出版社，2019.

[10] 孟静，王然. 电子商务视觉设计：全彩微课版[M]. 北京：人民邮电出版社，2023.

[11] 罗颖，陈良华. 电子商务客户服务[M]. 重庆：重庆大学出版社，2021.

[12] 吴根智. 社群营销与运营实战手册：电商引流+用户运营+活动策划+内容运营+品牌塑造[M]. 2 版. 北京：人民邮电出版社，2020.

[13] 刘建珍，刘亚男，陈文婕. 网店金牌客服：视频指导版[M]. 2 版. 北京：人民邮电出版社，2022.

[14] 宋俊骥，杨子燕. 网店运营实务[M]. 2 版. 北京：人民邮电出版社，2023.

[15] 白东蕊. 网店运营与管理：视频指导版[M]. 2 版. 北京：人民邮电出版社，2021.